Sur la route des Stéhlé

HENRI MEISTLÉ

SUR LA ROUTE

DES STÉHLÉ

esdé éditions

SERGE DOMINI ÉDITEUR

Première de couverture :
Anna et Ricky à Mexico, vers 1920.

Quatrième de couverture :
1. Anna en 1913, lors d'un voyage en Alsace.
2. La grand-mère Muck et Fritz, son fils âgé de cinq ans, à Mulhouse.
3. Rafa porté par sa nurse, lors de son baptême officiel.
4. Fritz, Anna, Rafa et Elise en route vers Antibes, en 1932.
5. Ricky, âgé de huit ans, en tenue de "charro".
6. Anna (première à gauche), Irma et Auty , à Mulhouse, en 1908.
7. Frédéric Stéhlé à soixante-deux ans.
8. Rafa à sept ans.

10, RUE JOFFRE
57100 THIONVILLE
TÉL. : 06 07 94 30 92
ISBN 2-912645-02-6

Ecouter les tribulations de cette famille, a éveillé mon intérêt, me la fit aimer puis me détermina à écrire ce témoignage. Mes chaleureux remerciements vont à tous ceux qui m'ont aidé à réaliser cet ouvrage, en particulier à Geneviève.

Henri Meistlé.

"L'Alsace n'est pas simplement une portion de la Vallée du Rhin ;
c'est dans ce cadre, une contrée distincte".

Paul Vidal de la Blache (1845-1918)

Chapitre 1

ALSACE, TERRE D'EMPIRE

Plus de cinquante mille Alsaciens quittèrent leur terre entre le Traité de Francfort-sur-le-Main et octobre 1872. Leur nombre approchera les deux cent quarante mille en 1895. Ces départs furent suivis d'immigrations venant d'outre-Rhin, en particulier du royaume de Wurtemberg. C'est ainsi que l'aïeul, Jean-Frédéric Stéhlé, né en 1850 à Wildberg près de Calw s'établit à Mulhouse. Les registres paroissiaux et d'état-civil, permettent de suivre son ascendance d'artisans, jusqu'en 1639. Frédérique Muck, qu'il épousa en 1878, alsacienne, luthérienne comme lui, était de Heiligenstein, un village près de Barr, dans le Bas-Rhin. Ils ouvrirent une boucherie-charcuterie à Mulhouse et eurent cinq enfants : Frédéric né en 1879 puis Alfred, Emilie, Lucie et Charles.

On ne sait pas grand chose de l'enfance de l'aîné sinon qu'il était un solide gaillard. Sa mère, vantant sa présence d'esprit, racontait volontiers comment il sauva de la brûlure imminente, un chaudron de nouilles préparées pour la famille et les apprentis. Encore petit et pas assez fort pour actionner la pompe à eau, alors que cela commençait déjà à sentir le brûlé, il grimpa sur un tabouret, urina dans le chaudron puis appela sa mère. Celle-ci voyant arriver ses gens, ajouta de l'eau, remua, assaisonna, laissa cuire encore un peu, puis servit son monde qui trouva le mets excellent. "Qu'y a-t-il de plus pur qu'un pipi d'enfant ?" dit-elle. Elle ajoutait parfois une autre anecdote. Une nuit, Frédéric à moitié réveillé, recommanda à l'oncle Muck qui rentrait ivre, gémissant et manifestant tout haut qu'il souhaitait mourir tant il se sentait mal, de se décider à mourir et de le laisser dormir. Cet oncle qu'il voyait lors des vacances à Heiligenstein, était très célèbre dans la famille pour ses frasques. Comme bien d'autres Alsaciens, il fut soldat de la République et c'est au 28ème Régiment d'Infanterie de ligne stationné à Cherbourg, qu'il servit, alors que Louis Napoléon Bonaparte était Prince-Président. A la fin de son service, il reçut, daté d'octobre 1849, un certificat de bonne conduite, lequel, bien encadré, fut par la suite donné à un petit-neveu qui le conserva pieusement.

Plus tard, Frédéric ou Fritz, bon gymnaste appartint à la société d'athlétisme. Il aima aussi le vélocipède, et débuta sur un vieux type de bicyclette à grande roue avant, disproportionnée par rapport à la petite roue arrière.

Fritz travaillait bien à l'école et sa femme allait plus tard le citer en exemple à leurs enfants. Il était prévu qu'en tant qu'aîné, il reprendrait l'affaire paternelle ; ainsi, à quinze ans, l'école primaire finie, il devint apprenti boucher-charcutier et obtint son certificat professionnel en 1899. Cela se passait juste après la Conférence de la Paix, de La Haye, qui avait insufflé à l'Europe un optimisme assez général.

Des rumeurs de guerre se propagèrent cependant dès 1904. La réception de Guillaume II en 1905 à Tanger marqua la première crise. Elle fut suivie de la Conférence d'Algésiras qui laissait à la France une prépondérance de fait au Maroc. La formation de la Triple Entente entre France, Angleterre et Russie puis l'annexion en 1908 par François-Joseph, de la Bosnie-Herzegovine, humiliant la Russie et la Serbie, furent avec le coup d'Agadir, d'autres signes précurseurs. L'Allemagne fit croiser un vaisseau de guerre près de ce port pour protéger ses nationaux et ses intérêts. Le traité du 4 Novembre, calma les choses en cédant une partie du Congo français à l'Allemagne. La guerre était néanmoins de plus en plus préparée par les grandes puissances et l'Alsace-Lorraine comme le Nord de la France, savaient bien qu'elles se trouveraient aux premières loges en cas de conflit franco-allemand.

Peu intéressé par son métier, Frédéric préféra aller au lycée et étudier. L'allemand était langue officielle. Le patois alsacien variait un peu du nord au sud et aussi selon les cantons. Napoléon disait de ses généraux alsaciens : "Laissez les parler leur jargon puisqu'ils sabrent à la française". C'était pur bon sens mais peut-être aussi une réflexion d'agent recruteur et de chef d'état avisé ! Après 1870, le français était toléré en Alsace-Lorraine. Même le "Statthalter" von Manteuffel, un temps assez populaire, s'exprimait parfois en français et, également l'impératrice, qui le savait parfaitement, lorsqu'elle passait ses vacances au château d'Urville près de Metz.

Stéhlé fils apprit le français comme beaucoup de gens du pays et arriva à très bien l'écrire. Fait notable dans la région, il le parlait pratiquement sans accent et en faisait usage habituellement dans le milieu bourgeois et avec son maître d'équitation, un capitaine de cavalerie français, retraité. Son "abitur" ou baccalauréat passé à vingt et un ans, il s'orienta vers la chimie. La médecine lui aurait mieux convenu, mais les études lui parurent trop longues, vu son âge et sa situation. Frédéric père ne fit pas obstacle mais exigea que son fils renonçât à sa part d'héritage pour financer les études et aussi pour ne pas défavoriser la fratrie qui ne faisait pas d'études supérieures. Il allait cependant mourir sans laisser de succession.

L'Alsace-Lorraine étant devenue "Terre d'Empire" depuis le

Traité de Francfort de mai 1871, ses habitants étaient "Alsaciens-Lorrains", n'avaient pas la nationalité allemande, mais étaient astreints au service militaire et englobés dans le Reich allemand. Aux élections de 1874, soixante-dix-huit pour cent des voix allèrent à des députés anti-allemands. Au nom de quinze de ses collègues, un élu alsacien présenta au Reichstag une protestation demandant pour les "Alsaciens - Lorrains", le droit de se prononcer librement sur l'annexion, arguant que "Les citoyens ayant une âme et une intelligence ne sont pas une marchandise dont on puisse faire commerce et qu'il n'est pas permis dès lors d'en faire l'objet d'un contrat". Cette réclamation, les manifestations de fidélité à la France mises à part, reprit les déclarations du député Keller - le texte étant de Gambetta - et de son collègue Grosjean, de février et mars 1871, lues à Bordeaux devant l'Assemblée nationale ! Plus tard, une similaire démarche alsacienne au "Reichstag" resta pratiquement lettre morte. Les députés alsaciens et mosellans, peu nombreux, n'avaient d'ailleurs qu'un rôle consultatif au Bundesrat ou chambre des Etats, équivalent de notre Sénat.

La "Terre d'Empire" était sous l'autorité directe de l'empereur représenté, par un gouverneur ou "Statthalter", qui détenait les pouvoirs. Le premier "Statthalter", le maréchal Edwin de Manteuffel, nommé en 1879, s'entoura d'une cour princière dans un cadre militaire ! Pour ses idées libérales, il fut davantage apprécié des notables alsaciens, catholiques en particuliers, que des "vieux Allemands" immigrés. Sa popularité diminua lorsqu'il revint sur certaines concessions. A sa mort, le prince bavarois de Hohenlohe-Schillingsfürst lui succéda pour presque dix ans. Ce serviteur de l'empereur fut répressif, glacial et oeuvra pour l'assimilation. L'obligation d'un visa pour passer de France en Alsace, date de cette époque.

Son cousin de Hohenlohe-Langenbourg occupa le poste après lui. Cet homme falot, ouvrit pourtant le gouvernement du "Reichsland" aux Alsaciens, notamment au peu brillant H. Zorn de Bulach. Il modernisa aussi l'économie ainsi que les cadres juridiques.

La Constitution accordée en 1911, lorsque Karl von Wedel était "Statthalter", n'apporta que peu d'amélioration mais, dans la foulée, quelques Alsaciens furent anoblis ! La "Terre d'Empire", comparable à "un état allemand", bénéficia d'une certaine autonomie avec création d'un Parlement d'Alsace-Lorraine à deux chambres. Le "Landtag", de soixante députés élus au suffrage universel, était doublé d'une sorte de Sénat, ou Chambre-Haute ; le "Landrat" comptait quarante et un membres, à savoir dix-huit nommés par le "Kaiser", dix-huit élus parmi les notables et cinq membres de droit ! La représentation régionale, personnifiée par trois délégués à "l'Assemblée des Etats Allemands", était désignée par le Gouverneur. En fait, comme ailleurs dans l'empire allemand, c'était de l'empereur que dépendait la ratification des lois approuvées pas les chambres !

Cette "fausse autonomie", si difficilement obtenue, tempéra la dictature prussienne antérieure et expliqua l'attachement des Alsaciens à ladite Constitution. Il fut question en 1912 de parfaire l'assimilation de l'Alsace à l'empire allemand par la création d'un Grand-duché qui aurait pu être attribué à un Wittelsbach ou à un Hohenlohe.

A partir de là, le sens du mot "autonomie" variera et il faudra désormais distinguer entre régionalisme, autonomisme et séparatisme.

Et puis, l'affaire de Saverne vint affirmer la germanophobie alsacienne. Elle figea la situation. Von Dallwitz remplaça von Wedel qui à la déclaration de guerre institua la dictature militaire. Fin 1914, en pleine guerre, l'usage du français fut interdit en public.

Dans ce contexte, Jean Frédéric Stéhlé fils, on l'appelait simplement Fritz, oui, comme l'ami Fritz, comme les Fritzs, n'avait à faire en tant qu'étudiant, qu'un an de service obligatoire. Il put l'effectuer à Mulhouse et faillit passer en conseil de discipline !

En effet une nuit, son prussien de capitaine rentre ivre à trois heures du matin et réveille Stéhlé, sergent responsable de chambrée. Il lui ordonne de faire mettre toute la section en tenue de service et au garde-à-vous. Une discussion s'engage. L'officier, devient alors grossier et insultant. Fritz poussé à bout et outré, le gifle. Grand tollé dans la chambrée qui soutient son sergent ! Le poste de garde intervient et on devine qui est mis aux arrêts... Cependant, après enquête du colonel, vu la déposition unanime des témoins, on étouffe l'affaire. Fritz est relaxé tandis que le capitaine est changé de garnison... Sans doute l'autorité militaire voulut-elle éviter tout scandale dans cette Alsace majoritairement opposée aux Allemands, les "Schwoba" terme de dialecte, dérivé du mot "Schwaben" ou Souabes.

Pour manifester son opposition, un groupe d'étudiants alsaciens de l'université de Strasbourg avait adopté la devise de leur camarade Jacques Preiss : "Fidèles au passé, fermes dans le présent, confiants dans l'avenir." Les incidents ne manquèrent pas, telle la perquisition dans les locaux de l'association "Sundgovia" qui fut suivie d'une ordonnance de fermeture et de dissolution.

Stéhlé fils ne voulut pas étudier dans ces conditions à Strasbourg ou en Allemagne wilhelmienne et militariste. Il se présenta à l'École Polytechnique de Zurich, dont le diplôme était partout reconnu et y fut admis en 1902. Zurich, capitale économique et centre culturel, était comme toute la Suisse alémanique et malgré bien des similitudes, loin d'être inconditionnellement germanophile. Sa vie fut studieuse mais distractions et fêtes ne manquèrent pas.

En effet, des associations structurées, ressemblant aux corporations allemandes, mais sans doute moins militaristes, existaient dans le milieu estudiantin. Selon les coutumes, les "renardeaux" étaient bizutés, instruits et modelés. Le rituel, comment boire la bière dans des bocks à couvercle d'étain et personnalisés, les chants et la bienséance germanique d'époque, étaient enseignés par un "major des renards", choisi parmi les compagnons les plus dynamiques ou forts en gueule. Chaque "renard" avait son parrain ou tuteur. Les anciens, les "vieux messieurs", qui assistaient aux grandes festivités, jouaient un rôle de "mécène" et aidaient les jeunes diplômés à trouver un emploi.

Un bureau avec président élu, dirigeait chaque corporation et répartissait les diverses responsabilités. Les réunions, sorties, soirées, cours de maintien et de danse ainsi que la pratique de divers sports étaient organisés. L'escrime au sabre comptait parmi les activités importantes car, à l'époque, on se battait encore en duel pour des questions de coeur ou d'honneur, souvent bêtement, par esprit de provocation ou par forfanterie mais, fort heureusement, plus à mort. Avoir la figure balafrée était plutôt bien considéré. Cela faisait bien et posait son homme !

Dans la vie courante, les étudiants portaient assez souvent une casquette, des pendeloques à leur montre de gousset et un ruban en écharpe sur le gilet, le tout aux couleurs de leur corporation. Lors des grandes fêtes et défilés, ils se mettaient en uniforme, avec bottes, calot, écharpe, gants à manchettes de cuir et sabre dont la garde arborait aussi les couleurs. Diverses associations plus ou moins rivales, existaient d'habitude dans une même université.

Leur nom avait souvent une consonance latine ou était celui d'un personnage illustre, écrivain, savant, homme d'état ou grand aristocrate. L'association disposait, généralement d'une villa cossue dont s'occupait un concierge, le "Hausmeister" qui, en même temps, faisait office de sommelier.

Stéhlé joua le jeu. N'aimant guère cet embrigadement, il suivit néanmoins des copains et fut affilié à la "Zofingia" ensuite "Neuzofingia", nom dérivé de celui d'une petite ville proche de Zürich. Les couleurs de la corporation étaient : bleu, blanc et rouge... Selon la coutume, on donna à Fritz le surnom de "Michel" qui dans le contexte signifiait "le brave type". Il fut, à son tour, "Major des renards" et, lors d'un duel, on lui infligea une balafre sur le haut du front, qu'il avait dégarni alors qu'il était encore jeune.

Diplômé en 1906, Stéhlé fut nommé préparateur de cours, puis assistant du Professeur E. Noelting, chimiste de renom et Directeur de l'École de Chimie de Mulhouse. Ces emplois lui permirent de faire des travaux de recherche pour un Doctorat ès Sciences, obtenu à l'Université de Zurich également. Ce titre, en dehors de sa valeur professionnelle était, à l'époque, comme une attestation d'appartenance à la bourgeoisie et classait son homme socialement.

Fritz accomplit une période militaire à la territoriale de Colmar, avant d'entrer dans la vie active en qualité de chimiste, à la fabrique mulhousienne "La Mer Rouge".

Anne Valburger, était née à Volklingshofen, en plein vignoble haut-rhinois. Ce petit village, est à flanc de coteaux, aux pieds d'une carrière qui appartint à sa famille, probablement originaire de Suisse. On aperçoit depuis le bourg, les trois vieilles tours, ruines d'un même château qui appartint au XIème siècle à Hugo IV d'Eguisheim, père du pape alsacien Léon IX. Après avoir été endommagé par les Staufen, il fut détruit en 1466, lors des combats d'allégeance féodale, au moment de la prise de la cité fortifiée d'Eguisheim, par des troupes venues de Mulhouse.

Dans l'enfance, Anna qui avait les cheveux très blonds, presque blancs, fut surnommée le "schimmela" ou "petit cheval blanc". Elle était la cadette de huit enfants dont deux moururent en bas âge et, lorsqu'elle eut dix ans elle perdit sa mère des suites d'une phtisie. Son père, fils de vigneron et dégustateur de son état, vendit la carrière familiale, se ruina au jeu puis plaqua les siens pour une nouvelle existence à Bâle. Une fois veuf, il se remaria et eut d'autres enfants. Il quitta ce monde au début des années vingt, se fracassant le crâne lors de la descente d'un tramway en marche.

Anna, après l'école primaire, fit des études de jardinière d'enfants à Colmar. De son domicile, la maison blanche de la place de la Mairie où l'avait recueillie et élevée la tante Marie Karger, elle faisait à pied, tous les jours et par tous les temps, les quatre kilomètres qui séparaient son village de la gare de Herrbisheim.

En poste ensuite dans une école de Mulhouse, la jeune fille fut hébergée par son frère, maître-tourneur à la "Fonderie". Pour aller au travail elle passait rue du Fossé, devant l'École de Chimie, le plus souvent accompagnée d'une copine ou de Rosalie sa belle-soeur qui allait à ses courses. Comme elle était très belle fille, Fritz se débrouilla pour lui être présenté puis, pour faire sa cour, il la raccompagna souvent jusqu'à son domicile rue de Zillisheim.

Cela résumait leurs relations dans un milieu conformiste et assez puritain... Le premier cadeau de Fritz à Anna fut une gravure représentant Dante admirant Béatrice, accompagnée de deux femmes sur un quai de l'Arno, avec le Ponte-Vecchio à l'arrière-plan. Anna allait, bien plus tard, la donner en souvenir à Rafa.

Ils se marièrent après quelques mois, fin 1909, à l'église catholique. Les faire-part étaient, tolérance de l'autorité de l'époque, rédigés en français. Peu de mariages mixtes se faisaient alors en Alsace où les animosités religieuses étaient encore assez vives. De fortes critiques s'élevèrent dans la famille très protestante de Fritz mais, il n'y eut point d'objection chez la jeune fille, du moment qu'elle se mariait selon son choix avec un homme de bonne réputation et censé avoir de l'avenir.

Beaucoup de jeunes, après l'exode de 1871, continuèrent à quitter clandestinement l'Alsace, par francophilie et parce qu'ils refusaient le service militaire prussien obligatoire. Bien que les mariages mixtes se soient multipliés, surtout dans les milieux de petite bourgeoisie et populaires, l'intégration de l'Alsace au Reich restait lente et empreinte d'une réciproque méfiance. Certains jeunes gens fuyaient aussi pour échapper au service militaire allemand mais, tout en risquant de faire infliger à leur famille demeurée au pays, une amende importante - parfois dissuasive - voire d'autres brimades ou tracasseries. Leur choix se portait surtout sur les départements voisins et sur Paris ou les colonies, notamment l'Algérie. D'autres, non résignés, émigraient en quête d'une meilleure situation ou d'aventures. Ils essaimaient alors de par le monde, au hasard de liens familiaux ou d'offres d'emplois ; les USA et le Canada étant les zones d'immigration privilégiées. Quelques uns reviendront au pays par nostalgie ou nécessité.

Deux soeurs et un frère d'Anna étaient déjà à Paris. L'aînée, Augusta encore appelée Auty, y avait un atelier de couture où travaillait également l'autre soeur, Irma. Lucien leur cadet gérait un petit commerce voisin. Charles, le plus jeune frère de Frédéric mourut dans la capitale, avant la guerre, de méningite.

Trois intéressantes propositions de poste s'offrirent alors à Stéhlé : Berlin, Moscou ou le Mexique.

L'Allemagne fut éliminée en tant que telle, et en raison des bruits de guerre.

En Russie, misère, grèves, pogroms et mouvements subversifs étaient latents depuis 1905, année du "Dimanche rouge", de la défaite face aux Japonais et de la mutinerie de Kronstadt, suivie du premier retour de Lénine. La montée des socialistes-révolutionnaires et du terrorisme, la formation d'une "Douma rouge" puis sa dissolution, ou "coup d'État" de 1907 suivi de l'échec des réformes du Président du Conseil Stolypine, soulignaient l'incurie et l'incapacité du régime tsariste de surmonter les graves difficultés. Cette situation influença la décision des Stéhlé d'éliminer le choix de la Russie.

Restait le Mexique ! La Révolution madériste mettait fin à la longue période de dictature porfirienne, qui avait été malgré tout, pacifique et prospère. A en croire la presse, les troubles étaient sur le point de se terminer et on fondait des espoirs sur Madéro. Le Mexique fut donc choisi. Et puis, disait Anna, "Il y fait chaud !"...

Chapitre 2

ÉMIGRÉS

Les Stéhlé prirent le "Navarre" de la Compagnie Générale Transatlantique début novembre 1911. Anna qui attendait un enfant pour février, ne souffrit pas trop de la mer, assez mauvaise en cette période de l'année, surtout dans le Golfe du Mexique. Frédéric n'avait par contre, vraiment pas le pied marin. La chaleur assez supportable, devint plus humide aux approches du continent. Les vautours noirs ou "zopilotes" qui pullulent dans ces parages et volent souvent très haut, annoncèrent la terre à distance. On distingua, gardant l'entrée du port, la tour blanche du fort de San Juan de Ulua, tranchant sur l'horizon obscurci par d'épais nuages gris qui cachaient la cime du Pic d'Orizaba.

Un long môle brise-lames protégeait le goulet du plus actif port du Mexique. Veracruz créé dans la rade où débarqua Cortès en 1519, gagna en importance, en tant que douane de la Nouvelle-Espagne, puis lors des luttes pour l'Indépendance, ainsi qu'au siècle passé, à l'occasion des guerres avec les Etats-Unis, la France, l'Angleterre et l'Espagne à nouveau.

L'arrivée, après environ trois semaines de traversée, soulagea Fritz et Anna. Les formalités douanières, souvent pénibles pour l'étranger surtout s'il parle mal espagnol, furent aplanies par le transitaire qui les attendait. Un bakchich, une "mordida", sésame là comme en bien d'autres endroits, facilita tout ! Un mendiant, s'efforçait, par les ritournelles de son orgue de Barbarie, d'égayer le débarquement. Le littoral tropical et ses pluies torrentielles, les palmiers et cactées de toutes sortes, les myriades de moustiques, les moustiquaires ainsi que les ventilateurs plafonniers à grandes pales, dépaysèrent fortement les nouveaux venus.

La ville était très animée, comme toujours lors de la venue des paquebots d'Europe ou des nombreux caboteurs qui sillonnent le Golfe et la Mer des Caraïbes, amenant une masse de gens cosmopolites. Les Mexicains, des métis la plupart, portant sombreros et vêtements clairs, se groupaient à la Place d'Armes, au Parc Zamora, au marché de Hidalgo et autour du port où beaucoup travaillaient comme débardeurs.

Les hommes d'affaires en tenue coloniale, coiffés d'un classique panama ou d'un canotier, s'affairaient aux administrations, poste, banques, douane et aux gares. Des cochers de fiacres et des porteurs offraient leurs services. Les bars du port étaient bondés. Sous les arcades de la place d'Armes, de nombreuses boutiques vendaient de tout, formant un vrai bazar ! Installés à une terrasse de café pendant que le commissionnaire organisait leur hébergement, nos Alsaciens, intrigués et amusés, observèrent discrètement l'écrivain public qui, attablé et le dos contre une colonne, faisait une lettre pour un jeune homme assis en face. C'était, à n'en point douter, un message d'amour et Fritz souriant, traduisait à Anna. L'écrivain, un vrai poète, objectait, conseillait, déclamait puis tapait fébrilement sur une grande et cliquetante machine.

Un peu plus loin, des cireurs de bottes exerçaient leurs talents pour des clients assis qui lisaient un journal, jouaient aux dominos ou se détendaient en fumant un cigare. Un autre mendiant accroupi sur une paillasse, adossé au Palais Municipal tendait une main lasse. Des odeurs de friture de "chicharrones", de "tacos", de "tortillas" au maïs, de torréfaction de café, des relents d'égouts, finissaient par se mêler dans l'air moite et, faute de brise, formaient une senteur âcre. Les paysans revenant du marché de Hidalgo, plus calme en fin d'après-midi, remportaient fruits et légumes non vendus, à dos d'âne ou de mule. Les sons des "marimbas", les chants provenant des bistrots ou "cantinas" et les offres des vendeurs ambulants formaient un curieux brouhaha. Le crieur de journaux pour vendre sa feuille de chou valant quelques centimes, parcourait les restaurants. Il espérait y trouver, parmi la clientèle installée à siroter un rhum ou un tequila en attendant la fraîcheur du soir, plus de gens sachant lire que parmi les badauds de la place. Sa forte voix claironnant le nom du journal et une nouvelle de dernière heure, tranchait sur le bruit de fond.

Les Stéhlé furent logés assez confortablement à l'hôtel des Diligences, au "Zocalo" ou Place d'Armes, face à la Mairie. Leur chambre, au dernier étage du haut édifice, offrait une vue sur le port survolé par quelques "zopilotes". Les bruits de la place y étaient atténués. Ils dînèrent tard, comme le veut la coutume. Le repas fut correct et, sur le conseil de l'agent en douane, ils ne goûtèrent pas au piment ou "chile", très piquant, dont l'effet est souvent drastique. La variété des fruits, plusieurs leur étant totalement inconnus, les enchanta. La fatigue et la sonnerie régulière des cloches de la cathédrale aidant, ils s'endormirent. Le lendemain fut consacré au règlement de quelques affaires et à une rapide visite du centre. Le transitaire, un espagnol sympathique, les mit dans le wagon-lit Pullman du train de nuit pour Mexico. Les quelques arrêts furent si bruyants que les voyageurs dormirent mal.

A Mexico, Stéhlé se présenta à son patron, un Français originaire de Barcelonnette en Haute-Provence comme beaucoup de compatriotes de l'industrie textile. En compagnie d'Anna, il rejoignit de suite son poste à la fabrique de Tissus de Rio

Blanco, tout près d'Orizaba, chef-lieu de canton et station de chemin de fer sur la ligne Mexico-Veracruz. Cette petite ville située en zone tempérée, à mille deux cents mètres d'altitude a une activité industrielle essentiellement cotonnière avec tissages et teintureries. Il y a de plus la brasserie "Moctezuma", assez renommée, des torréfacteurs de café, de l'industrie alimentaire, une fabrique de papier et la régie des tabacs.

D'importantes agitations syndicales s'étaient produites dans le district, notamment l'année précédente et tout spécialement à Rio Blanco. Les grèves, après refus de reprise malgré un arbitrage par le président, furent matées par l'armée qui abattit cent cinquante cinq travailleurs. Orizaba, restant zone "chaude" allait devenir en 1915, le siège de la "Maison de l'Ouvrier Mondial", organisatrice des "Bataillons rouges" qui soutenaient le constitutionnalisme mexicain.

Rio Blanco se trouvait un peu plus loin dans la vallée, au pied d'une colline. L'usine, de construction banale pour l'époque, formait en gros un rectangle, son mur d'enceinte étant aligné sur les entrepôts et bâtiments administratifs. Les ateliers de fabrication avec leurs deux grandes cheminées, les laboratoires et logements des cadres étaient dans l'enceinte. Le lotissement réservé à ces derniers, se trouvait dans un joli petit parc, proche de la porte principale. De leur confortable demeure, nos Alsaciens voyaient le Pic d'Orizaba ou Citlatepetl, ancien volcan couvert de neiges éternelles. Avec ses cinq mille cinq cent cinquante-neuf mètres, il est le plus haut sommet du Mexique.

C'était la belle saison à l'arrivée de Fritz et d'Anna. Les journées étaient ensoleillées et agréables, les nuits fraîches. De fines pluies survenant en fin d'après-midi, ou "chipi-chipi", valurent à Orizaba le surnom de "pluviosilla". Le Rio Blanco et le Rio Orizaba parcourent la vallée, arrosée également par de nombreux arroyos et sources. Ce sont essentiellement des forêts de conifères, toujours vertes, qui recouvrent les flancs des montagnes. Dans la plaine d'Orizaba, la végétation est exubérante avec diverses espèces d'agaves et d'autres plantes grasses ; des dragonniers, oliviers et palmiers... mais aussi des cultures de maïs, de blé, de tabac, de café. Les fleurs, parmi lesquelles bougainvilliers, gardénias et orchidées sauvages, sont d'une variété proverbiale. On s'étonne de la diversité des papillons et des myriades d'oiseaux de toutes couleurs. Les colibris, les perruches et les palombes y prospèrent. Quelques quetzals s'y trouvent aussi et, bien sûr, comme partout au Mexique, les rébarbatifs "zopilotes", des charognards.

Pour leur faire visiter la contrée, un employé de la fabrique amena les Stéhlé à Fortin de las Flores, localité proche, sur la route qui descend au littoral. C'est un "des jardins du Mexique". Avec ses fleurs d'une beauté incomparable, un assortiment de fruits hors du commun et une faune variée, il évoque le "paradis terrestre". Ils se rendirent à l'évidence que le Mexique est vraiment un pays d'extraordinaires contrastes.

Logeant dans l'enceinte de la fabrique, ce qui assurait une certaine sécurité en cette période plus ou moins troublée, les Stéhlé menaient une existence assez recluse. Se rendre à la capitale, à plus de trois cents kilomètres, ou même à Puebla chef-lieu d'état, situé à mi-chemin, n'était ni absolument sûr ni de tout repos.

Leur premier enfant, Frédéric, Raphaël, Jean, un beau garçon naissait à Rio-Blanco en février 1912. C'était le troisième Frédéric en trois générations. On l'appela plus couramment "Ricky", diminutif de son prénom usuel.

La révolution madériste commencée en 1910, avait mis fin au long règne du général Porfirio Diaz qui se faisait réélire président depuis vingt-sept ans, en dépit du principe de "non réélection" qu'il avait prôné. Madero venait d'être élu à la présidence de la République mexicaine en octobre 1911 grâce au soutien du guérillero Pancho Villa et, on parlait d'une alliance de "l'apôtre et du bandit". Vivant surtout du pillage de bétail et spécialiste des attaques nocturnes, Villa et sa horde, qui contrôlaient le nord du pays, avaient tenu les Fédéraux en échec. Ils campaient de préférence dans les montagnes boisées, d'où ils sortaient pour leurs razzias. Tous les ennemis de la révolution et les officiers fédéraux pris, étaient fusillés.

L'autre caudillo, Zapata, un indien inculte et ancien palefrenier, fut l'idole des paysans à qui il distribua des terres. Le Sud une fois sous sa coupe, il rasa avec une armée de soudards presque toutes les haciendas de l'état de Morelos. Escarmouches, luttes de bandes, rapines et viols, exécutions, règlements de comptes, changements d'alliances entre belligérants, devenus courants durant la révolution, avaient diminué une fois Madero président. La vie avait repris un cours plus normal et le pays espérait que cela durerait.

Le Ministre et Chargé d'affaires d'Allemagne au Mexique von Hintze vint avec des compatriotes voir l'usine de Rio Blanco, ce que Fritz, à défaut de renseignements émanant du patronat, considéra comme une prospection en vue d'investir des capitaux voire d'acheter l'usine.

Les Allemands faisaient beaucoup d'efforts pour gagner des marchés au Mexique où leur industrie chimique avait déjà pris une grande envergure. On demanda à Fritz de présenter l'entreprise à la délégation, mais il n'y eut pas de suite à cette visite, sans doute parce que le contexte social n'apparaissait pas du tout favorable.

A la fabrique, l'atmosphère s'était détériorée du fait d'intrigues menées par des cadres italiens et, son contrat terminé, Stéhlé ne voulut plus le renouveler. Il entreprit un voyage exploratoire à New-York, espérant trouver mieux.

L'assassinat du président Madero, en février 1913 réchauffa la révolution et augmenta aussi l'insécurité.

Anna se rendit en France à bord du "Champagne" en 1913 et alla passer, avec Ricky qui marchait à peine, un temps chez la tante Marie au village natal. Elle s'en fut ensuite à Mulhouse, consacrant plusieurs semaines à ses beaux-parents déjà assez âgés. Il lui fut donc facile de humer le vent qui soufflait au pays. Après cela, profitant d'une longue visite chez ses soeurs, elle explora un peu Paris.

Plusieurs événements s'étaient produits entre-temps en Alsace, notamment l'affaire de Graffenstaden en 1912. Un directeur de la "Société Alsacienne de Constructions Mécaniques" fut obligé de démissionner, accusé de sentiments anti-allemands. Peu après, en janvier 1913 la société "Souvenir Alsacien - Lorrain" fut dissoute pour des motifs politiques similaires.

L'incident de Saverne qui fit bien plus de bruit, eut lieu durant le séjour d'Anna là-bas, en novembre 1913. Un lieutenant, le baron von Forstner, dit à un jeune Prussien, qui avait été puni pour un coup de couteau porté à un Alsacien, qu'il donnerait, lui, dix marks pour chacun de ces sales "wackes" ou voyous qui serait abattu.

La population, la presse, les élus locaux et les autorités se déclarèrent outrés. Le colonel du 99ème régiment d'infanterie, von Reuter fit appréhender par la troupe en armes des manifestants qui conspuaient le vindicatif lieutenant. Non content de ces hauts faits, le même von Forstner devenu la risée des gamins et de la populace d'un petit village voisin - on l'aurait même houspillé - menaça de son sabre puis porta un coup à la tête d'un cordonnier boiteux qui ne put se sauver assez prestement. La blessure fut, semble-t-il, sans gravité mais l'affaire suivit son chemin en très haut lieu. Rien moins que le Major-général Kühne fut chargé du commandement de ce glorieux 99ème d'infanterie, en remplacement du colonel von Reuter !

Le Ministre de la guerre et le Chancelier Bethmann-Hollweg dégagèrent la responsabilité des militaires mis en cause et incriminèrent la presse. Le Reichstag désavoua le Chancelier, mais l'empereur intervint et, en définitive les Tribunaux militaires de Strasbourg acquittèrent les officiers. L'affaire se tassa début 1914 après éparpillement des Alsaciens du régiment vers d'autres unités, déplacement du régiment et changement des hauts fonctionnaires allemands en poste à Strasbourg, en particulier le "Statthalter" comte von Wedel et le Secrétaire d'état, l'Alsacien Zorn de Bulach. L'épithète "voyou d'alsacien" se trouva néanmoins consacrée, à la grande colère de la population qui une fois de plus se sentit humiliée.

De son côté, Fritz revenu des Etats-Unis sans y avoir trouvé de situation à son goût, obtint un bon poste à la fabrique de Contreras tout près de Mexico, à nouveau dans une firme française. Malgré l'agitation révolutionnaire mexicaine, il rappela sa femme et son fils, vu l'imminence d'une guerre en Europe. Ceux-ci arrivèrent sans problème à bord du transatlantique "Espagne", au printemps 1914.

Un grand chaos suivit la prise de la présidence par Huerta, instigateur de l'assassinat de Madero.

Les Etats-Unis ne voyaient pas d'un bon oeil Huerta à la tête du Mexique et le président Wilson, également poussé par des hommes d'affaires américains s'intéressant au pétrole mexicain, débarqua en avril 1914 des troupes de marine à Veracruz, pour soutenir Carranza. Huerta prit la fuite en juin 1914 et Carbajal occupa la fonction de président provisoire pour une courte période.

Là-dessus, Carranza présida un gouvernement provisoire hybride, en attendant son élection. Le désordre politique continuait de plus belle.

Chapitre 3

GUERRE EN EUROPE
RÉVOLUTION AU MEXIQUE

Du point de vue stratégique, le plan d'invasion de von Schlieffen n'était depuis 1905 un secret pour personne. L'empire allemand accéléra et intensifia son armement alors qu'en France, l'Assemblée n'adopta que de justesse la loi du service militaire de trois ans. La question d'Alsace-Lorraine entretenait un climat revanchard et d'hostilité franco-allemande, au moins aussi important que la situation au Maroc. L'Autriche-Hongrie heurtait les intérêts slaves dans les Balkans et l'Angleterre, qui avait perdu sa suprématie sur les marchés internationaux, redoutait une croissance commerciale et maritime encore plus grande de l'Allemagne. La Russie tsariste arrivait à rejoindre la France à la troisième place des puissances économiques européennes.

Comme beaucoup de familles, les Stéhlé avaient, par prudence, plusieurs domiciles et allaient de l'un à l'autre selon le mouvement des troupes. Ainsi, afin d'éviter les zones de combat, étaient-ils tantôt à l'usine "La Magdalena" de Contreras, tantôt à San Angel, un faubourg, tantôt rue de Chihuahua, au centre de la capitale, dans un quartier bourgeois et d'affaires de la "colonia Roma". Une quantité de bureaux et magasins ainsi que des habitations cossues, du genre hispano-européen du XIXème siècle s'y trouvaient.

Un jour d'été, l'avancée des Zapatistes venant de Cuernavaca dans l'état de Morelos, situé au sud-ouest du district urbain de Mexico, incite le personnel d'encadrement de l'usine de Contreras à fuir vers la capitale. Après avoir évacué femmes et enfants, en omnibus hippomobile, les hommes partent à cheval.

Les familles attendaient devant le couvent des Dominicains, sur la place San Jacinto, bien ombragée par un énorme eucalyptus et quelques figuiers. Lorsque les cavaliers débouchèrent de la rue Arteaga, on remarqua que monsieur Crompton manquait. On ne savait rien de lui et sa femme affolée s'évanouit. On la transporta chez les Stéhlé qui logeaient à même la place, au rez-de-chaussée d'une maison séculaire. L'ami Crompton réapparut seulement une fois la nuit tombée. Comme il avait pris du retard au départ, il s'était arrêté et caché pour ne pas être aperçu par les bandes de révolutionnaires. Après quelques jours d'état de guerre, sans eau ni électricité, le cours de la vie redevint normal dans les parages.

Les Stéhlé reçurent la nouvelle de la guerre en Europe encore le 3 août, vu le décalage horaire. Réunis dans leur appartement, rue de Chihuahua, ils étaient consternés et entrevoyaient les grandes pertes qu'auraient à subir militaires et populations, notamment en Alsace. Les noms de Sarajevo, de François-Ferdinand, de l'archiduchesse Sophie et du Bosniaque Princip se trouvèrent à nouveau dans toutes les conversations, alors que l'assassinat qui remontait à plus d'un mois, n'avait en fait qu'enflammé des braises qui couvaient depuis un moment.

Alfred, le frère de Frédéric, incorporé par les Allemands comme artilleur, fut blessé heureusement sans gravité lors des combats de la région des lacs de Mazurie et plus tard suffisamment gazé pour être évacué vers l'arrière. Ce fut sa chance ! La plupart des Alsaciens-Lorrains étaient, comme lui, envoyés au front Est, pour pallier les velléités de désertion.

Un frère d'Anna, matelot à bord du vaisseau-amiral du Kaiser Guillaume II, envoya sa photo ! Quelle drôle de touche dans son uniforme de la marine impériale, avec de surcroît ses grandes oreilles. Cette planque relative lui donna l'assurance de ne pas avoir à combattre face à son frère Lucien, engagé volontaire en France. Celui-ci dut changer d'identité et s'appela désormais Jean Vallot, afin de ne pas être fusillé comme déserteur par les Allemands, au cas où il serait fait prisonnier. Plus de dix-huit mille Alsaciens, déserteurs, engagés volontaires étaient dans l'armée française, sans parler des réfractaires et insoumis. Justin, un autre frère d'Anna, qui avait émigré aux Etats-Unis plutôt que de servir l'Allemagne, ne risquait rien dans l'immédiat. Il s'engagea dans l'armée américaine en 1917 mais fut ensuite porté disparu. Frédéric Stéhlé, qui aurait dû répondre à l'ordre de mobilisation allemand, resta au Mexique, auprès des siens. Pour les Allemands, il était un insoumis !

Les Stéhlé allèrent loger rue Général Prim, au centre aussi, pour disposer d'un appartement plus spacieux car Irma, une soeur d'Anna, était venue les rejoindre. Ils fréquentaient le cercle français et un groupe d'Alsaciens mais également des amis Suisses et Mexicains. Conformément aux alliances, la Grande guerre avait provoqué une stricte scission dans les colonies étrangères. En conséquence, Frédéric fut membre de la Chambre de Commerce franco-mexicaine et Ricky alla en classe à l'Institut Franco-Anglais San Borja.

Irma lassée de l'agitation constante au Mexique, repartit pour la France en 1915, malgré les horreurs d'une guerre qui se prolongeait au delà de ce qu'on pensait au début. Elle avait déjà causé beaucoup de mal aux populations et des carnages de militaires, avec emploi, selon l'histoire, d'abord par l'Allemagne, du gaz de combat à Ypres en 1915, puis de cet autre "raffinement" de guerre qu'est le lance-flammes !

A bord du transatlantique, Irma fit connaissance avec H. Eyrieux qu'elle continua à voir en France. Ils se marièrent en 1916 et partirent s'installer en Haïti, à Santiago. Eyrieux, originaire de Manosque, y obtint un poste d'ingénieur dans une grande fabrique de rhum, "Ron Bacardi".

En Alsace, les troupes françaises, après avoir pris Altkirch et Dornach, s'emparèrent de Mulhouse qui fut cependant évacuée fin août 1914, l'enjeu important étant ailleurs. La guerre de mouvement se transforme dans les Vosges, comme sur le reste du front, en guerre de tranchées, avec pourtant des corrections de lignes, à l'est de la Route des Crêtes, du côté du Linge et aussi plus au sud, au-dessus de la vallée de la Thur. Après de nombreux combats indécis mais très meurtriers, le Hartmannswillerkopf ou Vieil-Armand est pris par les Allemands le 8 Janvier 1916, sous une tempête de neige. Gallieni, Ministre de la guerre, convint qu'il fallait cesser de telles opérations isolées et épargner des vies humaines. A la fin de la guerre néanmoins, d'assez violents combats reprirent dans le secteur, en Alsace du sud surtout.

Le sort de la population fut assez déplorable et mal vécu dans les zones de combat, spécialement dans les régions les plus francophiles. En effet, dès août 1914, la dictature militaire allemande ordonne perquisitions, arrestations et internements en forteresse. Il y a environ trois mille trois cents condamnations et proscriptions, dont quarante-deux touchant des prêtres. Une cinquantaine de villages de Haute-Alsace, pas loin de soixante mille personnes, des "têtes de Français", sont évacuées vers l'Allemagne. Quelques civils, inculpés d'être des francs-tireurs, sont fusillés par les Allemands.

En contrepartie les troupes françaises n'ont, dans l'aléa des batailles, semble-t-il, pas partout été accueillies en triomphe par une population plus ou moins terrifiée. Ceci valut aux autochtones le qualificatif de "sales boches" et explique sans doute, que des civils de la région de Dannemarie et de Thann aient été, en automne 1914, mis dans des camps du sud de la France. Une vingtaine de localités ont été concernées, ce qui fit prés de dix mille déplacés vers le côté français.

On peut certes se demander, à la décharge de ces agissements, si la population n'était pas éloignée des zones de combat pour sa propre sécurité et parce qu'elle gênait les opérations. Toujours est-il que les Alsaciens se trouvèrent souvent impuissants, placés entre l'enclume et le marteau des puissances combattantes.

Malgré ces faits qui ont, avec d'autres, tempéré "l'éblouissement tricolore" de l'Alsace, il faut rappeler qu'au bout du compte, quatre années de pouvoir militaire allemand, ont achevé de détacher presque totalement l'Alsace de l'Allemagne, devenue de plus en plus vindicative.

Guillaume II n'avait il pas déclaré : "Si jamais je suis obligé de rendre l'Alsace, elle sera nue comme ma main !".

* * *

La mère de Fritz mourut en février 1916. La nouvelle ne parvint à Mexico que six semaines plus tard et peina bien sûr beaucoup la famille. Ce décès avait entraîné la vente du négoce de la rue des Fabriques à Mulhouse.

La Grande Guerre continuait sans répit mais on parla en 1916 - 17 d'offres de paix des Allemands. Ils menaient pourtant la guerre sous-marine à outrance ce qui accrut la tension diplomatique avec les Etats-Unis. Mais certains soutiennent que, la rupture qui aboutit à la "reconnaissance de l'état de guerre avec l'Allemagne" le 6 Avril 1917, aurait été due, ce qui se savait moins, aux intrigues allemandes au Mexique.

En effet, si le Mexique entrait en guerre avec les Etats-Unis et devenait donc l'allié de l'Allemagne, il pourrait bénéficier non seulement d'une aide financière mais encore récupérer après la victoire, les provinces perdues en 1848 : Nouveau-Mexique, Haute-Californie et peut-être aussi le Texas annexé par les Etats-Unis en 1845. Une note secrète concernant ces tractations fut interceptée par les services de renseignements alliés, ce qui fit l'effet d'une bombe et facilita la décision américaine d'entrer en guerre contre l'Allemagne. Néanmoins selon un diplomate allemand, le comte Bernstorff, c'est la guerre sous-marine qui resta l'élément décisif. Wilson a sans doute aussi été influencé par des banques, comme la Morgan, qui souhaitaient la victoire de l'Entente à qui elles avaient prêté de grosses sommes.

Carranza élu président du Mexique en 1917, n'appliqua que partiellement la nouvelle Constitution. Les problèmes des terres et des ouvriers agricoles restaient majeurs tandis que la révolution demeurait latente. Le pays était sous la coupe réglée d'une armée de cent mille hommes et cinq cents généraux. La corruption et l'arbitraire étaient maîtres.

* * *

Anna accoucha en 1917 d'un enfant mort-né. Le père et Ricky transportèrent en landau le petit cercueil jusqu'au cimetière français de la "Piedad" où il fut enterré. Cette mort les affecta beaucoup et particulièrement la jeune maman.

Elle se plaignit de plus en plus de douleurs du ventre, ne cédant à aucun traitement médicamenteux. On lui découvrit un ulcère à la sortie de l'estomac et, après bien des hésitations, elle fut opérée. Un nouvel abouchement de l'estomac à l'intestin, intervention alors en vogue, fut installé. Anna ne fut satisfaite, ni des soins du Dr. Olvera, ni de l'Hôpital français, ni des résultats de l'opération. L'appétit ne revint pas et elle resta maigre, avec moins de douleurs cependant.

Sous l'influence d'un groupe d'industriels et d'hommes d'affaires français, Stéhlé qui avait des idées libérales et républicaines, s'affilia à une société philosophique assez fermée, dont le credo de liberté et de démocratie lui convenait. Cependant, bien qu'en principe, elle prônât la tolérance, cette association était nettement anticléricale. Elle était en cela très dans le ton du gouvernement de Carranza. Anna quant à elle, n'appréciait point cette tendance et l'inféodation de son mari à un tel groupement. Fritz cessa d'y appartenir après son séjour au Mexique.

La vie était assez paisible à la capitale, alors qu'en province, Villa et Zapata continuaient à lutter contre le président Carranza et son homme de confiance le général Obregón. Villa qui n'avait pu être neutralisé, retourna au nord où il réunit autour de lui une armée recrutée essentiellement dans l'état de Chihuahua. Après avoir eu quelques victoires, Zapata fut mis en déroute sur la côte atlantique, entre Veracruz et Tampico, puis rejoignit l'état de Morelos. La guerre était sans merci. Les trains militaires sautaient, les prisonniers étaient fusillés, les villages et petites villes mis à sac. On comprenait la hâte qu'avait la population, les femmes et les enfants surtout, de fuir les points chauds, quitte à tout abandonner.

En Europe, Guillaume II abdiqua le 9 novembre 1918, laissant le pouvoir au socialiste Ebert. Au moment de l'armistice du 11 novembre 1918, il y eut en Alsace, à l'instar de ce qui se passait en Allemagne, un mouvement révolutionnaire extrémiste, renforcé au "soviet" de Strasbourg par l'arrivée d'un groupe de marins de Kiel. Cette vague ne dura guère plus d'une semaine et cessa à l'arrivée des troupes françaises, accueillies dans l'enthousiasme général, sauf au pays de Hanau et en "Alsace bossue", région rurale et surtout protestante. La liesse populaire allait de pair avec ce qu'on voyait partout dans cette France qui fêtait la fin de la guerre et la victoire.

Pour Clemenceau, Poincaré et d'autres politiciens, l'accueil aux troupes françaises en Alsace avait valeur de plébiscite ! Le Conseil National proclama le 5 décembre le retour de cette province à la France, avec "sauvegarde des traditions... et intérêts" régionaux.

L'administration avait été confiée à des Commissaires de la République affectés à Colmar, Metz et Strasbourg qui allait devenir le siège du Haut-Commissariat et ensuite du Commissariat-Général.

Dès son entrée à Thann en 1914, Joffre avait déclaré dans une allocution : "Notre retour est définitif, vous êtes Français pour toujours. La France vous apporte, le respect de vos libertés... Je vous apporte le baiser de la France" ! Les termes de son discours ne cesseront, bien sûr, d'être rappelés au cours des temps.

Des difficultés n'allaient cependant pas tarder à surgir car la diète résultant des élections de 1911, était ignorée par le Président du Conseil Clemenceau, de même que tout ce qui avait trait à la période allemande. On méconnut la situation complexe de l'Alsace dont la majeure partie de la population avait vécu plus de quarante ans sous férule allemande. La tendance à oublier le statut régional était manifeste, et l'intérêt principalement orienté vers la conversion rapide à la cause et au style de vie français.

* * *

La ville de Mexico, déjà bien urbanisée du temps de Porfirio Diaz, était une des plus belles capitales d'Amérique latine et comptait en 1918 près de sept cent mille âmes. L'armistice fut fêté dans les colonies des vainqueurs, à leur Ambassade ou Légation. Ricky reçut à cette occasion et pour la fête de l'Institut franco-anglais, un bel uniforme français, bleu horizon. Le patron de son père, Camille Jean, lui offrit un superbe poney.

Sa mère et une servante l'accompagnaient à un petit parc du voisinage ou même jusqu'à l'Alameda, à plus de deux kilomètres du domicile, où les enfants pouvaient caracoler. Ce parc très soigné du temps de l'impératrice Charlotte puis décoré à la fin du XIXème et au début de ce siècle de sculptures dues à des artistes français, était un agréable espace vert en plein centre. On y trouvait surtout des frênes, quelques saules et peupliers. Entre les allées relativement bien entretenues pour l'époque, il y avait de jolies plates-bandes, divers arbustes et bien sûr, les habituels agaves et "nopales".

Certains dimanches, Pepa, la fille de "Don Camilo", venait dans son petit tilbury avec poney chercher Ricky et sa petite voisine Alice Lawder, pour une promenade au bois de Chapultepec ; les parents suivaient en calèche ou à cheval. Ce vaste parc, surtout planté d'eucalyptus et d'ahuehuétes, des conifères dont le bois ressemble au cyprès, était agrémenté d'un lac. Il est situé autour de l'ancien palais de Maximilien, qui fut aussi un temps une résidence présidentielle. Lors des périodes d'accalmie révolutionnaire, c'était un lieu de balade populaire et on pouvait s'y rendre en tramway électrique ou en "camioneta", un petit autobus de transport public.

Sous la présidence de Carranza, le Mexique connut une relance économique avec considérable amélioration des productions pétrolières et minières, malgré la corruption et la mise en coupe réglée du pays par son armée de généraux. Zapata, le chef des rebelles du sud fut assassiné en août 1919, au cours d'une embuscade, modèle de félonie. Le traître fut ensuite nommé général par Carranza. Celui-ci fit aussi emprisonner Obregón qui, à son goût, s'intéressait trop à la présidence. Entre temps, Pancho Villa continuait la guérilla de son côté.

Début 1920, époque de la fondation de la Société des Nations à Genève, le Mexique préparait de grandes festivités. Le

5 mai commémore la défaite du corps expéditionnaire français devant Puebla en 1862, bien qu'un an après le général Forey ait pris la ville avec les renforts nécessaires. Cette fête devait cette année là revêtir un éclat particulier, la colonie française voulant rendre un spécial hommage au pays.

Une réception fut donnée à la Légation de France, avec discours, rodéos de "charros", danses folkloriques et bal. Les Stéhlé connus dans le milieu français et au Consulat furent conviés d'autant plus que Fritz avait fait des dons substantiels aux oeuvres de charité françaises. Ricky étrenna un splendide costume de "charro", tout en peau, à brandebourgs, décoré de nombreux galons et passements. Sa tenue était assortie d'une cravate lavallière et d'un chapeau typique, recouvert d'ornements argentés. Les costumes régionaux et l'élégance des dames donnèrent beaucoup de cachet au bal clôturé par le traditionnel feu d'artifice.

Chapitre 4

FLAMBÉE A MEXICO

Au Mexique, on ne pouvait alors pas rester longtemps sans coup de force politique et personne ne fut vraiment surpris lorsque se produisit le 21 mai 1920, l'assassinat de Carranza. Mis en fuite, il s'était réfugié dans les montagnes près de Puebla, quand sa propre escorte le liquida. Adolfo de la Huerta, un bon administrateur, assura l'intérim et s'efforça de pacifier le pays jusqu'à l'élection, régulière semblait-il, du général Alvaro Obregón. Le mandat de ce dernier fut une dictature présidentielle, limitée par la non réélection et appuyée sur l'armée. Sa présidence assez calme au début, s'accompagna d'un regain économique dont profita en particulier l'industrie.

Stéhlé qui avait entre temps changé d'occupation, travaillait pour son compte à la "Générale d'Anilines" située rue de l'Olivier, dans le quartier industriel d'Atzcapotzalco, à la limite nord de Mexico, non loin des gares, centrale et de marchandises. Sa demeure d'un étage, à toit plat, jouxtait l'usine, ce qui était pratique et diminuait les obligations de déplacement dans un ville peu sûre dès le crépuscule. Toutes les hautes fenêtres à chambranle sombre, contrastant avec les murs clairs, étaient munies de barreaux. La porte cochère renforcée de ferronnerie, donnait accès à une cour où il y avait les bureaux au rez-de-chaussée. Un terrain non construit se situait en face et la rue assez bien entretenue, était peu fréquentée. La grande circulation se faisait surtout par la très ancienne chaussée des Coqs, la "Calzada de los Gallos", distante d'un pâté de maisons.

Anna qui n'avait pas été en Europe depuis 1913, voulut revoir sa famille ainsi que l'Alsace redevenue française. Elle partit pour quelques mois avec Ricky et séjourna à nouveau en famille, à Volklingshofen, Mulhouse et Paris. Elle revint début 1921, ramenant son frère Arthur. Celui-ci, ne pouvant s'accommoder au Mexique, s'en retourna en Alsace après avoir travaillé une année à la "Compagnie Française de Produits Chimiques".

Un autre fils naquit au foyer des Stéhlé en novembre 1922. Dans la soirée, bien avant le terme, Anna commença à présenter des douleurs peu intenses. Comme elles se rapprochaient, l'accoucheur fut appelé par la sage-femme qui se souvenait qu' Anna avait eu un prématuré mort-né cinq ans auparavant. La présentation du bébé semblait bonne cette fois, mais il s'agissait aussi d'un prématuré, d'un peu plus de vingt-huit semaines. L'accouchement en soi ne dura pas trop et l'enfant naquit à deux heures trente du matin, avec mille trois cent soixante-quinze grammes, poids à la limite de la viabilité. Assez gracile, ridé, grisâtre et couvert de duvet, il donna beaucoup d'inquiétudes car il fut de plus atteint de la jaunisse des prématurés. Anna se rappelant combien son premier-né avait été beau, pleura souvent en regardant cette pauvre petite créature.

Le réchauffement du bébé se fit à l'aide de bouillottes à quarante-cinq degrés environ, placées de chaque côté et aux pieds. Une constante surveillance fut indispensable. Anna, la sage-femme et la nourrice se relayèrent donc pour surveiller la respiration. L'alimentation dut se faire par petites quantités, six à huit fois par jour, en veillant à ce que le bébé avalât bien. Le médecin préféra le lait de nourrice donné à la pipette et exigea un contrôle régulier du poids. Il vint souvent ainsi que l'infirmière, car tous les soins se firent à domicile.

Les parents Stéhlé parlèrent de l'enfant que "Dieu leur avait donné" ! Les craintes avaient été telles qu'il fut baptisé par la sage-femme, la religion catholique acceptant, en cas de danger, le baptême par tout coreligionnaire. Ainsi, Ricky devint parrain et Luz Hidalgo, secrétaire à l'usine, marraine du petit Raphaël qui s'accrocha à la vie et survécut non sans peine. Après six semaines son état se normalisa lentement.

Mais au fait, pourquoi Raphaël, alors que l'aîné avait déjà eu ce même prénom en deuxième position ? Manque d'imagination des parents... ? Précipitation vu l'état du nouveau-né ou enthousiasme insolite pour ce prénom en vogue ? Rafa ne le sut jamais.

Anna s'était liée d'amitié avec Livia Necchi qui lui avait rendu quelques services aux moments difficiles de l'accouchement. Le mari de cette dame, un industriel italien, sympathisa avec Stéhlé et les familles se fréquentèrent. Necchi déplorant l'incurie qui régnait dans son pays, la répétition des grèves d'instigation communiste et la carence de la royauté, s'était déclaré partisan de Mussolini devenu chef du gouvernement après la marche sur Rome d'octobre 1922. Cet nouvelle avait estompé l'inflation arrivée à son acmé en Allemagne et l'afflux en masse de nationaux-socialistes à Munich, le 30 novembre, pour y écouter l'orateur qui avait la vedette, un certain Hitler.

Fritz, en républicain convaincu, pensait que le retour à l'ordre en Italie, avait certes de quoi satisfaire l'opinion, mais que l'absolutisme tel qu'il l'avait connu dans sa province natale, sous le "Kaiser" puis au Mexique, est un régime détestable.

La révolution russe, en marche depuis 1917 était très suivie par la presse du monde entier. Elle eut bien sûr, comme partout, son influence au Mexique. La "Maison de l'Ouvrier Mondial" fondée avant la guerre, lors de l'essor du socialisme européen et des syndicats, était redevenue particulièrement active au Mexique.

En 1922, Marc Chagall qui n'imaginait sans doute pas qu'il quitterait son cher pays et qu'il ne connaîtrait plus la fin du régime communiste, s'exprimait avec espoir et beaucoup d'illusions au sujet de la révolution, alors que la Russie, souffrant de famine et d'épidémies, faisait appel à l'aide internationale. Comme le rappelle Soljénitsine, beaucoup tenaient Lénine pour rien moins qu'un bienfaiteur de l'humanité ! Staline était élu la même année à la succession de Lénine au poste de Secrétaire général du Comité Central du Parti et, la formation de l'Union des républiques socialistes soviétiques était proclamée fin décembre.

Les affaires étant entre temps devenues plus difficiles, Stéhlé liquida son entreprise et retourna dans la région d'Orizaba qu'il connaissait. Il devint directeur à la fabrique de Santa-Rosa.

Et la révolution mexicaine reprit au mitan de 1923, peu avant la fin du mandat d'Obregón qui bénéficia de l'aide des Etats-Unis dont la marine bloqua l'entrée du port de Veracruz pour empêcher le ravitaillement des révoltés.

Pancho Villa, le fameux guérillero du nord, fut abattu par les gouvernementaux en juillet 1923. Obregón non rééligible, espérait régner par l'intermédiaire de son candidat, Plutarco Elias Calles, un général aussi. Adolfo de la Huerta, président-intérimaire avant l'élection d'Obregón, démissionna et rejoignit à Veracruz les révolutionnaires du Général G. Sanchez. C'était une insurrection importante qui touchait une grande partie du pays.

La lutte était très sanglante et les populations se retrouvaient couramment pillées et malmenées, comme ce fut le cas par exemple, d'une petite colonie de Français d'origine franc-comtoise, vivant à San Rafael, au nord de Veracruz. Les événements d'Orizaba au cours desquels les Stéhlé faillirent être tués, se situèrent dans ce contexte.

Chapitre 5

"VIVA OBREGÓN !"

La lutte avait repris de plus belle entre les troupes gouvernementales et les nombreux partisans de A. De la Huerta. La popularité, la stature politique, la réputation d'honnête homme de cet ancien Président - intérimaire du Mexique étaient desservies par le manque de concertation et de compétence des chef militaires révolutionnaires alors qu'Obregón était bon stratège. C'est surtout pour cette raison que la rébellion allait être perdante.

On guerroyait depuis quelques jours prés d'Orizaba et de l'usine de Santa-Rosa. La mitraille et le grondement de l'artillerie légère s'étaient intensifiés sur les flancs du Necoxtla, tout proche. Les combats étaient pratiquement ininterrompus en cette belle saison. La bataille prenait la direction de Santa-Rosa et d'Orizaba. Routes, plutôt mal entretenues, et chemins étaient l'objet d'âpres luttes, dans une région accidentée, à végétation luxuriante, aux multiples cachettes et repaires plus ou moins accessibles.

Le 28 janvier 1924, dès cinq heures trente, la fusillade était proche de l'enceinte de la fabrique. Vers sept heures, Frédéric Stéhlé sortit de son pavillon situé dans le secteur des logements de fonction des cadres et trouva sur le pas de sa porte, son voisin Alban Hirth qui se disait rassuré. Il était un des nombreux sympathisants de De la Huerta. Stéhlé estimait, au contraire, que les Fédéraux avaient le dessus. Au moment où il rentra chez lui, il aperçut deux individus s'emparant des chevaux et mules attachés près du portail principal. La famille de Frédéric terminait son petit déjeuner et l'aîné des fils allait être amené à l'école, l'Institut commercial d'Orizaba.

On entend soudain des cris puis, des coups de crosse font voler les vitres de la salle à manger en éclats. Trois Fédéraux, en tenue de ranchero, bardés de cartouchières et portant un brassard rouge avec insigne des troupes fédérales, ordonnent d'ouvrir. Ils accusent de cacher des révolutionnaires et vocifèrent des menaces. Ils en avaient trouvé un près du grand portail de la fabrique et un autre devant les écuries. Tous deux, déjà blessés et gisant à terre, avaient été achevés !

Le père Stéhlé ouvrit la porte de l'appartement qui donnait de plain-pied sur la terrasse et assura que personne n'était caché chez lui. Il répliqua aussitôt, qu'étranger et employé comme ingénieur-chimiste, il n'avait aucune participation à la révolution.

Un soldat, revolver au poing, tint la famille terrorisée en respect, tandis que les deux autres fouillèrent et saccagèrent la maison à grand vacarme. Ricky, l'aîné des fils, douze ans, tenait la main de son père qui tentait de parlementer avec les intrus manifestement surexcités. Il se collait à lui, comme pour le protéger. Anna, avait son plus jeune fils, quinze mois, sur les bras. Les "bonnes", Carmen Lopez et Eloïsa Dominguez, alertées par l'esclandre, étaient accourues précipitamment de la cuisine. Les femmes et le bébé hurlaient à faire frémir.

La veille, la maman Stéhlé avait eu la présence d'esprit de jeter dans le puits d'égout du patio, deux revolvers et un fusil. Détenir des armes était habituel à l'époque, au Mexique. Anna avait malheureusement oublié la petite carabine Flobert appartenant à Ricky, qui s'en servait pour le tir aux pigeons. Elle se trouvait très en vue sur la cheminée, entre deux douilles bien astiquées d'obus de trente-sept millimètres provenant de la Grande Guerre, souvenirs de l'oncle Arthur, le marin. "Ils ont des armes et des munitions" rugit un énergumène, qui enchaîna et hurla : "Nous allons vous mener à notre chef puis vous fusiller" - "Et vive Obregón !"

Toujours armes braquées sur les malheureux, le sinistre trio les poussa hors de chez eux pour les rassembler sur la terrasse. Les servantes suivirent spontanément et, dans le tumulte, un coup partit. Une balle érafla la tempe de Fritz et cassa à grand bruit l'énorme glace accrochée au dessus de la cheminée. Les femmes suppliant et invoquant le Seigneur, crièrent de plus belle, tentant de s'interposer pour protéger Fritz. Sur ce, un sous-officier en qui Eloïsa reconnut un ancien ouvrier de l'usine, recommanda de ne pas toucher à ces gens, ce qui ne les rassura qu'à moitié. Ils avaient vu juste, car la séance continua bel et bien. La famille et les deux jeunes femmes furent alignées devant la palissade qui séparait la terrasse, du jardin.

Un des soudards criant que des marques de sabots et du crottin, témoins de la présence de révolutionnaires cachés, avaient été vus près du mur d'enceinte, exigea de Stéhlé, les clés des écuries. Celui-ci rétorqua que des traces de chevaux étaient bien banales sur des allées de passage de simples cavaliers et de chariots de l'usine. Cependant, comme il n'avait point les clés éxigées, il fut visé au coeur. En l'espace d'un clin d'oeil, Eloïsa faisant le mouvement de s'interposer, le pistolet fut dévié et la balle lui entama le cuir chevelu. A ce moment même, une sonnerie de clairon domina cris et sanglots. Elle fit disparaître les trois agresseurs comme par enchantement. C'était le commandant de l'unité, le général obrégoniste Barbosa qui faisait rappeler la troupe. Sortant peu à peu de sa stupeur et croyant ses tourments terminés, la famille Stéhlé se mit au calme à la maison. Mais voilà que cinq autres gredins surgirent à peine une demi-heure après.

Très agressifs, ils exigent à nouveau les clefs des écuries. Comme Stéhlé répète qu'il ne les a pas, on lui tire dessus. Anna et son petit, serrés contre lui sont éclaboussés du sang giclant de la plaie. Frédéric chancelle. L'un des hommes ordonne alors à Ricky d'aller chercher les dites clefs. Comme il ignore également où elles se trouvent et parce qu'il reste collé à son père en attitude de refus, cela lui vaut un : "hijo de puta", "fils de putain", une taloche à le jeter par terre et des menaces de mort. Même langage et injures obscènes à Anna qui, terrifiée et en pleine crise de nerfs, ne cesse de hurler. Les militaires bousculent alors les Stéhlé vers l'allée centrale et Fritz reçoit un coup de crosse de revolver sur une orbite. Trop mal en point pour entendre l'avertissement de mise en garde crié par Ricky, il ne put esquiver le coup. Sur ce, un cavalier paraissant un gradé, arriva caracolant dans l'allée centrale, sur un petit cheval mexicain. La main au revolver, il exigea de savoir des soudards, ce qu'ils allaient faire de leurs prisonniers :

- Mais voyons, les fusiller ! et vive Obregón !

- Laissez les en paix ! ordonna-t-il. Ils n'ont rien à voir avec la révolution.

- Ce sont des "gringos"! et que vive Obregón !

C'était, comme on le sut par la suite, le capitaine Luna dont l'intervention miraculeuse, sauva les Stéhlé.

Ahuris, ils retournèrent tant bien que mal chez eux. Le père, dont les plaies avaient cessé de saigner, était couvert de sang et vacillant. Ricky et Carmen le soutenaient. Anna, agrippant son petit, tremblait de tous ses membres, claquait convulsivement des dents et avançait à grand-peine, soutenue par Eloïsa. En arrivant chez eux, ils purent tout juste apercevoir un pillard s'enfuir avec la machine à écrire. Dans la maison, ce n'était que saccage, avec lits et fauteuils éventrés. Pourtant, les économies en pièces d'or, habilement cachées par Anna dans des pots de confitures et dans la chasse d'eau des toilettes, étaient encore bien là...

Le médecin de l'usine donna les premiers soins. Les voisins vinrent voir... et réconforter la famille malmenée ! Dans la soirée, elle fut évacuée en fiacre vers Orizaba, également occupée par les gouvernementaux.

Dans cette petite ville, centre industriel d'une certaine importance, après de nouveaux soins, un constat médical des blessures de Stéhlé put être établi par le docteur Labardini, en vue d'un dédommagement qui, au demeurant, ne devait jamais être accordé malgré de nombreuses démarches et même les interventions du Consulat de France. Le dossier, comme par hasard, se perdit à Mexico dans les arcanes administratives. Stéhlé guérit heureusement sans infection mais garda, sa vie durant, la balle fichée dans l'aisselle gauche, comme différentes radiographies le confirmèrent. La blessure d'Eloïsa fut sans conséquence. Le médecin prescrivit des sédatifs à toute la famille, qu'on logea pour la première nuit à l'hôtel Central situé à l'entrecroisement des deux rues principales.

Un tramway hippomobile, brinquebalant et ouvert à tous vents, reliait en ceinture Orizaba aux quelques usines du voisinage. L'hôtel, une vieille bâtisse à un étage, servait de relais à l'une des premières lignes d'autobus faisant le trajet de Veracruz à Mexico. Son nom, "Etoile d'or" était inscrit en énormes caractères sur la façade de l'hôtel. Le rez-de-chaussée, de plain-pied avec la rue pavée, était une taverne, ce jour là très fréquentée par des soldats qui chantaient à tue-tête en se réconfortant au tequila. L'hostellerie, au confort assez rudimentaire, se situait au premier étage. Les portes-fenêtres donnaient sur des balcons à rambarde de ferronnerie. Au coin, un lampadaire, aussi haut que l'hôtel était accolé à un grand poteau vers lequel convergeait un écheveau de fils électriques et téléphoniques. Il y avait un peu de circulation avec quelques cavaliers et piétons à grands sombreros. Des indiennes vêtues de longues robes, aux épaules recouvertes d'un grand châle gris ou brun foncé typique, le "rebozo", portaient une charge dans le dos et certaines leur bébé enveloppé avec précaution. Elles s'étaient groupées pour causer, peut-être des événements ? Un fiacre se trouvait arrêté devant l'hôtel. Quelques paysans de retour des champs avec leur âne ou leur mule, trimballaient des fagots, des sacs de maïs et des paniers de victuailles. Ils rentraient lentement chez eux tandis qu'un chien famélique aboyait au passage des bêtes imperturbables.

Ayant couché les enfants après une maigre collation, les Stéhlé encore hébétés purent se rendre compte, au soir de cette journée si tragique pour eux, combien le temps avait été radieux. Leur chambre donnait sur un petit parc et les jardins des maisons voisines. On distinguait, grossièrement ordonnés, murets, palissades et simples clôtures formées de cactées en tuyaux d'orgue ou "organos". Des figuiers de Barbarie ou "nopales" et des agaves de toutes tailles, poussaient au hasard. Les bougainvilliers rouges ou violets, en arbrisseaux ou grimpants, embellissaient tonnelles, gloriettes et murs de ces pauvres vieilles bâtisses. On apercevait aussi, de-ci, de-là, un tamarinier, un papayer, un jacaranda ou un flamboyant rouge orangé, lumineux. Dans la fraîcheur du soir, le chant des colibris et les stridulations des grillons semblaient devenir plus intenses. Au pied du mur, un lézard allait pour la nuit, se faufiler lestement dans sa crevasse.

La vie reprenait le dessus tandis que dans le ciel sans nuage, les vautours décrivaient lentement de larges cercles...

Les Stéhlé demeurèrent encore quelques jours à Orizaba dans une pension de famille plus confortable, le temps de résoudre les problèmes de travail, ménage et voyage, puis s'en furent habiter Mexico ; en premier à l'Hôtel Isabel, au centre, près du siège de la société qui employait Frédéric. Ricky y fêta son douzième anniversaire.

La vie fut plus calme à la pension Basurto de la rue G. Prieto où ils logèrent ensuite. Elle convint mieux aux nerfs et insomnies d'Anna ainsi qu'au petit garçon qui, encore effarouché, pleurait à la vue de tout visage inconnu. Ils durent suivre un traitement médicamenteux pendant quelque temps.

Les parents Stéhlé et Ricky furent très marqués par cet épisode qui fut la principale cause de leur départ du Mexique. Ils gardèrent du reste tout un dossier de documents s'y référant et, sans doute est-ce aussi en raison de l'impact qu'il eut sur eux, que Stéhlé le citait le plus souvent en premier lorsqu'il racontait ses souvenirs du Mexique. Rafa, alors trop jeune pour se rappeler, se demanda plus tard si une aversion contre le Mexique, son pays natal, ne s'était pas forgée subconsciemment à ces moments-là, et lui faisait parfois dire, mi-sérieux, lorsqu'on le questionnait sur sa santé : "Je survis". Ce fut en effet, avec sa naissance elle-même, sa deuxième survie.

Les Stéhlé étaient d'autant plus dégoûtés, qu'au Mexique, des faits apparemment insignifiants, des impondérables, le hasard, y jouaient, peut-être plus qu'ailleurs, un grand rôle. La situation politique du pays se trouvait aussi des plus instables, et ceci de façon durable.

"Que des luttes entre hommes politiques, ambitieux et opportunistes, se fassent pour des enjeux personnels, passe encore", disait Stéhlé. "Mais", ajoutait-il, "il est scandaleux, qu'en plus, ces mêmes politiciens avides et véreux, utilisent une soldatesque brutale, pillarde et assassine pour arriver à leurs fins". Le comble était atteint dès lors que de surcroît, ils mettaient des idéaux humanitaires et sociaux en avant, pour en imposer. Ils ne dupaient cependant que les naïfs !

Chapitre 6

ELLIS-ISLAND
REFUGE A NEW-YORK

Les violences et le pillage subis à Orizaba avaient donc poussé Fritz et sa famille à partir vers New-York. Ils s'embarquèrent le 28 juin à Veracruz pour un voyage de neuf jours et se trouvèrent à bord du "Mexico", par hasard, avec le futur président du Mexique, le Général Plutarco Elias Calles qui se rendait au Yucatan, en tournée électorale. Le mandat de Calles devait débuter le 1er décembre 1924.

Ce bonhomme, de taille moyenne, aux cheveux bruns, portait moustache. Son front n'était pas dégarni et ses traits assez épais n'attiraient guère l'attention. Il n'avait l'air ni d'un métis ni d'un indien. Des doutes planaient sur son origine, sa prétendue formation de maître d'école et même sur sa nationalité ! Son anticléricalisme de principe, l'avait fait surnommer par la population, "le Turc". On le craignait car les exécutions sans procès, de prisonniers de droit commun et d'ennemis personnels, étaient son style. Elles auraient débuté aux moments les plus chauds de la révolution, du temps où il était chef de la police de la localité d'Agua Prieta. Après beaucoup de fonctions subalternes, il devint gouverneur de l'état de Sonora puis ministre des gouvernements de Carranza et d'Obregón.

Accompagné d'une suite importante, avec gardes du corps,

il aimait courtiser les belles passagères. Les Stéhlé, Anna surtout, évitaient prudemment ce redoutable personnage et passaient le plus clair de leur temps dans leur spacieuse cabine familiale au pont principal.

Le cortège de politiciens en tournée débarqua heureusement à Campêche. Durant le trajet on entendit souvent dans les salons du navire, chanter comme un refrain :

- Eh bien, amis, qu'allons nous boire ?

- Mais toujours de même, pour ne pas faire de mélange.

Hormis un ouragan près des Antilles, heureusement peu intense, le périple, en attendant l'arrivée, se fit sans histoire. A New-York, non loin de la statue de la Liberté qui rappelait à nos voyageurs le colmarien Bartholdi, les autorités sanitaires et d'immigration montèrent à bord pour les formalités d'usage. Le bateau-pilote prit le vapeur en remorque pour le mener à quai dans cet immense port qui assurait le plus grand trafic maritime des Etats-Unis.

Par inadvertance, le père Stéhlé ne s'était pas rendu compte que les visas d'entrée aux Etats-Unis expiraient le 1er juillet ! Toute la famille fut donc envoyée au camp d'accueil et de quarantaine d'Ellis Island, situé au sud-ouest de la pointe de Manhattan, non loin de la statue de la Liberté. Belle ironie ! Cette petite île est peu éloignée de la côte de Long Island où se trouvaient des docks et entrepôts. Un bon nageur aurait certes pu franchir les quelques centaines de mètres jusqu'au rivage, si toutefois il avait pu s'échapper. Le trajet était assurément plus long et difficile, en remontant l'East River et l'Hudson, vers Manhattan et les quais d'accostage des navires de passagers.

L'îlot bien connu des immigrants, surnommé "Ile des Larmes", a vu transiter depuis 1820 des millions de personnes. Il fut érigé sur un banc, moitié rocailleux et sablonneux, qui appartint à un certain Ellis avant de devenir le Fort Gibson puis un dépôt de munitions. Par la suite, les déblais et boues provenant des excavations du métro new-yorkais y furent déversés, ce qui fait que l'île de onze hectares est presque entièrement artificielle. L'ensemble rectangulaire, en trois fragments, quasiment entièrement recouverts de bâtiments, avait un aspect morose. L'eau trouble du port, azurée de mazout et charriant pas mal de déchets hétéroclites, était nauséabonde en ce chaud après-midi de juillet.

Le transfert se fit sur une barcasse avec d'autres immigrants qui étaient l'objet d'une enquête ou déjà refoulés pour motifs de santé, en attendant leur rembarquement pour leur pays d'origine. Avec les émotions de l'arrivée et la perspective d'un retour forcé au Mexique, les Stéhlé n'en menaient pas large.

La navigation qui dura environ vingt minutes fut agrémentée de la pétarade du moteur, des sirènes de bateaux et des cris de mouettes qui pêchaient en piqué. A mi-chemin, on put apercevoir, comme émergeant de l'eau du Upper Bay, les quatre tours du "Centre de réception" d'Ellis Island. Cet ensemble évoquait un pénitencier, son bâtiment central de couleur brique avec ses trois énormes baies vitrées allant du rez-de-chaussée au premier étage pouvant aussi faire penser à un hall de gare. Les autres façades, d'un brun-rouge délavé, avaient de grandes baies à encadrement clair. Quelques pelouses entouraient le bâtiment principal.

Le débarcadère, dans un petit port artificiel compris entre les deux plus grandes parties de l'île, servait à d'autres embarcations et canots à moteur ainsi qu'à une vedette de l'Autorité portuaire. Amarrées, elles se balançaient dans le clapotis de la mer. Un toit, destiné à protéger les nouveaux venus des intempéries et du soleil, pendant qu'ils faisaient la queue, recouvrait l'entrée et partiellement la passerelle d'accès. On voyait bien Manhattan dont les ombres, sous le soleil couchant, découpaient d'énormes bandes sombres dans la brume du soir. De multiples enseignes lumineuses scintillaient déjà dans cet ahurissant ensemble de gratte-ciel.

Le petit Rafa, lorsqu'on le posa à terre, montra du doigt un rat crevé qui flottait au bord de l'eau au milieu de détritus. Fatigué du voyage et de toute cette agitation, il vomit le goûter qu'on lui avait donné pour qu'il cessât de pleurnicher, et il s'en mit plein les vêtements. L'incident caractérisait, on ne peut mieux, la situation des Stéhlé...

Quelques marches menaient à une grande salle à voûtes de briques, d'une trentaine de mètres de côtés et haute de quinze à vingt mètres. Plusieurs longs bancs de bois s'y trouvaient à la disposition du public qui attendait... Un labyrinthe fait de tubulures métalliques délimitait le chemin à suivre par le flux des arrivants. De petits boxes, sans réelles cloisons, servaient à l'enregistrement des nouveaux venus et aux rapides visites médicales d'arrivée.

Leur but essentiel, en plus du triage, était le dépistage des maladies infectieuses, spécialement pulmonaires et oculaires, notamment le trachome. Des cabinets pour examens médicaux moins sommaires étaient situés du côté de l'administration et, la station d'épouillage se trouvait dans une petite baraque contiguë. Un piano recouvert d'une housse occupait le coin, au fond, à droite. Le hall communiquait au rez-de-chaussée avec les réfectoires et cuisines d'un côté, avec les bureaux administratifs de l'autre. Au premier étage, un balcon intérieur circulaire desservait les pièces et dortoirs. Face à l'entrée, le drapeau des Etats-Unis déployé et fixé à la rambarde, dominait la salle d'accueil. Plusieurs grands lustres de bronze jetaient une lumière crue. Ils se composaient d'un grand hémisphère de verre blanc, entouré de huit globes plus petits suspendus par des chaînes descendant de la voûte. Chaque globe était segmenté en secteurs sphériques. On pouvait s'imaginer la terre et quelques satellites ! Leur luxe relatif était assez cocasse dans le contexte.

L'installation, sur indications des surveillants en uniformes noirs, avec plaque métallique et numéro matricule au képi, se fit tant bien que mal. On attribua aux Stéhlé une pièce à grand ventilateur plafonnier où ils furent heureusement seuls. Sans doute étaient ils mieux logés pour des raisons hygiéniques, à cause de la présence du petit enfant et aussi parce qu'ils avaient été passagers de classe cabine.

Leur chambre, propre, avec lits blancs, de fer, se situait entre deux dortoirs d'une dizaine de personnes chacun ; surtout des latino-américains. La promiscuité était pénible et il y avait beaucoup de va-et-vient. Candidats à l'immigration ou refoulés, infirmières et médecins, personnel de service, policiers, interprètes, transitaires, avocats et officiers de santé d'allure martiale, en uniforme gris foncé à casquette arborant l'écusson des Etats-Unis, circulaient dans un brouhaha exaspérant. Les immigrants une fois inspectés, étaient munis de badges numérotés et de couleurs différentes selon les catégories, fixés aux revers ou aux corsages. La nuit venue, beaucoup de ceux qui n'avaient pas eu l'autorisation de gagner la terre, n'étaient pas encore casés, et certains semblaient abattus. Quelques bébés et enfants, mais aussi des adultes pleuraient. Ellis Island hébergeait ce jour là un millier de personnes, guère plus ; la capacité maximum dépassait les quatre mille pensionnaires !

L'été à New-York est torride. Après une nuit reposante, malgré la chaleur suffocante, humide et sans la moindre brise, le papa Stéhlé s'en fut chercher les bagages à l'entrepôt du rez-de-chaussée. Il put aussi changer de l'argent et surtout téléphoner à un ami, Martin Blum, pour se faire tirer d'affaire. Celui-ci mit un avocat de la Banque Morgan sur l'affaire. Les Stéhlé munis de passeports français avec visas périmés étaient sans nul doute dans leur tort, d'autant plus que la loi des quotas limitait à cette époque l'immigration, celle des Européens surtout.

Comme allégué par leur défenseur, les petits Stéhlé nés au Mexique, étaient mexicains de naissance selon la loi du sol. Du fait qu'il n'y avait alors pas de quota applicable aux Mexicains, les enfants devaient pouvoir débarquer sans problème. L'avocat ajouta, que du fait qu'il est illégal dans de telles conditions de séparer des mineurs de leurs parents, tous devraient pouvoir entrer aux Etats-Unis d'Amérique. Il en fut donc ainsi et les Stéhlé débarquèrent à New-York le 14 juillet 1924 ! La compagnie de navigation "New-York and Cuba Mail" fut obligée de payer les huit jours de "pension" à Ellis Island, pour n'avoir pas contrôlé les visas lors de l'embarquement à Veracruz.

A New-York, la petite famille logea d'abord à Brooklyn, dans la 3ème avenue. L'édifice comptait une majorité de Norvégiens. Ils allèrent vivre ensuite à Paterson, localité industrielle de la grande banlieue, dans le New-Jersey, où Fritz avait trouvé un emploi de préparateur de colorants.

Le 266 B de la Van Hauten Street, était une maison de briques rouges avec quelques logements. Elle se trouvait en face d'une église entourée d'un jardin public où on menait Rafa jouer, vu le peu d'espaces verts de la cité. Ricky fréquentait la Mackenzie School toute proche. L'hiver, comme d'habitude à New-York, fut glacial et venteux. Les Stéhlé célébrèrent Noël très simplement dans leur appartement.

Les nouvelles du Mexique étaient peu rassurantes. On sut notamment qu'à San Rafael à nouveau, un exploitant de la petite colonie de cultivateurs franc-comtois avait été massacré par des pillards, en présence de ses enfants, et sa ferme mise à sac. Les actes de vandalisme se répétant, les gens de la bourgade créèrent leur propre milice d'autodéfense avec l'accord de la municipalité.

Le président Calles, au nom de la souveraineté nationale, menait une lutte sévère contre l'église catholique. Il expulsa en mars 1925, plus de deux cents prêtres espagnols et quelques américains. Il y eut des mouvements de protestation parmi la population, suivis du soulèvement des "Cristeros" qui dura quelques années et fut réprimé sans pitié. Le pays ne connut jamais autant d'abus et d'atrocités que du temps de Calles.

Nos Alsaciens ne s'habituaient pas pour autant à la vie aux Etats-Unis, dans une cité industrielle très peu pittoresque, qui comptait beaucoup d'immigrés et n'offrait sur le plan culturel qu'une petite bibliothèque publique. Sortir n'était pas facile avec deux enfants qu'il fallait faire garder par des voisines complaisantes. Au cinéma, Gloria Swanson, Mary Pickford, Douglas Fairbanks, Rudolf Valentino, Charlie Chaplin, Harald Lloyd et l'enfant Jackie Coogan, tenaient l'affiche parmi tant d'autres artistes. Le jazz avait conquis les Etats-Unis mais n'était pas vraiment au goût des Stéhlé. Certes, il y avait encore à New-York une "Union Alsacienne", mais ils n'y rencontraient que peu de connaissances et n'avaient pas d'amis hormis les Blum et les Pfister, en partie d'origine suisse. Alfred Pfister exploitait une assez grande fabrique de produits chimiques et s'était fait une belle fortune. Il avait, non loin de son usine une immense propriété dans le New-Jersey où, pour son plaisir, il s'exerçait à tirer au canon, ce qui impressionnait même ses amis américains. Comme il allait parfois en voiture à Niagara-Falls pour affaires, il offrit à Fritz de l'accompagner pour admirer les fantastiques chutes d'eau, aux confins du Canada.

Sur le plan économique la situation des Etats-Unis présidés par Coolidge, se trouvait en pleine expansion mais très impliquée dans les mesures prohibitionnistes, à leur tour génératrices de banditisme, de corruption et de luttes de gangs.

Anna se rendait rarement au grand magasin Woolworth pour ses achats, car l'immensité de la ville, les gratte-ciel et même le métro l'effrayaient plutôt. Quel changement par rapport au Mexique et à son Alsace natale. Comme elle avait de plus certaines difficultés à s'exprimer en américain et peu d'amies, elle avait souvent le bourdon.

Les Stéhlé, peu satisfaits de leur sort, décidèrent de retourner au pays. L'embarquement pour Le Havre se fit le 22 avril 1925 à bord du "Suffren". Le paquebot, qui dépassait de peu mille deux cents tonnes, n'était pas des plus rapides mais la mer fut miséricordieuse.

La vie à bord s'avéra confortable et riche en distractions. Pour les passagers au pied marin il y avait tous les après-midi de la musique de chambre ou des projections de films, puis une soirée dansante et les dîners du commandant. A la salle de jeux des petits, les séances de Guignol et les fêtes costumées alternaient. Les enfants y trouvaient un petit manège ainsi que de nombreux jouets prêtés par la nurse. La traversée dura dix jours qui furent reposants, même pour Fritz qui cette fois souffrit peu du mal de mer.

"Les paysages de ce pays font songer à ces forêts enchantées que peint l'Arioste et aux jardins fabuleux du Tasse".

Gustave Doré (1832-1883)

Chapitre 7

RETOUR AU PAYS
SAINTE-MARIE-AUX-MINES

Passé quelques jours à Paris, chez la tante Auty dont l'atelier de couture avait acquis un certain renom, les migrants se rendirent mi-mai à Mulhouse et logèrent au début chez leurs parents. Ils étaient contents d'être à nouveau dans leur pays. Les enfants s'acclimatèrent rapidement à Zillisheim, dans l'appartement loué près du Couvent de la Rédemption. Ils jouaient avec la cousine Germy, qui habitait à proximité, et avec des gamins du quartier. Fritz trouva un emploi temporaire mais d'intérêt limité, dans l'industrie textile à nouveau.

Peu après, à l'occasion de la venue des Pfister, une réunion d'anciens compagnons d'études se tint à l'hôtel Euler de Bâle. Plusieurs d'entre eux étaient des industriels de haut niveau et influents. Fritz prit l'avis de ses amis à propos d'éventuels emplois en Alsace. Les dames étant de la partie, les retrouvailles autour d'une bonne table furent très joyeuses.

Sainte-Marie-aux-Mines, jolie petite ville du Haut-Rhin, avait une dizaine de milliers d'habitants à l'époque. Chef lieu de canton, elle est située dans une vallée vosgienne, le Val d'Argent, qui donne accès à Saint Dié par le col de Sainte-Marie ou à Gérardmer par le col du Bonhomme. Cette cité qui a connu, comme le reste de l'Alsace les caprices de l'histoire, fut déjà mentionnée dans des textes du XIème siècle. Depuis, de nombreux écrits lui ont été consacrés et, au XVIIème siècle,

Mademoiselle de Montpensier décrit dans ses "Mémoires" les particularités géographiques et politiques du lieu.

Sainte-Marie est en effet divisée par une rivière, la Liepvrette. La rive droite appartint aux comtes alsaciens de Ribeaupierre et la gauche, plus peuplée, aux ducs de Lorraine. Lors de la Réforme, les riverains de droite, Alsaciens, se rallièrent aux Protestants tandis que ceux de gauche, Lorrains, restèrent Catholiques. Certaines maisons étaient limitrophes et, comme le rapporte la légende, "on y pétrissait le pain en Alsace et il était cuit en Lorraine". La scission dura encore après la réunion de la Lorraine à la France en 1769 et les deux communes ne fusionnèrent qu'après la Révolution française. Le langage a longtemps été le dialecte alsacien pour les uns et un français à accent traînant, pour la partie lorraine. Du XVème au XVIIème siècle, des Suisses et Saxons, attirés par les mines d'argent, plus tard par d'autres minerais et par des pierres semi-précieuses, ont encore davantage diversifié la population.

La légende raconte que le "bon génie" de la mine, faisait bénéficier les gens de bienfaits et qu'il n'en récoltait qu'ingratitude. Il demanda un jour la main d'une belle fille de mineur qui le méprisa. L'esprit s'enferma alors dans sa mine et en provoqua l'effondrement, de sorte qu'elle resta désormais inexploitée.

L'activité minière, évoquée sur l'écusson de la ville par un pic et un marteau de mineur, s'épuisa mais l'industrie textile se développa fin du XIXème siècle, pour atteindre un renom international. Les fabriques du secteur auraient employé jusqu'à vingt-cinq mille ouvriers.

En allant vers Sélestat, on trouve à Sainte-Croix-aux-Mines, l'imposante résidence, d'architecture néo-baroque des Burrus, construite en 1900. C'était une famille d'industriels et l'un d'eux sera député. Rafa rêva d'une des voitures leur appartenant, une superbe Lancia.

Plus loin sur la route de Sélestat et à la sortie de cette verte vallée, trois ruines apportent un cachet médiéval. La plus ancienne, celle du château de Frankenbourg daterait du temps de Clovis. Les tours du Ramstein et de l'Ortenbourg sont de l'autre côté du val de Villé, qui rejoint celui de Sainte-Marie, là où commence le vignoble de Basse-Alsace. Du haut de ces perchoirs, les chevaliers-brigands du Moyen Age surveillaient la circulation dans les vallées, à l'affût de convois à rançonner ou à piller.

Lorsque Frédéric Stéhlé fut nommé administrateur-directeur aux Anciens Etablissements Henry Biroud, en octobre 1925, ceux-ci étaient restructurés conformément à la législation française. Dans le numéro du "Messager des Vosges" où étaient publiés réglementairement les Statuts de cette société, on trouvait parmi les événements du moment, l'annonce de la signature du Traité de Locarno à laquelle devait assister Mussolini, ainsi qu'une note disant que l'état de siège était proclamé à Pékin et que le président chinois démissionnait. Un autre entrefilet signalait l'état de siège en Perse aussi, du fait du soulèvement de quelques tribus.

Les Stéhlé logeaient dans un vaste appartement de fonction de neuf pièces, au premier étage du long bâtiment de l'administration de l'usine, rue Sur-le-Pré, au coin de la route de Fertrupt qui se prolonge jusqu'au Petit-Haut et au col de Ribeauvillé. La façade principale donnait sur un terre-plein assez étendu, limité par la longue palissade des dépendances de la gare terminus du réseau d'Alsace-Lorraine, reliant à Sélestat. L'appartement des Stéhlé comptait neuf fenêtres en façade et deux du côté de la route, avec une porte donnant sur un escalier extérieur en maçonnerie et grès rouge. L'usine se trouvant en périphérie, il fallait franchir un passage à niveau pour aller en ville.

Fritz et sa famille s'habituèrent assez facilement à cette petite ville, d'autant plus que la vie sociale y était relativement développée avec entre autres, le cercle des industriels et un cinéma qui jouait les fins de semaines.

L'aîné des fils entra dès son arrivée en 5ème au Collège, quelque peu handicapé par ce nouveau changement mais avec l'avantage de connaître l'espagnol et l'anglais.

Il fallut lui changer ses verres de lunettes, sa myopie découverte alors qu'il avait une dizaine d'années s'étant accentuée. Anna qui était atteinte du même défaut, ne portait pas de verres par coquetterie. Ses yeux de myope, à reflets verts, en paraissaient plus grands et plus beaux.

Une des premières sorties en famille, fut pour aller au Mont Sainte-Odile. On attribuait en effet à la patronne de ce lieu de pèlerinage le pouvoir miraculeux de guérir les maladies des yeux. Selon la vieille légende, Odile, fille du duc mérovingien Ethicon et de Bereswinde, avait fondé le monastère au VIIIème siècle, parce que, née aveugle, elle gagna la vue lors de son baptême.

Les premiers souvenirs de Rafa remontent à cette époque. Son vocabulaire initial avait été espagnol, au contact de la bonne d'enfant mexicaine. Il avait acquis quelques mots d'anglais à Paterson comme, "Yankee doodle keep it up", début d'un chant national des Américains du Nord, "nice little boy", "come on baby","garbage can" et quelques autres termes qui lui sont restés en mémoire. Il s'était ensuite mis au français, oubliant beaucoup l'espagnol. Les Stéhlé ne parlaient pas dialecte avec leurs enfants mais entre eux. Fritz n'avait guère d'accent alsacien alors que celui d'Anna était assez prononcé.

Le petit se sentait bien dans cet appartement où il avait une pièce pour jouer et un immense corridor pour courir, jouer au ballon, au cerceau et même circuler à trottinette. Son gros ballon blanc, constellé d'étoiles bleues était le seul jouet qu'il ait pu rapporter d'Amérique. Le filet de coton tressé, bleu, blanc et rouge, qui le contenait, survécut longtemps au ballon. Les parents n'étant guère enclins à acheter beaucoup de joujoux, la tante Auty, généreuse avec ses neveux et la famille en général, en offrit par contre souvent à son cher "néné", son "bébé" en espagnol.

Rafa n'avait pas eu l'occasion de se faire des copains, à cause des fréquents changements de domicile ; il était souvent à la cuisine, à observer sa mère et la bonne préparer les repas. La grande cuisine qui donnait sur une réserve et le corridor, était encore munie d'un éclairage au gaz, le reste de l'appartement étant électrifié. La lampe à abat-jour, de métal émaillé, blanc et vert, avait une suspension plafonnière à hauteur réglable. L'éclat de la flamme était amplifié par un manchon à incandescence, fait d'une fine résille de gaze blanche, imprégnée de sels métalliques. Les réverbères de ville étaient équipés de même. Rafa très intéressé voulait souvent assister à l'opération du changement de manchon.

Des souris nichaient dans toutes les vieilles maisons, et un chat était nécessaire. La chatte grise, tigrée, assez ordinaire des Stéhlé, avait pour ses escapades une chatière aménagée dans la porte du palier de l'escalier intérieur. "Mouttel", bonne chasseresse, rapportait ses prises, ce qui lui valait un petit bout de "mou", donné très régulièrement en récompense par la bonne.

Une souricière complétait le dispositif d'extermination. Cet engin mortifère à ressort, que Rafa trouvait ingénieux, était déclenché au moindre attouchement de l'appât, un bout de fromage ou de lard, et coinçait la souris, lui cassant la nuque ou le dos.

Anna avait ces rongeurs en horreur et lorsqu'elle en voyait, prise de panique, elle criait et grimpait sur une chaise, ce que Fritz trouvait très excessif.

La naissance des petits de Mouttel fut une révélation pour le bambin. Il souffrit quand deux petits furent donnés à des voisins et les autres supprimés... Ce fut l'occasion de poser à nouveau la question de la naissance des enfants. On lui répéta qu'en Alsace, ils étaient apportés par les cigognes et qu'à "l'intérieur" de la France, ils sortaient des choux ou des roses. Comme la cigogne ne va pas jusqu'à Mexico, on lui précisa que cette tâche revient là-bas au pélican ; le bébé est placé dans la grande poche que l'oiseau a sous le bec. La nature a donc bien tout prévu. Rafa racontait aux visites, avec une pointe de fierté, sa venue au monde si originale.

Pour son anniversaire, il fut amené chez le photographe Bernasconi. On lui avait mis des culottes de velours noir à bretelles, une chemise blanche à volants et dentelles, au col ainsi qu'aux manches. Des demi-bas blancs et des souliers vernis à pattes boutonnées, complétaient cette tenue de gala. Pour le cliché, le petit se campa d'un air bien décidé devant un décor de carton représentant un large escalier digne d'un intérieur de château. Il y eut une nouvelle séance de photos peu après car il fallait en envoyer aux amis du Mexique. Anna placée entre ses deux fils, avait les cheveux bien ondulés ; ceux de Rafa l'étaient aussi et Ricky, le plus blond des deux, portait un élégant ensemble gris et ses nouvelles lunettes.

Le 11 novembre 1925 fut le premier que les Stéhlé fêtèrent à Sainte-Marie. Le froid, les nuages gris et bas, étaient présage de neige précoce. La fête avait été annoncée la veille par des coups de mortier et par la sonnerie des cloches. Dès lors, les nombreux patriotes pavoisaient. La Mairie arborait drapeaux, et guirlandes. La tribune des officiels était ornée d'écussons de la ville et de la République Française, munis de faisceaux et de petits drapeaux. En commémoration de l'armistice, le défilé d'un cortège fut organisé par la municipalité, avec Anciens Combattants et Invalides de Guerre, sapeurs-pompiers, fanfares des différentes Sociétés de Musique. Puis ce furent les habituelles cérémonies avec discours au Monument aux Morts. Malgré le froid, la population vint nombreuse et enthousiaste. Pour les grandes personnes, les réjouissances furent suivies, dans la soirée, d'un bal qui se prolongea tard.

* * *

L'une des deux tantes Irma, l'épouse d'Alfred, frère de Stéhlé qui était comptable dans une entreprise strasbourgeoise, vint jouer le rôle du père Noël. L'arbre était petit et les bougies électriques rapportées de Paterson devenues inutilisables, - pour une question de voltage - on prit de simples bougies multicolores.

Ricky eut une belle bicyclette et Rafa un transatlantique en métal peint, avec hélice actionnée par un moteur que l'on remontait à l'aide d'une clef à ailettes qui s'adaptait au niveau d'une cheminée. Qu'il était beau ce paquebot en miniature ! La coque, rouge en bas, était peinte en blanc depuis la ligne de flottaison, jusqu'au pont. Trois rangées de hublots y étaient figurées. Les chaloupes de sauvetage, trois de chaque côté, se trouvaient au pont principal et pouvaient être décrochées de leurs supports. Les cheminées noires se dressaient au pont supérieur. La passerelle dominait nettement la proue dont les bords étaient surélevés. Les deux mâts métalliques portaient une flamme. Celle de devant était aux couleurs de la France et l'autre représentait le sigle, à gros point rouge, de la Compagnie Générale Transatlantique. Le gouvernail était orientable.

Emerveillé, Rafa planta là les "grands" et alla à la baignoire faire d'immenses voyages de par les mers. En quelques jours il parcourut inlassablement le monde et fit bien des milles marins..., jusqu'à ce que le ressort trop sollicité, casse.

Son frère de plus de dix ans son aîné, allait naturellement

avec des copains de son âge, surtout depuis qu'il avait un vélo, de sorte que le bambin, seul au milieu de grandes personnes, était presque enfant unique. On le voyait fréquemment rêvasser à la fenêtre de la petite salle à manger. Il regardait le mouvement des trains, le trafic au passage à niveau et les visiteurs ou clients qui venaient à l'administration de l'usine située au rez-de-chaussée. C'était pour lui une ouverture sur le monde et sur l'activité des hommes.

Songeur aussi, il creusait d'un doigt, patiemment, un trou dans le mur, à droite de la porte donnant sur la grande pièce où il dormait. L'encadrement de cette porte était marqué de traits avec dates indiquant sa taille. Il ne grandissait pas vite parce qu'il ne mangeait pas assez, lui disait-on. L'excavation dans le mur atteignit par contre la dimension d'un gros oeuf de poule en quelques mois.

Rafa n'aimait vraiment que la soupe au lait poivrée, où nageaient des croûtons de pain grillé, les bananes "Fyffe", les oranges du "Planteur de Haïfa" et bien sûr les desserts. Au petit déjeuner, il prenait volontiers du "Banania". Les parents crurent pouvoir favoriser sa croissance par le repos et prolongèrent la coutume de la sieste, pure perte de temps détestée du petit. Après avis médical, il reçut sa quotidienne rasade d'Emulsion Scott, à l'huile de foie de morue mentholée et sucrée. C'était franchement mauvais ! L'étiquette des flacons de ce fameux breuvage représentait une marine, en bleu sur fond blanc comme l'émulsion, avec en gros plan un pêcheur chargeant sur son dos une grosse morue la gueule béante, hameçonnée à un filin. La bouteille, fait amusant, était vendue avec un mignon tire-bouchon qui restait en place jusqu'à ce qu'elle fût vide. Rafa conservait ces tire-bouchons.

En 1926 Frédéric Stéhlé acheta sa première automobile. C'était une Citroën beige décapotable, à garde-boue noirs. On pouvait, contre la pluie, la neige et le vent, munir les quatre portes de protections latérales en celluloïd transparent. Elles étaient amovibles et on plantait les tiges de fixation dans des orifices situés sur le haut des portières.

Le grand-père Stéhlé âgé de soixante-seize ans était tombé malade. Sa fille Luce qui s'était occupée de lui, ne pouvait plus assurer les soins. Comme d'autre part les ressources du grand-père étaient épuisées, son fils le fit venir à Sainte-Marie. Constamment alité, il occupa une petite pièce attenante au bureau de Fritz. Rafa allait souvent lui tenir compagnie, jouant par terre. Ils s'entendaient mais la compréhension n'était pas toujours facile, le grand-père parlant un mélange de dialecte alsacien et wurtembergeois. Selon une expression régionale assez dépréciative, il était un "hergeloffener" autrement dit un "nouveau venu", ou un "métèque" !

Malgré les soins dévoués du docteur et de la famille, le grand-père fit une insuffisance cardiaque avec accumulation d'eau dans les jambes, et au thorax. A la fin, il perdit la notion du temps ainsi que du lieu. Des troubles de la parole apparurent.

A cette époque, Rafa ne jouait plus avec le gros ours en peluche, borgne et amputé à hauteur d'une épaule, mais avec une petite poupée de celluloïd rose, articulée, à laquelle sa maman avait tricoté un joli maillot de laine jaune canari, à bordures brunes. Le garçonnet voyait, semblait-il, en sa poupée un compagnon voire le petit frère qu'il n'avait pas. Ricky et le grand-père n'avaient pas manqué de le taquiner au sujet de la poupée, réputée "jeu de filles". Rafa ne l'abandonna pas pour autant. Le grand-père, dans sa confusion la prit un jour et s'en essuya la bouche toute barbouillée de miel. Le gosse la lui arracha des mains et s'en fut, vexé et bien fâché, pleurer chez sa mère, suppliant qu'elle la lui lave.

Le grand-père mourut le 17 juin. Le petit ne lui en voulut plus, mais n'oublia pas l'épisode de la poupée ! Ce décès fut le premier contact du petit avec la mort d'un être cher, et la prise de conscience, plus ou moins vague, de la fin de l'homme. Il n'eut pas accès à la chambre du défunt et n'assista pas à l'enterrement, mais l'événement le préoccupa. Savoir son grand-père au ciel, comme l'affirmaient les parents, sans qu'ils puissent expliquer l'au-delà, le troublait et l'inquiétait. La peur lui fit déclarer qu'il ne voulait pas que ses parents meurent !

Peu après, les Pfister revinrent en Europe avec leur grosse Packard transportée par bateau. Accompagnés de leurs deux filles, ils passèrent à Sainte-Marie-aux-Mines et apportèrent entre autres cadeaux, un "Chat Félix" pour Rafa. Ce "personnage" créé en 1920 et précurseur de la souris "Mickey", était alors très en vogue aux Etats-Unis.

Toutes sortes de reproductions en furent faites et de nombreux dessins animés racontèrent les aventures de ce héros qui allait devenir international.

Celui du petit, haut d'une vingtaine de centimètres, était en bois noir et comptait de nombreuses articulations permettant les poses les plus extravagantes. Il avait de larges pieds plats et sa queue multisegmentée pouvait prendre toutes sortes de postures aussi. Un grand rictus, un petit bout de nez arrondi et des yeux noirs en boules de loto sur fond blanc, des oreilles et moustaches noires également, caractérisaient son faciès. Il évinça la poupée du bambin puis disparut à son tour une fois cassés les élastiques qui le maintenaient.

Le 14 juillet 1926 fut, selon la tradition, très célébré : défilé, des Anciens Combattants avec décorations et drapeaux, des sapeurs-pompiers, des Sociétés de Musique et de Gymnastique. Comme il faisait beau, quelques fillettes et jeunes femmes avaient mis leur costume régional, à grand noeud flottant dans la brise. Les notables se trouvaient à la Tribune officielle avec le Maire et quelques élus. Le soir, lors de la retraite aux flambeaux, Rafa marcha très fier de sa torche, puis il admira le feu d'artifice, juché sur les épaules de son papa.

Durant l'été, les Stéhlé se rendirent d'abord chez la famille de Barr puis visitèrent Lucerne et son pont-couvert, tout en bois. Avec leur Citroën, ils firent le tour du Lac des Quatre Cantons enfoncé comme un fjord entre les crêtes alpestres et continuèrent par Brunnen, Andermatt, puis Interlaken. Ils profitèrent des étapes aux hôtels pour se baigner et faire de petites randonnées en bateau à aubes, à la grande joie de toute la famille mais surtout du petiot.

Ricky jouait au tennis, le plus souvent avec la jolie Valentine, fille du contremaître et se rendait aux courts sur son vélo de marque Alcyon. Il faisait aussi de longues balades avec ses copains de collège, emmenant parfois son frérot assis sur le cadre.

Le petit admirait la bicyclette. De couleur grise, moirée, elle était munie d'une lampe nickelée, à acétylène, qui se fixait à l'avant du guidon et donnait une très vive lumière. Le gosse s'y intéressait beaucoup comme à tout ce qui était feu et lumière. Elle était faite d'un assez volumineux réservoir dont la partie supérieure emmagasinait de l'eau. Un goutte-à-goutte réglé par un pas de vis versait le liquide sur une poudre grisâtre déposée dans le réservoir inférieur, dévissable. Le gaz était allumé au bec du réflecteur rond, fermé par une petite porte vitrée.

L'été fini, Rafa jusqu'alors assez isolé, trouva un camarade de jeu, Jacky, le fils du comptable Bernard. Ensemble, ils explorèrent les greniers et l'usine d'où ils se firent éjecter avec la recommandation péremptoire d'aller s'amuser dans le pré voisin.

En septembre, les conversations auxquelles le petit, curieux de nature, assista collé à sa mère, portèrent sur l'admission de l'Allemagne à la Société des Nations. Rafa intrigué, se renseigna sur cette nouvelle société, ne comprenant pas pourquoi les grandes personnes s'énervaient tant à son propos. Sa mère lui dit qu'il s'agissait d'un groupe de pays qui, comme la France, voulaient s'associer pour une meilleure entente des peuples et qu'il comprendrait mieux plus tard. Cette remarque ne le satisfit point...

* * *

A la Toussaint, toute la famille se recueillit sur la tombe du grand-père. Le cimetière Saint-Guillaume n'était pas loin, à flanc de coteau, dans un joli coin encore verdoyant mais avec quantité de feuilles mortes. Le grand-père reposait à gauche, avec les protestants, à côté de Malaisé mort la même année que lui. Une énorme croix de pierre dominait au centre. Quelques somptueux caveaux, dont ceux de familles d'industriels et d'anciens notables se dressaient au milieu des alignements de tombes bien soignées et fleuries pour la circonstance. On voyait, sur quelques unes et dans les caveaux, des veilleuses qui, selon la coutume encore en usage, resteraient allumées durant la Toussaint.

La vallée de la Liepvrette était particulièrement belle en cette saison, avec des arbres encore feuillus et multicolores ; des rouge-bordeaux et des jaunes magnifiques. Sur les pentes il y avait des sapins et quelques mélèzes. Chênes, hêtres, bouleaux et ormes chargés de touffes de gui s'entremêlaient plus bas. Platanes, marronniers, peupliers alternaient le long des routes. On trouvait aussi des tilleuls, surtout sur les places. Les feuilles mortes tourbillonnaient sous les bourrasques et au passage des voitures. De petits tas de chaumes étaient régulièrement alignés dans les champs et des bosquets rompaient la monotonie des grands prés où paissaient de magnifiques vaches, presque toutes tachetées de noir sur pelage blanc.

Des vols d'étourneaux sillonnaient le ciel clair. Quelques

corbeaux s'affairaient dans les champs autour des éteules. Les moineaux collés les uns aux autres s'agrippaient aux fils téléphoniques. On distinguait de-ci de-là, un busard en quête de proie ; il planait assez bas en scrutant les champs. On ne vit pas de chasseurs ce jour là... !

L'hiver arriva à nouveau précocement. Les jeunes purent s'en donner à coeur joie et luger sur les coteaux enneigés de Fertrupt et d'Echery. Les lugeurs saupoudrés de neige étaient heureux et des cris de joie fusaient sur les pentes. Ricky, dans les descentes vertigineuses et grisantes de vitesse, serrait Rafa entre ses genoux. Il guidait et freinait avec ses pieds. Sa luge n'était pas ordinaire car, le siège au lieu d'être en lattes de bois, était fait de sangles entrecroisées qui donnaient une meilleure assise, surtout à grande allure et empêchaient de glisser à côté.

Les Renaud de Barr, madame était une soeur de Fritz, vinrent pour Noël. Betty, leur unique fille, belle et sympathique, était un peu plus âgée que Ricky. Ce fut une réunion familiale très traditionnelle mais il n'y eut pas de Père-Noël, Rafa n'y croyant plus.

Sur la table de la grande salle à manger, foie gras, oie rôtie, pâtés, kougelhopf, biscuits, brioches en couronne ou en forme de tresses, un grand pain de Noël avec poires, raisins et autres fruits secs, noix, noisettes et amandes appelé "birewecka", des petits gâteaux secs alsaciens, à l'anis, aux noix et sablés..., les fameux "bredelas", et aussi des mandarines... étaient prêts pour les agapes. Les bouteilles de Bordeaux et de Bourgogne, de marc et de kirsch attendaient. Le champagne et les vins du cru étaient au frais. Avec tout cela, maman devait veiller à ce qu'on ne consomme pas trop !

La table nappée de blanc était décorée de branches de sapin, de gui et de houx. Bougies, boules multicolores, serpentins argentés, cheveux d'ange et étoiles scintillantes ornaient l'arbre.

On y voyait aussi quelques figures de papier mâché rapportées du Mexique, représentant différents fruits mais aussi la tête de "Turc" de Calles et celle de Palavicini, un politicien mexicain moins connu. Chacune émergeait d'un piment rouge.

Rafa allumait des feux de Bengale qu'il accrochait à l'arbre, ou agitait en courant le long du corridor. Les disques décorés en leur milieu de l'image du chien écoutant la "voix de son maître", jouaient "Mon beau sapin", "Minuit Chrétien" parmi bien d'autres. Tout le monde fut gâté. Ricky eut une montre-bracelet, un complet neuf et des livres ; le petit, un carrousel de chevaux colorés et numérotés, qu'un petit levier, activé à la main, mettait en mouvement. On joua aux courses sans plus attendre, pariant avec des billets factices. Le "jeu de puces" exigeait une certaine adresse pour faire sauter des jetons de bakélite dans une cupule, par compression brusque de leur bord avec un autre jeton. Celui qui réussissait le plus de coups gagnait. Avec de plus, les classiques jeux de l'Oie, de cartes, de dominos et un puzzle, le petit fut comblé et remercia chaleureusement, faisant la bise à tout le monde. Il sauta de joie, puis alla s'asseoir sur les genoux de ses parents ou de l'oncle Emile qui contait des histoires si drôles. Le tambour, offert par Ricky qui ne fut pas félicité par les parents pour avoir eu cette idée, disparut subrepticement pour la soirée. Rafa enthousiasmé avait en effet commencé à arpenter l'appartement en tambourinant à tour de bras.

L'arbre, les guirlandes suspendues aux murs et le gui accroché à l'embrasure de la porte du salon restèrent en place jusqu' après Nouvel-An. Le gui devait en effet attendre la Saint-Sylvestre, car la coutume voulait qu'on s'embrasse sous ses branches lors de l'échange des voeux, minuit sonnant au carillon de l'horloge marquée d'un oiseau chantant.

Rafa contracta la varicelle début 1927 et son petit lit blanc à barreaux fut mis contre le mur, à côté de celui de sa mère.

Sous l'effet de la fièvre il voyait des ombres se mêler à la lumière des réverbères, filtrant à travers les fentes des volets. Cette sarabande de nains, diables et lutins l'effrayait mais au bout du compte, il n'était pas malheureux car on le choyait et il pouvait dormir près de sa maman, parfois même dans son lit. Il aimait de sa main, lui réchauffer les lobules des oreilles qu'elle avait en général froids et souvent, il s'endormait ainsi dorloté par sa mère.

Content des visites du gentil docteur, il suivit plus ou moins ses recommandations de ne pas se gratter les croûtes afin de ne pas garder de traces !

Cet excellent praticien était discuté pour ses idées autonomistes et il fut l'objet de polémiques avec articles dans la presse et distribution de tracts. Il préféra au bout du compte quitter Sainte-Marie-aux-Mines pour s'installer dans une grande ville où il obtint vite une bonne clientèle. Son départ fut, en ville, l'occasion de débats sur cette question politique propre à l'Alsace. Les jeunes, Rafa surtout, ne s'y intéressaient guère et les parents qui suivaient tout juste l'affaire, n'y voyaient que matière à parlotes de café, tout en regrettant le départ du bon médecin.

* * *

Quelques Alsaciens, sans être séparatistes, restaient attachés au semblant d'autonomie difficilement obtenue de l'Allemagne par la Constitution de 1911. L'Union Populaire Républicaine voulait le maintien des libertés locales conformes au Concordat, et l'enseignement libre comme l'avait annoncé dès 1914 la déclaration de Joffre à Thann.

Le gouvernement Herriot se proposait au contraire de supprimer les congrégations religieuses enseignantes et aussi l'enseignement religieux officiel à l'école publique. La population catholique accourant des campagnes, menée par l'abbé Haegy, manifesta contre la politique anti-concordataire du Cartel des gauches. La majorité des Luthériens, des Réformés et des Juifs orthodoxes furent également hostiles aux projets de Herriot. Les autonomistes laïcs, avec Dahlet ne se distinguaient que peu des précédents, prônant la décentralisation administrative, difficilement admissible par la "République une et indivisible". Le statu quo et plus de doigté de la part du gouvernement apaisèrent les esprits.

Du côté des défenseurs des droits alsaciens et des confessions, il y avait de façon peu équivoque le petit "Parti du Pays", ou "Landespartei", franchement séparatiste, dirigé d'outre-Rhin par Robert Ernst, subventionné par l'Allemagne et par des milieux anti-français de divers horizons. Lors de la montée au pouvoir des nazis, il découvrira son jeu, nettement favorable au rattachement à l'Allemagne !

Une loi de juillet 1925, supprima le Commissariat Général et le Conseil consultatif, mais approuva le maintien, ceci jusqu'en 1939 d'un sous-secrétariat d'état à la Présidence du Conseil, chargé des affaires d'Alsace-Lorraine. Les services administratifs veillaient à l'application du droit local en matière instruction, pensions, culte et assurances-sociales, qui existaient en Alsace-Lorraine, depuis Bismarck.

A propos de l'administration régionale, Louis XIV avait prescrit à ses ministres: "Ne touchez pas aux choses de l'Alsace". Mais il dit aussi, parlant des villes de la décapole, une ligue de dix villes : "Je pars jeudi pour aller en Alsace me délivrer de la peine que ces chenils me peuvent faire". Il dit encore, à des citoyens venus témoigner leur soumission : "Si vous vous conduisez bien, je serai fort content et vous aurez beaucoup de soulagement; mais si vous vous obstinez, vous aurez beaucoup de travers, c'est moi qui vous le dis et vous pouvez vous y fier". C'était bien sûr dit en termes choisis, alors qu'une expression attribuée aux Allemands plus récemment, énonçait clairement :

"Si tu ne veux pas être mon ami, je t'enfonce le crâne !"

Par la suite, en raison de l'attitude de certaines cités et adoptant la politique de la terre brûlée, Louvois fit incendier le nord du pays, en particulier Wissembourg et Haguenau. En 1681, Strasbourg se rendant à Louvois perdit son autonomie. La cathédrale fut tout de suite rendue au culte catholique et par la suite, d'autres lieux de culte le seront aussi. Le Traité de Ryswick de 1697, compléta celui de Westphalie de 1648, confirmant l'autorité de la très catholique Maison de France sur toute l'Alsace sauf Mulhouse, surtout calviniste, associée à la Confédération Helvétique jusqu'en 1798. Cette cité vota alors en faveur de son entrée dans le giron de la France, pour des questions de taxes douanières et attirée par les idéaux de la Révolution ! Le facteur religieux joua toujours en Alsace, jusqu'à l'époque contemporaine, un rôle important qui interférait avec les considérations patriotiques.

* * *

Alors qu'il était malade, on lut à Rafa des fables de La Fontaine, quelques contes des frères Grimm, l'édition enfantine de l'Histoire-Sainte en espagnol, les aventures de Bicot, de Zig et Puce luttant contre le détestable Musgrave..., celles de Winnetou, racontées par Karl May, ami et défenseur des Indiens, de Tom Mix aussi... On lui expliqua les belles illustrations de Hansi célébrant l'attachement de l'Alsace à la France et le "Professeur Knatschké", cet Allemand ridicule d'avant 1914.

L'enfant qui prêtait l'oreille aux conversation des adultes, retint une discussion sur le régime bolchevique avec l'assassinat de toute la famille du Tsar et sur les persécutions anticléricales en Russie. La maman Stéhlé plaignait particulièrement la Tsarine. N'avait-elle pas elle-même failli subir avec sa famille un sort similaire, toute simple étrangère qu'elle était au Mexique ?

A cette époque, Trotsky fut exclu du parti communiste soviétique, et cela raviva les débats en famille. Il avait pourtant sauvé la révolution à la tête des armées rouges, en parcourant le pays dans son train pour visiter les fronts, stimuler les troupes et coordonner les combats. En le rappelant, Stéhlé déplorait qu'à la fin, les armées blanches de Koltchak, Denikine et Wrangel, abandonnées par la France et l'Angleterre, aient été battues. On redoutait l'extension du bolchevisme au reste du monde...

Les persécutions religieuses au Mexique étaient aussi à l'ordre du jour. D'après les lettres de Carmen Jean, Calles combattait sans merci les Cristeros qui s'étaient plus ou moins organisés. Religieux, prêtres-soldats, hommes de troupe, femmes étaient fusillés ou pendus, comme le montraient les photographies de la presse.

Une belle et rustique peinture à l'huile, rapportée du Mexique représentant la Vierge de Guadalupe était accrochée au mur de la chambre à coucher. Un jour Anna raconta à Rafa très attentif, l'histoire de son apparition à un jeune indien. Elle enchaîna avec celle de Bernadette Soubirous et de la Vierge de Lourdes ! Un autre tableau de mêmes provenance et style, considéré aussi avec vénération, représentait un "Ange gardien" menant un enfant par la main. Bien sûr, le petit était identifié à Rafa, à qui on recommandait de prier pour être protégé, comme l'avait été le jeune Tobie lors de son voyage !

Cette atmosphère assez mystique était entretenue par des considérations d'ordre "métaphysique" sur l'au-delà, consistant à destiner le Ciel aux bons, l'Enfer aux mauvais et le Purgatoire, station intermédiaire expiatoire, aux repentants. Dans ce système, les limbes étaient réservés aux non baptisés et païens.

Anna entretenait une veilleuse pour le salut des âmes du purgatoire. Elle était faite d'un verre rempli à parties égales d'eau et d'huile de cuisine. Une petite mèche enduite de cire et passant par une pastille réfractaire était placée dans l'orifice central d'une rondelle de liège, recouverte d'une protection métallique, qui flottait sur l'huile. Mèches et flotteurs étaient vendus tout préparés dans les magasins d'objets de culte. Rafa avait la mission de surveiller la petite lampe et de rajouter de l'huile quand nécessaire.

La veilleuse posée sur la tablette de la cheminée surmontée d'une glace éclairait la pièce où il dormait car, par crainte, il n'aimait pas l'obscurité complète. Après la prière du soir il regardait de son lit comme la flamme vacillante se réfléchissait dans la glace, à travers le verre grossièrement biseauté. C'est ainsi qu'il passait de la rêverie au sommeil, comme hypnotisé par le jeu de la lumière.

Vers la même époque, les Eyrieux et leur fillette revenus de Haïti et habitant Mulhouse, vinrent en visite. La tante Irma, sans être vraiment bigote, aimait les contes fantastiques, ce qui était assez courant dans ce milieu. Elle prétendait avoir vu une dame en blanc apparaître sur le mur de sa chambre. Comme par hasard, Anna avait eu la même "apparition" ! Elles ne savaient cependant pas si la dite dame blanche était la Vierge ou leur mère décédée depuis bien des années. Rafa était ébaubi et attentif. Comme Ricky qui observait l'étonnement du frérot, en rajoutait malicieusement, le père mit le holà. Rigolant de bon coeur avec Eyrieux, il fit changer de conversation, rassura le bambin et le renvoya à ses illustrés. Ces fantasmagories, disaient-ils, étaient tout juste bonnes à donner des cauchemars aux enfants.

Une fois partis les Eyrieux, Anna qui peignait bien joliment, termina le portrait de Ricky. Elle semblait lui marquer une certaine préférence, peut-être parce qu'il avait si longtemps été fils unique et du fait qu'il était plus calme que le petit. Pour Pâques, Auty envoya une belle auto au neveu chéri. Verte, rouge à l'intérieur, avec volant en aluminium et jantes rouges à pneus, cette beauté était une réplique de la Bugatti de course, comme on en fabriquait à Molsheim. Elle fonctionnait à pédales, avait des phares à pile et une corne d'avertissement. Quelques objets ou "bagages" pouvaient être rangés dans la queue de la voiture. La position du siège était adaptable à la taille. Rafa enchanté, se voyait déjà gagnant les 24 heures du Mans, course créée depuis peu. Il bichonnait son admirable automobile et la remisait dans le corridor de la grande entrée du rez-de-chaussée, en fait inutilisée, dès lors transformée en garage où il la nettoyait, l'astiquait et la recouvrait d'un vieux drap donné par sa maman. Il invitait Jacky et sa soeur Angélique à monter en croupe, à condition d'avoir des chaussures propres. Parfois même, il leur prêtait la voiture pour de petits tours, en sa présence, sur le terre-plein situé devant le bâtiment.

Rafa, par imprudence, eut en début d'été un accident dans la zone interdite de la gare, alors qu'il attaquait avec les mêmes comparses, et sabre à la main, une "place forte" faite d'un amoncellement de traverses en bois. L'une d'elles bascula et lui coinça une cuisse, heureusement sans casse mais avec une entaille due à un clou. Un cantonnier qui travaillait non loin de là dégagea le gamin hurlant et le livra à sa mère affolée. Elle lui mit un pansement et lui flanqua de surcroît une fessée "pour la frayeur causée". Peu s'en fallut qu'elle n'utilisât le martinet à lanières de cuir qu'elle avait à portée de main. Il pleura tout son soûl puis se consola avec ses amis.

En prévision du bac., Ricky fut envoyé, dès le début des vacances d'été, se perfectionner en espagnol à Saint-Sébastien où il fut en pension dans une famille basque.

Les Eyrieux revinrent avec leur Chenard et Walcker noire. Leur fillette Rita, surnommée par ses parents la "pisseuse", était prise en charge par la cousine Germy, car la tante Irma marchait avec difficulté, en raison d'ulcères chroniques des jambes. L'oncle Eyrieux avait du "sang bleu" par sa mère. C'était l'objet d'explications généalogiques, souvent répétées avec componction par la tante, malgré les sourires ironiques des Stéhlé. Rafa s'en amusait d'autant plus qu'Irma alias "Irmanique" ou "Tani" avait un fort accent alsacien.

Cette visite de quelques jours, fut suivie de celle de l'oncle Fred et de l'autre tante Irma de Strasbourg, avec leur fille Andrée, qui avait l'âge de Ricky. Très sportive, un peu garçon manqué, elle faisait de l'aviron au "Club des Libellules". Comme elle était d'une grande gentillesse, elle s'entendait très bien avec ses cousins.

Au cours des parties de tennis, Rafa et Jacky étaient promus ramasseurs de balles. Comme il faisait encore chaud, en cette fin septembre, on avait bien soif. Les petits supportèrent mal la bière qu'on leur donna et furent éméchés. Arrivés à la maison, les grands les "soignèrent" au café noir salé, pour les aider à dégorger et leur recommandèrent, sous peine de rossée, de ne rien moucharder. Bien sûr les parents Stéhlé eurent vent de l'affaire et chacun reçut sa part de semonces tandis que les petits, bien marris, furent mis au lit sans dîner !

Les vacances n'étaient pas terminées lorsque Ricky et Rafa allèrent un après-midi au ruisseau qui limitait le domaine de l'usine. Il y avait là un grand bassin recouvert de planches. L'une d'elles céda sous les pieds de Ricky qui tomba à l'eau. Il arriva heureusement à s'en sortir assez facilement mais Rafa effrayé, avait déjà filé chercher de l'aide auprès de quelques ouvriers qui se trouvaient par là. Les imprudents, Ricky surtout, furent à nouveau bien chapitrés.

A la rentrée, des classes de 1927, l'aîné était admis en Troisième tandis que le petit était inscrit en "salle d'asile" ou maternelle. L'endroit était peu sympathique et la salle obscure. Située près de l'église catholique, la maternelle était tenue par des religieuses. Le gosse avait été affublé comme tous ses camarades, d'un tablier rose, boutonné en arrière, portant le nom et la classe brodés sur l'empiècement. Après une dizaine de jours, le môme ramena des poux, hôtes courants des "salles d'asile". Ces parasites étant assez difficiles à combattre à l'époque, le petit fut tondu bien malgré lui. Il garda pourtant un sentiment de reconnaissance envers ces bestioles car, Anna ne voulant plus exposer son rejeton à la vermine, le garda à la maison. Le môme profita pleinement de cette année de répit.

* * *

Tandis que Ricky et ses propres petits copains allaient en classe, Rafa jouait seul à la maison. Il écoutait aussi la musique et les nouvelles, collé à la radio, émerveillé par ce mystérieux appareil, un Ducretet tout neuf où, en tournant des boutons, on commandait à volonté, la marche, l'arrêt, l'intensité. On arrivait à changer le son des voix, les programmes et même de langue. A Sainte-Marie, on captait très bien la station suisse de Béromünster.

Le gosse se construisit un avion avec une grande caisse à papier de bois, sur pattes, que son père avait fait façonner par le menuisier Gingelwein d'après un modèle américain. La caisse lui servait d'habitacle et, des chaises imbriquées à l'aide de ficelles formaient les ailes et la queue. Le môme se lançait dans cet engin à travers l'Atlantique, comme le colonel Lindbergh qui en mai 1927 avait réalisé la traversée New-York - Paris, en solitaire. On lui offrit alors un avion moins encombrant, en aluminium, avec des ailes pliables et une hélice mue par moteur à ressort. Le jouet arrivait à s'élever grâce à un balancier et tournait autour d'un petit pylône servant d'axe de rotation.

Comme il ne pouvait guère circuler à tricycle dehors, l'hiver, il faisait des courses dans le corridor. Cela ne plaisait guère à Elise, la bonne qui avait succédé à Frieda, partie se marier. Originaire de Maisongoutte près de Villé, cette forte paysanne de dix-sept ans, était assez butée et pas très futée. Rafa se moquait un peu de son accent alsacien et aimait la taquiner.

Un jour, au lieu de commander un museau de veau que le père Stéhlé appréciait en vinaigrette, elle passa commande de vingt têtes de veau. Le boucher trouvant que cela devait faire beaucoup d'invités, s'enquit dans le doute par téléphone auprès de la maîtresse de maison. Rafa saisit l'occasion pour faire enrager Elise, ce qui lui valut une fessée d'Anna, déjà agacée par l'incident.

Grande fut sa déception à Noël, lorsqu'amené par sa mère au magasin de jouets pour y faire son choix, le marchand mit tout ce qu'il voulait de côté. Arrivé à la maison, il ne trouva qu'une partie de ce qu'il espérait. Se sentant berné, il en voulut à sa mère.

Le bambin aimait manier l'aspirateur et la cireuse, de marque Electro-Lux, récemment acquis, pour "aider" Elise. Mais il ne dédaignait pas de donner aussi des coups de main pour balayer et laver la vaisselle.

Bavarder avec le facteur Simon, dont il guettait souvent l'arrivée, était bien intéressant. L'homme portait l'uniforme réglementaire de drap bleu marine, à discrets liserés rouges aux col, manches et coutures de pantalon. Le képi assorti était orné d'une cocarde tricolore. Le grand sac de cuir rigide qu'il portait sur le ventre, servait à ranger le courrier. Simon s'arrêtait volontiers, car c'était l'occasion de se faire offrir par Elise une lampée de blanc ou une goutte de schnaps, pour se réchauffer en cours de tournée, hiver comme été. On disait que ce pittoresque personnage avalait vivantes de grosses limaces rouges, en tant que remède contre les rhumatismes. Fichtre!

Ce fonctionnaire, à l'accent alsacien bien prononcé, était très déférent. Il donnait du "cheune home", jeune homme, au petit qui le questionnait sur mille choses et lui confiait qu'il serait facteur, pompier ou gendarme. Le gosse déplorait du reste que son père ne fût pas de la police afin de le protéger, en particulier des malfaiteurs. Il était en effet assez peureux et relativement timide, sans manquer, par moments d'un certain toupet.

Au début du printemps 1928, revenant de Colmar, le père Stéhlé eut un accident. La Citroën ayant dérapé dans un tournant verglacé près de Guémar, il tomba dans le fossé mais ne fut pas sérieusement blessé : quelques éraflures et coupures à la figure et aux mains. L'atmosphère familiale, assez souvent tendue du fait des caractères dits "entiers" des parents, s'en trouva altérée. Rafa n'en saisit pas vraiment le motif. Il était souvent songeur et lorsque sa mère lui demandait à quoi il pensait, sa réponse était bizarre "je pense à quelque chose que je ne sais pas" ! Sans doute exprimait-il ainsi la sensation d'étrangeté ou de vague à l'âme qu'il éprouvait alors.

Le procès aux Assises de Colmar d'une vingtaine d'autonomistes accusés de complot contre la sûreté de l'Etat, fit beaucoup de bruit mais n'intéressa guère les Stéhlé. Le verdict condamna Rossé, Ricklin, Schall et Fasshauer à un an de prison. Le jugement fut cassé et la Cour de Besançon les acquitta. Les plus compromis, Roos, Pinck et Ernst avaient fui outre-Rhin.

A Pâques, Rafa trouva dans sa corbeille, des oeufs et lièvres en chocolat, les traditionnels agneaux de biscuit et un autre petit avion. Ce jouet métallique, peint en jaune crème était marqué: "Spirit of St. Louis", en souvenir de Lingbergh et portait un numéro matricule. Le pilote, affublé de lunettes, faisait corps avec l'appareil. C'était un petit singe au pelage de tissu brunroux, aux mains et face roses. On pouvait bouger sa tête et ses bras. Un mécanisme d'entraînement par frottement des roues sur un plan dur, faisait avancer l'engin avec un bruit de crémaillère. Le bambin était ravi bien que l'appareil qui ne roulait que sur deux à trois mètres et dont l'hélice n'était pas motorisée, ne volât point.

Son imagination compensant l'insuffisance technique et le peu de performances du jouet, il s'amusa pourtant bien plus avec lui qu'avec la machine à vapeur actionnant une seule roue et qu'avec le hors-bord pétaradant.

Pour les faire fonctionner, on devait allumer des tablettes de "méta". Sans doute jugés dangereux, ces jouets furent bientôt retirés de la circulation...

Le jeune garçon rêvait d'un train électrique, comme il y en avait de merveilleux, de marque Märklin, avec de splendides circuits. Diverses locomotives étaient en vente, notamment la grande verte, du type Crocodile, réplique d'une vraie. Rafa se serait bien contenté du modèle Sweden ou ES 800... mais il n' eut jamais qu'un train mécanique, un Hornby, sans doute pas bien cher et peut-être considéré comme moins dangereux.

Une fois par semaine, durant quelques mois, Rafa fut invité chez mademoiselle Gisèle, une fille d'industriel qui habitait une très belle villa dans un quartier cossu, à flanc de colline, sur la rive gauche de la Liepvrette. La jeune fille au coeur maternel lui faisait, avec un discret accent anglais provenant de sa mère, la lecture de contes illustrés dont "Le Livre de la Jungle" et "Les dernières farces de Buster Brown", tout en essayant de le familiariser avec l'alphabet. Le garçon appréciait ces après-midi suivis d'un bon goûter.

Fritz Stéhlé avait gardé de son accident une certaine appréhension du volant et Anna recalée à l'examen de conduite ne voulait plus s'y représenter. Le moment étant propice, Ricky sut facilement convaincre son père de lui faire donner des cours, de conduite, vu qu'il approchait de l'âge requis. Il apprit donc sur des voitures et même des camionnettes, avec les chauffeurs de l'usine.

Ricky s'était aussi mis à l'escrime, pour lequel il avait de bonnes dispositions, puis aux vacances, il retourna à Saint-Sébastien dans la famille de Ricardo. Rafa reçut une carte postale du grand frère lui demandant s'il s'était "civilisé", ce qui lui déplut beaucoup. Se montrant plus sympathique par la suite, Ricky lui rapporta un autobus en tôle peinte en rouge, à toit ouvrant, plein de bonbons.

Le reste de la famille ne fit cet été là, que quelques sorties en Alsace et en Suisse pour visiter parents et amis. Le cousin André dont le père avait ouvert un restaurant à Mollau, vint pour quelques jours. Rafa, André et Angélique, durent à nouveau faire office de ramasseurs de balles lors des parties de tennis des grands. C'était amusant mais épuisant, en plein soleil !

Le Franc, qui depuis 1926, à la suite à la politique financière du Bloc des gauches avait considérablement chuté, put à la grande satisfaction des milieux financiers et industriels, être stabilisé par le gouvernement d'union nationale de Poincaré.

Fin août 1928, la scène internationale apporta du nouveau avec la signature, entre les ex-belligérants, du pacte de Briand-Kellog. Il mettait la guerre hors-la-loi ! On y croyait ou on voulait y croire !

* * *

En octobre 1928, il n'y eut plus pour Rafa de sursis scolaire. On lui acheta le tablier de rigueur, beige, à boutons blancs et l'attirail scolaire usuel : plumier à cases avec gomme, crayon, porte-plume et petites plumes d'acier pointues de marque Sergent-Major pour la calligraphie et Baignol-Farjon, pour l'écriture ronde, ainsi qu'un crayon spécial très cassant pour l'ardoise, quelques crayons de couleur et un taille-crayon. Le tout, avec cahiers, livres et ardoise, fut mis dans le vieux sac à dos, en cuir de vache, de Ricky. Pour effacer l'ardoise, il y avait une éponge humectée, gardée dans une jolie petite boite décorée de décalcomanies et laquée.

Les débuts du petit Stéhlé en onzième furent pour lui un événement. Le chemin du collège remontait toute la Grande Rue, axe de la cité. On dépassait d'abord la place Keufer où se trouvait la vieille pharmacie Kuhlmann, dite "De la Tour", édifice moyenâgeux et ancienne mairie, flanqué de deux tourelles à toit pointu. On passait devant l'église Sainte Madeleine et la mairie de style néoclassique. Il fallait prendre à gauche au monument-aux-morts. Rafa traîna les pieds et s'arrêta à chacun de ces endroits, pour souffler ! Après le théâtre et en face de la piscine couverte se trouvait le collège, un assez simple édifice du XIXème siècle.

Parvenu fatigué à la grille de la cour de l'école, il ne voulut pas entrer, se raidit puis se mit à pleurer. Son frère avec une camarade, Georgette Grasser, durent le tirer car il se débattait et s'était saisi d'une des nattes de la jeune fille. En classe, l'institutrice voyant son désarroi le tranquillisa. A la récréation, le garçonnet se mit à l'écart sous le préau où son frère le retrouva. En faisant les cent pas dans la cour, ils rencontrèrent près du grand marronnier, le surveillant Monsieur Imbs. Celui-ci, sans mauvaise intention semblait-il, demanda au petit où il était né. Contrarié par cette question à brûle-pourpoint, ressentant son lieu de naissance comme une singularité voire un motif de ségrégation dans ce milieu alsacien, il répondit : "au diable vauvert". Cette réponse déplacée fut rapportée à Monsieur Vierling, le Principal du collège. Notre petit bonhomme fut obligé de faire des excuses, qu'il chuchota le lendemain à Monsieur Imbs, adoptant une attitude humble, tête découverte bien sûr, peut-être feignant la soumission, et roulant nerveusement son béret entre les doigts.

Ce début n'était pas glorieux mais l'institutrice, Mademoiselle Maclet, plus douce, plus adroite et surtout plus intelligente, réussit à apprivoiser Rafa qui lui voua une dévotion très affectueuse voire amoureuse. Il insista auprès de sa mère pour qu'on lui offrît des fleurs. Un gros bouquet de pivoines rouges fut apporté à l'enseignante et, si on l'avait écouté, on lui aurait envoyé en plus une montre "en or". Le gosse s'appliqua, rapporta beaucoup de "bons points" et, vu ses progrès, sa maman organisa pour la Saint Nicolas, très fêtée en Alsace, un goûter avec les enfants des employés de l'usine.

L'apprentissage de l'écriture se faisait impérativement à la plume et il fallait bien soigner ses "pleins et déliés" ce dont Rafa s'acquitta correctement. Sa mère veillait à la bonne réalisation des devoirs et lui faisait réciter ses leçons. Calculant et lisant bien, il fut bien classé à Noël.

Pour ses étrennes, il reçut une auto de pompiers avec équipage et clochette d'alarme. Ce beau jouet avait, pour faire plus vrai, une grande échelle coulissant par le jeu d'un petit treuil à manivelle enroulant une ficelle. Il lut avec plaisir les aventures de Bécassine, les Contes de Perrault et d'Andersen offerts par la cousine Andrée et les "Contes et Chansons" de l'Imagerie d'Epinal. L'histoire de saint Nicolas sauvant les enfants mis en "salaison" par un méchant boucher, le préoccupa beaucoup. Ricky lui donna une édition espagnole des "Pêcheurs de baleines" de Salgari, qu'il ne put bien lire, car il avait beaucoup perdu de son espagnol.

Après les vacances, on lui acheta régulièrement le "Dimanche illustré", chez Kempf le buraliste proche de l'église. Cet hebdomadaire, colorié, publiait entre autres, des séries de Zig et Puce, de Bicot, Suzy et le Club des Rantanplan, des Pieds Nickelés...

L'hiver 1928-1929 fut particulièrement froid et long. Un train resta bloqué quelques jours dans un tunnel des Alpes et le Rhin se couvrit d'une épaisse couche de glace.

Les gamins s'en donnèrent à coeur joie, faisant batailles de boules de neige, glissades et bonshommes de neige qui rivalisaient de beauté et de taille. Rafa était parfois amené à l'école en luge par son frère ou Elise. Il avait maintenant plusieurs copains, mais sympathisait davantage avec Bernard Schwetta, dont la mère couturière, travaillait parfois pour Anna. Ils s'amusaient les jeudis, tantôt chez l'un tantôt chez l'autre. Rafa sortait son petit théâtre pliant, en bois et carton, et les garçons se jouaient des scènes de Guignol avec deux petites marionnettes.

Bernard qui avait avalé une aiguille fut opéré et guérit à temps pour participer au bal costumé de carnaval, qui eut lieu au théâtre. Ricky ainsi que la cousine Andrée venue de Strasbourg pour l'occasion, portaient des déguisements de courtisans, époque Louis XV, confectionnés par tante Auty. Rafa avait mis le costume de Mexicain, un peu grand encore, qui avait appartenu à Ricky. Ils avaient fière allure. Les parents, pour faire plaisir aux fils et à leur nièce, assistèrent à la fête et participèrent à la tombola.

Une matinée enfantine avait été programmée au théâtre municipal pour la fin de l'année scolaire et Rafa voulut y assister. Comme le bambin chahutait parfois lorsque Ricky étudiait, celui-ci le punissait en lui faisant faire "des lignes" ou en le mettant "au coin", comme à l'école. En l'occurrence, Ricky estima que le petit frère devait être châtié pour un quelconque manquement à la discipline ou à ses droits d'aînesse, comme il disait parfois avec un certain sérieux. Rafa se plaignit à son père qui fit remarquer à Ricky qu'il ne devait pas exagérer, puis donna à l'enfant, pour ses bons résultats à l'école, les deux francs ou "quarante sous" pour le billet.

Le théâtre qui se trouvait dans la même rue que le collège, étonnait par ses proportions imposantes, témoins de l'apogée de l'industrie sainte-marienne du siècle dernier. Son style néo-Louis XVI, surprenait. Sur la façade, quatre pilastres à chapiteau ionique, délimitant portes et fenêtres, soutiennent un fronton élégant et sobre. L'intérieur était décoré de dorures avec guirlandes, arabesques et reproductions de masques antiques. Le hall et les corridors du bas étaient spacieux.

La salle offrait cinq cents places. Il n'y eut cependant pas beaucoup de représentations, cette année là.

Ricky réussit la première partie du Baccalauréat avec mention "bien". Il alla en vacances à Antibes chez l'oncle Eyrieux, pour profiter de Juan les Pins, plage déjà très en vogue et fréquentée par le beau monde du moment...

Rafa rapporta quelques prix dont celui de dictée et de vocabulaire. Il voyagea ensuite avec ses parents et les Renaud en Suisse et en Bade-Wurtemberg. Il découvrit avec enthousiasme les funiculaires et vit de près le fameux dirigeable "Zeppelin" justement stationné au bord du lac de Constance, à Friedrichshafen.

Quelques incidents marquèrent encore ces vacances. Le gamin lança un jour, à l'aveuglette une pierre vers le pré surélevé situé en face de la maison. L'ouvrier qui s'y reposait couché dans l'herbe, reçut le projectile sur un oeil et furieux, courut après lui. Aussi effrayé que surpris il détala et grimpa quatre à quatre l'escalier extérieur menant tout droit à l'appartement. Sa maman accourue aux cris, ouvrit la porte au moment où l'homme allait l'attraper. Apostrophes et admonestations tombèrent de toutes parts ainsi qu'une paire de claques de la mère. Rafa regardant le bonhomme par en dessous, constata avec grand soulagement, que celui-ci ne saignait pas, qu'il n'avait pas l'oeil crevé, que sa paupière était tout juste éraflée et à peine gonflée bien qu'un peu bleuâtre. Il fut immédiatement obligé de demander pardon à l'homme, calmé en fin de compte par Anna qui lui prodigua des soins et lui offrit un schnaps pour le réconforter. En somme, pensa Rafa encore pleurnichant, il n'y avait vraiment pas de quoi faire un tel esclandre. L'affaire en resta là.

Un après-midi de cet été oisif, Rafa alla cueillir des fleurs dans le pré d'en face avec la nouvelle bonne Berthe, une jeune rousse au teint pâle et pleine de taches de rousseur. Au bout d'un moment, après avoir assemblé un grand bouquet, ils s'assirent à bavarder. Le gosse souleva soudain la jupe de la fille qui ne portait pas de culotte. Elle ne protesta pourtant pas. C'était la première grande fille que le gamin put inspecter de la sorte. Il constata qu'elle était vraiment rousse. Maman Anna qui, de loin les avait à l'oeil, donna de la voix et ordonna le retour à la maison. Le garnement fut sermonné...

Pour faire plaisir à la famille, Anna accepta de poser pour qu'on lui fasse un portrait, mais ni elle ni le peintre, n'eurent beaucoup de patience. L'artiste, plutôt doué pour les natures mortes, et sans doute pour éviter de peindre les mains, mit un bouquet dans celles de son modèle. Il disposa tout autour, sur le canapé de style contemporain, quelques coussins de soie. Ceux-ci, confectionnés et peints par Anna elle-même, étaient ornés de fleurs, sauf un qui représentait un un gros geai bigarré.

Le visage, assez ressemblant malgré un teint couperosé qui n'existait pas en réalité, rendit bien les yeux, brun verdâtre, grands et beaux. Les cheveux, bruns, coupés assez courts et frisés, n'étaient pas vraiment à la mode, alors du genre "garçonne". Comme beaucoup de femmes de l'époque, la mère Stéhlé se frisait elle-même au fer plutôt que de porter des bigoudis ou d'aller souvent chez le coiffeur. Sa robe de couleur vert clair, décolletée, sans manches, avec la taille basse, un peu au dessus des hanches était, elle, très à la mode. Pour poser, Anna n'avait pas manqué de mettre les quelques beaux bijoux que Fritz, toujours très attentionné et généreux lui avait offerts au cours des ans. Loin d'être un chef-d'oeuvre, le tableau n'en fut pas moins un souvenir de l'époque. Il revint à Rafa. En effet, Anna le relégua dans un débarras et, plus tard le garçon le récupéra après un déménagement des parents, personne d'autre de la famille n'ayant voulu le prendre.

Le krach boursier de Wall-Street, le fameux jeudi noir, survint le 24 octobre 1929. Malgré les propos rassurants du président américain Hoover, la crise s'étendit dans le monde et atteignit l'Europe, sauf l'URSS qui avait sa propre politique avec ses problèmes. La vie économique et industrielle s'en ressentit de plus en plus.

La rentrée scolaire s'était faite entre temps comme à l'accoutumée. Ricky entra en Mathématiques élémentaires et le petit en dixième. Sa salle de classe, commune à la neuvième, lui sembla immense. Philippe, son sympathique et gentil voisin, avait à gauche une malformation congénitale des doigts. De petits moignons à ongles rudimentaires se trouvaient à leur emplacement. Ce garçon qui avait bon caractère, permettait à Rafa de les examiner, de les toucher et de les bouger. Il semblait s'être adapté à l'anomalie. Le maître, monsieur Roze était très compétent et énergique. Il fit du reste une brillante carrière et termina professeur de faculté.

Aux récréations ainsi qu'aux cours d'éducation physique on faisait des batailles au ballon, des courses, on jouait à s'attraper, à chat perché, aux quatre-coins ou on mangeait tout simplement un petit pain beurré voire une banane, sortis d'une chic sacoche spéciale, portée en bandoulière. Les classes n'étaient pas mixtes. Les gosses étant chamailleurs, Ricky avait enseigné quelques tours de boxe au petit frère pour qu'il se défende mieux, sans avoir à l'appeler à la rescousse à tout bout de champ.

Un seul cinéma fonctionnait à Sainte-Marie, le Central, près de la mairie et c'était le début du "parlant". Dans la salle, assez grande, quelques loges à cloisons de bois se trouvaient derrière les parterres. Anna amenait parfois Rafa aux séances du dimanche après-midi. Chaplin, Buster Keaton, le comique qui ne riait jamais, ou encore les vieux films de Max Linder l'enchantaient.

On donna aussi "Faust", de Murnau. Sans comprendre pourquoi, et très impressionné, il superposa dans son esprit ce film à une assez inquiétante peinture de A.Scheffer, qui représentait "Jésus tenté par le démon", reproduite dans le "Petit Larousse Illustré". Le petiot en garda un sentiment inoubliable de répulsion. Sans doute lui montra-t-on cette image en lui commentant "Faust", ou bien la vit-il lorsqu'il feuilleta le dictionnaire, ce qui lui arrivait parfois. "Les bateliers de la Volga" de Cécil B. de Mille, une grande fresque toute de noirceur et de tristesse le frappa tout autant, mais il se souvint moins de l'action que du sentiment d'effroi qu'il éprouva. Ce n'est que bien plus tard, dit-il, intrigué par cette réminiscence, qu'il retrouva en revoyant les films, les noms de leurs réalisateurs.

Le père Stéhlé fêta ses cinquante ans en décembre et offrit, début 1930, un banquet au restaurant Schwob de Barr, suivi des photos de circonstance. Une grosse partie de la famille d'Alsace et quelques amis étaient présents. Ce fut un raout.

* * *

Toutes les entreprises de la région commençaient à ressentir la crise économique. A l'usine Biroud, l'atmosphère s'était altérée, non seulement à la direction mais aussi parmi les travailleurs. Stéhlé se trouva en plus confronté à une situation personnelle difficile pour d'autres motifs. En effet, le patron qui habitait à l'étage au-dessus essayait de gagner les faveurs d'Anna et le chef de fabrication reluquait son poste d'administrateur-directeur.

Les choses se corsèrent et s'éclaircirent tout à la fois, après un incident vaudevillesque auquel Rafa assista ébahi. Madame Stéhlé se trouvait sur le palier de l'escalier intérieur conduisant à l'usine. La porte de son appartement n'étant pas fermée, elle s'affairait à ouvrir une grande caisse qui venait d'être livrée. L'enfant, dans une encoignure et caché par la caisse, ne pouvait pas être vu par le "grand patron" qui montait l'escalier, la bouche en coeur, tenant à Anna des propos aussi clairs que malvenus. Madame Stéhlé outrée et menaçant de son marteau, mit le galant effrayé en fuite. Elle le pourchassa sur quelques marches, lui demandant peu aimablement ce qu'il s'imaginait. Le gosse, amusé, suivait en silence.

Les relations ainsi rompues, Stéhlé qui disposait d'un beau paquet d'actions, ne fut heureusement pas à la merci du patron. Il les réalisa opportunément à bon prix et, par chance, avant les faillites en cascade qui eurent lieu peu après. Les Sociétés Rhaon, Bodard et Lenderlin, avant d'acheter, insérèrent cependant une clause de non réinstallation de Fritz dans la région, ce qui devait beaucoup le gêner pour trouver du travail par la suite.

Un événement assez drôle eut lieu à la même époque. Ce fut "l'enlèvement de la puce". La tante Auty s'était mariée, essentiellement semblait-il, pour ne pas rester "vieille fille". Henri, son mari, fils d'un colonel des sapeurs-pompiers de Paris, n'aimait pas le travail et fréquentait beaucoup le milieu du théâtre et des spectacles. Auty qui bossait pour deux dans son atelier de couture, acheta un petit cabriolet brun ; couleur qui avec sa forme, lui valut le nom de "la puce". Le véhicule servit surtout aux balades d'Henri. Comme de surcroît, il était volage, Auty divorça. Voulant récupérer sa voiture, mais ne sachant pas conduire, elle fit appel à Ricky, bien qu'il n'eût pas encore son permis. Accompagné d'Auty, celui-ci conduisit nuitamment la voiture chez un garagiste de Sainte-Marie, Fritz ne voulant rien savoir de l'affaire.

Des photos de passeport étant nécessaires, Rafa fut mené chez Bernasconi, en ville. Elles montrèrent un garçon au regard vif, aux traits fins et à cheveux assez clairs, coiffés en arrière, sans raie. Bien campé, il semblait satisfait de sa virile tenue de marin munie de galons aux manches, d'un plastron blanc décoré d'une roue de gouvernail et, garnie d'un grand col à parements blancs. A l'encolure, la vareuse était ornée d'un noeud noir. Le béret de matelot, sans pompon mais à rubans, arborait un écusson. Les chaussures étaient bien sûr vernies.

Quelques prix dont "Le voyage de Gulliver" et "Robinson Crusoé", le récompensèrent en fin de dixième. Ricky n'eut cette fois pas de chance au baccalauréat. Toute la famille le déplora. Il fut décidé qu'il irait à l'Ecole de Chimie de Mulhouse où on pouvait être admis avec la première partie du bac, après entrevue. En octobre, par déveine, il tomba sur le redoutable Monsieur Ollivier, avec "deux L" comme il avait coutume de le préciser et fut collé en physique.

Une épidémie de poliomyélite sévissant à Strasbourg, le programme de vacances de Rafa fut changé et on l'envoya pour quelques semaines à Barr, chez Emile et Emilie. Cela lui permettrait de faire aussi connaissance de Jacqueline, le bébé qu'avaient eu les cousins Betty et Robert Hamel.

Il y fut conduit par sa mère, en train, un omnibus du vieux réseau d'Alsace-Lorraine. Comme il y avait trois classes, les Stéhlé prenaient d'habitude des secondes. La locomotive noire avec son bruit caractéristique, crachait une épaisse fumée. Certains wagons avaient une plate-forme avant et arrière, d'autres étaient divisés en coupés pourvus de portières de chaque coté. La vitesse n'étant pas bien grande, le contrôleur se déplaçait sur le marchepied, tout au long du wagon puis enjambait d'une voiture à l'autre et ainsi de suite. Les halètements de la locomotive et les coups de sifflet se trouvaient amplifiés en certains endroits par l'écho. Rafa admirait la vallée, les frondaisons chatoyantes, l'alternance des bosquets, champs et pâturages ainsi que le vol des corbeaux. Le convoi s'arrêtait à toutes les stations et on pouvait observer le va-et-vient des gens parmi lesquels beaucoup de paysans.

En attendant la correspondance pour Barr, ils virent à l'arrêt de Sélestat, quelques calèches, le fouet au porte-fouet, stationnées devant le buffet de la gare. Deux cochers bavardaient en fumant. Le troisième, donnait à sa bête un picotin dans un sac-mangeoire et ramassait du crottin, avec pelle, balayette et seau. Les calèches et fiacres devenus rares dans les grandes cités, circulaient encore dans quelques petites villes, surtout pour les touristes. Les chariots étaient courants à la campagne. Le boeuf remplaçait parfois le cheval pour les travaux des champs.

La tante Emilie, comme l'exigeait Anna, obligea Rafa à faire une sieste, ce qu'il détestait. Un jour il joua la comédie de ne pas se réveiller. On s'affola comme il l'escomptait. Grondé mais libéré de la sieste, il put désormais jouer toute l'après-midi avec Jacqueline, "sa fiancée". La grand-mère de la fillette, était une virago malodorante et sale. Le petit observa avec étonnement comme la femme, debout immobile et jambes écartées, pissa dans la cour sans même lever sa robe. Un filet coulait vers la rigole tandis que la vieille riait, soulagée.

En septembre, Rafa toujours attiré par l'aviation, apprit par la presse la traversée de l'Atlantique Nord, d'Ouest en Est, par Costes et Bellonte sur le "Point d'interrogation", un Bréguet. Les performances de l'aviation féminine furent enrichies à ce moment là par Maryse Bastié qui battit le record de durée de vol sans escale. Peu après Maryse Hilsz, Alsacienne d'origine, établit la liaison France-Saïgon et retour.

Depuis deux ans, on entendait parler à certaines périodes de Marthe Hanau, banquière et escroc de petits épargnants, fondatrice de la "Gazette du Franc". Cette dame, dont l'histoire intéressait Anna, trempa dans des affaires de pots de vin compromettant hauts-fonctionnaires et membres du gouvernement. Elle passa un certain temps en prison à Haguenau et se suicida en 1937.

Chapitre 8

A BÂLE

Ce même automne 1930, les Stéhlé s'installèrent dans une maisonnette d'un lotissement de la Oberalpstrasse à Bâle, ancienne ville universitaire alémanique ainsi que vieux centre industriel et commercial international.

Ricky, étudiant à Mulhouse, venait les dimanches. Rafa, avait été admis en neuvième à l'Ecole française, au 2 de la Austrasse et avait pour instituteur Monsieur Ehret qui faisait tous les jours la navette depuis Saint-Louis où il habitait. Pour aller à l'école, le petit prenait habituellement le tramway. Les wagons étaient verts et les contrôleurs avaient un distributeur de monnaies bien pratique, fixé à leur sacoche et actionné par de petits leviers. En ce temps là, un franc suisse valait cinq francs.

Venant de Neuweiler, le tram longeait les terrains de sport et de tir et, comme il allait vite sur ce parcours, le conducteur actionnait souvent le timbre avertisseur. Les enfants devaient s'asseoir ou céder leur place aux personnes âgées. Pas question de rester près du wattman. Discipline oblige !

Les Stéhlé venaient souvent en tramway depuis Saint-Louis où ils garaient leur voiture encore immatriculée en France. Chemin faisant, on passait devant l'église St. Antoine, tout en ciment, qui venait d'être achevée. Son style très moderne, tout en lignes et angles droits, était encore peu accepté de la population qui l'appelait de façon très imagée, le "Silo des âmes", le "Seelensilo". Sa grande nef, également très sobre, est éclairée par d'énormes vitraux multicolores et rectangulaires.

Comparé à celui de Sainte-Marie le trafic bâlois était très développé. La brasserie Warteck disposait pour les livraisons de grandes voitures traînées par de gros percherons. Les cochers, en général grands, forts et moustachus, exhibaient leur adresse à manipuler les barriques de bois. Ils portaient un énorme tablier et des épaulières de cuir. En un tournemain, le tonneau de bière passait sur leurs épaules et, après quelques enjambées dans le restaurant, l'échange était fait avec le fût vide. L'argent perçu était enfoui dans une ample sacoche et, fouette cocher en direction du bistrot suivant. Les gamins admiraient la force et la dextérité des livreurs. La distribution des sacs de charbon, de briquettes et de la plupart des autres marchandises se faisait, alors encore, en véhicules hippomobiles, comme en Alsace.

Les hivers rudes se succédaient et il y eut à nouveau de la neige en quantité ; des glaçons pendirent même comme des stalactites aux chêneaux. Certains étaient énormes, plus grands que Rafa et que son petit voisin Hermannle Hassler. Pour jouer, ils les ramassaient, les mains bien gantées, les mettaient à l'épaule comme ils l'auraient fait d'un fusil, puis marchaient au pas.

Lorsque les neiges furent plus hautes, Elise conduisit Stéhlé junior à l'école en luge. Il la faisait trotter comme un attelage. Ces courses qui évoquaient pour lui le Grand-nord canadien, l'enchantaient. On croisait l'église Saint-Paul faite de moellons et pierres de taille de couleur brun-gris. Le bambin, en passant, ou lorsqu'il jouait dans le square ouvert situé devant, détaillait le sanctuaire.

Derrière le grand portail surmonté d'une rosace, se dresse un ensemble de bronze, avec l'archange Saint-Michel brandissant un glaive et menaçant un dragon. Le clocher carré, de plus de soixante mètres de haut, à toit pointu recouvert de tuiles, présente un cadran d'horloge. Une tourelle soutient une statue à chaque angle de la base du clocher. Les gens discutaient du style et de l'esthétique de cet imposant temple protestant. Pourtant, Rafa le trouvait beau.

Noël fut fêté en famille et Fritz offrit à Anna un beau manteau de marmotte. Monsieur Probst, un ami de Fritz, fit cadeau au petit de son magnifique pistolet miniature, de fabrication suisse, semble-t-il. Bien qu'il ne tirât pas de projectile, le gosse ne fut pas autorisé à jouer avec lui à la maison, car il faisait un bruit épouvantable. Ce pistolet d'à peine plus de quatre centimètres de long avait un canon qui se cassait et se chargeait par derrière de petites capsules de cuivre contenant la poudre, puis se refermait. Une gâchette actionnait le chien. Rafa dut attendre les festivités du Mardi-Gras pour s'en servir plus librement.

Là-dessus l'enfant fit une forte angine et l'on craignit un croup. Durant sa convalescence, il finit les livres reçus aux étrennes, notamment une biographie de Baden-Powell, Croc-blanc de Jack London, les Chasseurs de Loups de J.O.Curwood et l'histoire de Pinocchio qui lui fut offerte par les Stadler. Madame, une belle italienne, qui ne chantait pas mal, s'accompagnait au piano. Lorsqu'on les invitait, madame donnait un petit récital. Le petit s'endormait dans un fauteuil.

Le carnaval de Bâle est une grande fête qui se célèbre depuis la nuit des temps. Il commence traditionnellement le lundi suivant le Mercredi des Cendres et dure trois jours, pratiquement chômés. Le début a lieu à quatre heures du matin précises et, rien que de voir une demi-heure auparavant, la foule comme prise de panique, converger d'un pas rapide vers le centre, est en soi déjà un spectacle ! Chacun veut trouver une bonne place pour voir le défilé du "Morgenstreich".

Pendant qu'une foule dense se masse tout au long du trajet, le silence se propage pour le compte à rebours et à quatre heures du matin pile, alors que les réverbères de la ville s'éteignent, le roi du Carnaval ouvre la fête, scandant le pas avec sa canne de tambour-major. Le vacarme éclate soudain avec le retentissement à l'unisson des fifres, tambours, tambourins et cuivres de toutes sortes. Cette année là, ce fut une réplique du "Lällenkönig" qui ouvrit la marche. L'un des points de départ des cortèges fut la Freie Strasse qui descend vers la place du Marché.

Chaque clique représentait : un quartier, un village, une confrérie, un corps de métier, des membres du clergé avec moines et religieuses, des militaires, des personnages de légende ou des politiciens. Les déguisements, uniformisés pour un même groupe selon la coutume, étaient pourtant des plus variés dans l'ensemble, avec une foule de clowns, toute une gamme d'oiseaux et d'animaux, réels ou fabuleux. Les masques, préparés bien à l'avance, souvent soigneusement fignolés, représentaient d'importantes dépenses, certains d'entre eux tout au moins. Presque toutes les cliques jouaient du fifre, mais beaucoup disposaient aussi de tambours et de cuivres.

Les lampions de papier transparent, colorés et ornés de décalcomanies, ou d'autres figures allaient du petit modèle à pile, fixé sur la tête des masques, aux grands gabarits éclairés de plusieurs lampes, parallélépipédiques, rectangulaires ou cubiques, de un, voire deux mètres de côté. Ces super-modèles étaient portés en civière ou traînés sur des voitures.

Les fresques des lanternes illustraient un sujet d'actualité, comme le krach de Wall Street, voire des railleries, telles la réglementation de l'heure de fermeture des tavernes, la désignation de Bâle en tant que siège de la Banque des Règlements Internationaux ou simplement la fin des travaux du "Seelen Silo", de style si commenté. D'autres enluminures de fanaux se moquaient tout bonnement des cantons voisins, des Alsaciens ou des Allemands. Tout cela amusait Fritz.

Le défilé passa devant la grande fontaine de pierre blanche du Münsterberg sur laquelle Rafa s'était juché, appuyé contre son père debout devant lui. Cette fontaine, à vasque en forme de trèfle à quatre feuilles est ornée d'une colonne centrale coiffée d'un chapiteau supportant trois dauphins entrelacés autour d'un double trident. Quatre basilics de bronze sont fixés à mi hauteur de la colonne centrale qui fait environ trois mètres de haut. Ces animaux chimériques, des griffons de bronze, à tête et griffes de coq, ailes de chauve-souris, et queue de dragon, crachent un jet d'eau. Légendaires et typiques de Bâle, ces figures cabalistiques intriguaient le gamin qui, assis au bord de l'édicule les regardait attentivement, les trouvant bien adaptées à cette ambiance carnavalesque.

Le cortège de masques continua par la Place du Marché, dominée par l'imposante Mairie du XVIème siècle, jusqu'où Fritz et Rafa avaient réussi à se faufiler. Le groupe venant de la Place des Déchaussés ou "Barfüsser Platz", se joignit sur la Place du Marché au premier cortège, avant de franchir le Pont-Moyen. Là, le défilé passa en bon ordre devant la guérite de pierre où trônait bien illuminée, une réplique du grotesque "Roi des Lälle", tirant la langue et roulant les yeux. Arrivé à son niveau, Rafa le dévisagea longuement.

Le sens du terme "Lällenkönig" est ambigu, comme l'expliqua la père Stéhlé. Ce monarque moqueur, qui tire la langue et roule les yeux, peut être le roi des bafouilleurs, des débiles, ou même des fous. Au Moyen Age il était fixé à la Tour de la Porte du Pont du Rhin, à côté de l'horloge dont le mécanisme assurait en même temps ses mouvements de langue et oculaires. Ses grimaces étaient destinées aux Bâlois et non au Petit Bâle comme l'auraient préféré certains citoyens. Destitué lors de la Révolution française, le "Lällenkönig" revint ensuite. On le mit à nouveau au pont dans un premier temps, puis dans la cour de la Mairie. Ses mouvements d'horlogerie furent changés plusieurs fois avant qu'il ne finisse son royal parcours au Musée d'Histoire de la ville.

Fritz et Rafa fatigués, remontèrent lentement et par petites étapes le courant humain jusqu'à l'emplacement de départ. Pendant ce temps la procession avait gagné la place Clara pour dès lors, se diriger vers le pont Wettstein et la rue Dufour. Une partie de la colonne revint au point de formation du cortège à l'ancienne Eglise des Cordeliers et l'autre, à la Freiestrasse. A part les cliques, peu de gens étaient masqués lors de ce défilé matinal.

En fin de compte, les groupes se dispersèrent pour souffler un peu. La fête continua néanmoins dans les bistrots, où on se désaltéra et prit une soupe à la farine ou aux oignons. Fritz et Rafa allèrent au restaurant Gambrinus où ils rencontrèrent des amis qui se serrèrent aimablement pour qu'ils puissent prendre le traditionnel petit déjeuner à leur table.

L'après-midi, un cortège plus imposant encore fut formé de calèches, de chars à bancs et de toutes sortes de voitures décorées, faisant de la publicité pour leurs sponsors. On distribuait des bonbons, des "leckerlis", typiques de Bâle, des fruits, fleurs ou joujoux, à ceux qui arboraient la plaquette commémorative au revers. Tous les restaurants du centre étaient en liesse, la bière et le vin coulant à gogo.

Dans la soirée, les lanternes qui avaient participé au défilé du matin furent exposées au "Münsterplatz". Le coup d'oeil de cette illumination avec la cathédrale à l'arrière-plan, était surprenant. Pendant ce temps, les masques continuaient à déambuler librement, toujours aux sons des fifres, tambours et crécelles.

L'après-midi du deuxième jour était réservé au Carnaval des enfants. Suivait un dîner qui, dans beaucoup de restaurants, s'accompagnait des "Schnitzelbängg". Ce sont des sketches satiriques et refrains humoristiques sur les événements et personnages du moment. Ils existent toujours et sont très typiques de la Suisse : des artistes et chansonniers, également déguisés, les présentent.

Fritz amena à nouveau Rafa au restaurant Gambrinus. Comme tout était en dialecte le petit ne comprit pas, mais il rit de voir rire.

Le dernier jour de fête ne se distingua que par le concert du soir donné sur la place "Barfüsser", avec de vieux instruments déglingués. A la fin, on était bien saturé du vacarme et de la cacophonie des fifres et tambours ; la ville se trouvait jonchée de confetti, de boulettes et banderoles multicolores.

Le temps fut irréprochable et après s'être bien défoulé, on gardait parmi ses souvenirs, l'insigne commémoratif : cette année là, une grande médaille de bronze représentant une femme masquée tenant une ombrelle ouverte à laquelle était pendu un petit lampion. Vêtue d'une longue robe et d'un grand châle à carreaux, elle portait un petit chapeau à plume énorme, pointant au-dessus de son grand nez. Sur le landau aux roues voilées et excentrées qu'elle poussait, était inscrit, "1931".

Il y eut beaucoup d'enfants et Stéhlé junior s'en donna à coeur joie. Il tira souvent avec son pistolet à blanc et lança confetti, boules et serpentins, en masse. La fête ne dégénéra heureusement pas en bataille de pistolets à eau ou d'oeufs pourris, interdite. Ces trois jours de liesse et d'insouciance restèrent pour Rafa un événement inoubliable.

Les sorties scolaires reprirent au printemps. Ce furent les visites de quelques beaux musées bâlois et celle du fameux jardin zoologique. Lors de la présentation des chimpanzés dressés, très attendue des écoliers, Max et Moritz se surpassèrent en farces et cabrioles.

Peu après, Rafa alla pour la première fois au cirque, le fameux "Knie" où les dompteurs d'animaux, les trapézistes, les prestidigitateurs et les clowns provoquèrent les applaudissements frénétiques des spectateurs.

Le décès de la petite cousine Jacqueline survint fin mars et sa mère reçut ce petit mot plein de fautes :

Ma chère Betty,

J'ai appris que la pauvre petite Jacqueline est morte. Maintenant, tu peux avoir un(e) autre. Tu ne crois pas ? Tu as donc tous les habits, la voiture, le berceau, la chaise, les jouets, le lit, le biberon et toutes les choses qu'un enfant a besoin. J'ai été très triste quand la petite est morte, et surtout, ça c'est triste, quand on meurt à son anniversaire. Que veux-tu, le bon Dieu a voulu qu'elle meure. Tu sais, je te plains beaucoup et aussi la pauvre Jacqueline qui est morte. Alors, je t'embrasse beaucoup, et Robert et Emile et tante Emilie. Le prochain passage à Barr j'irai sur la tombe de Jacqueline. Bon baiser.

Rafa.

Betty et Robert, malgré leur peine, aimèrent ce message d'enfant. Le petit alla effectivement à Barr aux vacances de Pâques, venant avec sa mère de Strasbourg où ils avaient séjourné deux jours chez l'oncle Fred et la tante Irma.

Le petit avait bien sûr vu le centre et la cathédrale, mais il garda surtout le souvenir de l'invitation, avec d'autres gosses, chez les deux charmantes filles des amis Uhl : Mutsy, une perche au long nez et Edith, un peu boulotte. Elles avaient une grande maison de poupées, vraie pièce de musée tout équipée et éclairée à pile, et elles possédaient aussi un appareil de projections avec lequel on repassa quelques vieux films très amusants de Charlot. Après le goûter les enfants jouèrent à "pigeon vole", à "Pierrot le noir "et aux "gages".

Ricky n'était pas heureux à l'Ecole de Chimie de Mulhouse. Il fut raconté à son père, qu'il s'était bien davantage distingué au tir au pistolet sur éprouvettes et alambics dans le sous-sol de l'institution, que par son assiduité au travail. Le jeune homme avait formé un groupe sympathique mais chahuteur avec des fils d'industriels du Nord. Vite repéré, le directeur de l'Ecole lui recommanda de suivre une autre orientation. Ricky ne demandait pas mieux et Rafa eut beaucoup de considération pour lui en apprenant, commenté par les parents, l'épisode du tir au pistolet.

Le père Stéhlé s'était installé en Suisse avec l'espoir d'y trouver un emploi, ce qui fut impossible en cette période de crise mondiale. Au demeurant, les Suisses étaient peu enclins à offrir des postes à un étranger, même diplômé en Suisse et y habitant.

"L'Alsace, c'est bien, à condition de ne pas s'y enfermer et de remâcher les griefs contre les uns et les autres, en s'exceptant soi-même".

Albert Schweitzer - Prix Nobel de la Paix.

Chapitre 9

STRASBOURG

Les Stéhlé s'installèrent à Strasbourg pour y faire étudier leurs garçons. Chef-lieu de département, avec cent quatre-vingt-mille habitants, c'était déjà la cité la plus importante d'Alsace, un centre industriel, commercial, universitaire, ferroviaire et aussi un port fluvial. La ville s'enrichit en immeubles après 1870, avec notamment le Palais du Rhin, alors "Kaiserpalast", des édifices administratifs, l'université, le tribunal et la gare, construits en style d'époque. Le théâtre et d'autres bâtiments détériorés par le bombardement, furent rénovés. Strasbourg prenait un air de capitale avec ses larges avenues.

Ils occupèrent le rez-de-chaussée d'une villa, rue du Général Ducrot, en face de la caserne Turenne. Ricky fut accepté pour le dernier trimestre en Mathématiques élémentaires et Rafa en 9ème, au Lycée Kléber-Palais. Cette institution, à orientation plutôt scientifique, fut créée en 1920 pour décharger le Lycée Fustel de Coulanges, et installée dans des dépendances du Palais du Rhin.

Ricky réussit cette fois le bac. Madame Pernet, une solide institutrice s'occupa tout de suite sérieusement de Rafa. Arrivé en fin d'année, il ne reçut qu'un prix d'encouragement mais rapporta des bons-points très traditionnels et artistiquement décorés de fleurs d'arum. Ceux-ci, munis de la signature du proviseur, étaient bien plus estimés que ceux de l'abbé Clauss, de simples images récompensant la "sagesse" dans une classe d'instruction religieuse d'habitude plutôt chahutée.

Les jours de congé, chaque fois qu'il le pouvait, Rafa ramassait des escargots dans le terrain vague voisin et les vendait à cinq francs les cent à sa mère qui les cuisinait magistralement. Il suivait la préparation qui consistait à les laisser jeûner trois jours, à les faire dégorger avec du sel, puis à les ébouillanter pour faciliter leur extraction de la coquille. Cruelle affaire bien qu'on prétende les escargots non intelligents !

A la saison chaude, de nombreux lézards se prélassaient au soleil, sur murs et cailloux du jardin. Ces bestioles d'un beau vert un peu chatoyant, n'étaient pas faciles à attraper et le gamin resta quelques fois avec un bout de queue dans la main. Furieux, il réussit à en attraper un qu'il dépeça avec un petit râteau. Pas fier, il se reprocha d'avoir cédé à un méchant instinct et se confia à sa mère qui, gentiment, lui recommanda de ne pas faire souffrir les bêtes. Elle lui expliqua que la queue des lézards repoussait, ce qui le consola un peu.

Juché sur les piliers de l'enclos, où, du haut des fenêtres, il observait les exercices qui se déroulaient dans la cour de la caserne. Tout comme son père, les défilés de fêtes mis à part, il n'aimait pas la vie militaire. Ricky, sans doute influencé par un copain qui l'invitait à faire de la moto, rêvait alors d'entrer à l'école militaire de Saint-Cyr. Ayant pris l'avis des parents antimilitaristes, il abandonna ce projet.

Sans réaliser de grand voyage, les Stéhlé firent durant l'été quelques sorties avec la Renault-Viva-Six récemment achetée, notamment au Lac Hanau pour s'y baigner. A la rentrée, ils déménagèrent à nouveau et s'installèrent près du Lycée Kléber, rue Foch.

Rafa y continua sa scolarité sans problème avec une maîtresse très consciencieuse qui insistait sur l'instruction civique et la géographie du pays. Elle fit lire en classe le vieux "Tour de France par deux enfants". Il n'était cependant pas question de l'Alsace-Lorraine dans ce texte ! Chez lui, le petit se plongea dans la lecture, entre autres, de "L'idée fixe du Savant Cosinus" et du "Sapeur Camember" de Christophe, alors très en vogue.

A la rentrée de 1931, Ricky s'inscrivit au P.C.N. , préliminaire des études médicales, à l'époque. Il changea alors de prénom usuel pour éviter des confusions avec son père qu'on appelait, parfois, pour cela même, "Padre" ou père. Il choisit, parmi ses prénoms de baptême, celui de Jean, car son frère s'appelait aussi Raphaël. Il préféra Jehan, moins courant que Jean, ce qui donna le diminutif Han, qui lui resta. Par habitude, on l'appela pourtant durant un bon moment encore, Ricky, en famille.

Les Bessier habitaient le même immeuble. Leur unique fils Yvon devint un grand copain de Rafa et les mères sympathisèrent également. Le père Bessier, citoyen suisse, dirigeait l'agence Burroughs et vendait des calculatrices. Bon pianiste il avait enseigné le piano à son fils qui jouait déjà très gentiment. Yvon était cité en exemple à Rafa qui, tout en aimant la musique, détestait gammes et exercices.

Encouragements, stimulations et même l'obligation de suivre des cours, n'avaient guère d'effet sur l'enfant dont les parents, certes mélomanes, ne jouaient eux-mêmes d'aucun instrument alors qu'ils avaient fait du violon dans leur jeunesse. Han était sans doute le plus doué en musique de toute la famille car, assez intéressé il avait pris des leçons de piano jusqu'à l'époque du baccalauréat. Il lui arrivait encore de jouer, de la musique légère surtout, sur le demi-queue familial, un Pertsina noir.

Rafa et Yvon faisaient les cent coups dans l'arrière-cour et au jardin à gloriette, contigu. A travers la grille, les galopins invectivaient et se moquaient des deux petites voisines, les soeurs Saulig, qui le leur rendaient bien.

Pour varier, l'idée leur vint d'arroser par les orifices d'aération du portillon de la cave, les jambes des passantes. Leurs victimes se plaignirent aux parents, ce qui leur valut une fessée. Yvon et son copain, éteignaient parfois des réverbères en y grimpant pour fermer l'arrivée de gaz. Un soir d'hiver, pour crâner et surpasser son ami, Rafa cassa et éteignit une de ces lanternes en lançant au travers, un petit paquet contenant les biftecks qu'il venait d'acheter. Les éclats de verre une fois enlevés, les chenapans racontèrent aux parents que le papier d'emballage avait été endommagé lors d'une chute malencontreuse dans le caniveau boueux.

La mort de la tortue qu'Auty avait apportée de Paris fut un événement presque familial. Elle avait été oubliée par les nigauds dans la cour, toute une nuit d'hiver. Au matin, elle était morte, de froid, semblait-il. Très contrits, ils l'enterrèrent en grande pompe dans un coin du jardin et lui fabriquèrent une croix.

Les dimanches, Anna et son fils cadet allaient à la messe, tout près, à Saint Pierre-le-Vieux. Han, malgré l'insistance de sa mère, n'allait plus souvent à l'église et Fritz ne suivait que rarement l'office protestant.

La maman Bessier était israélite pratiquante et son mari catholique. Elle emmena une fois l'inséparable d'Yvon à la Synagogue du quai Kléber. Rafa, très curieux, admira la riche décoration intérieure, le grand candélabre derrière le prédicateur et, au lieu de l'autel, une sorte de grand tabernacle auquel on accédait par un escalier à double volée. Le tout était dominé par des orgues très grands. L'énorme lustre doré, un grand cercle portant quantité de bougies électriques, donnait une forte lumière. Les femmes et petits enfants étaient en haut, sur un grand balcon ou galerie. Fait notable, les hommes, la tête couverte de calottes voire de chapeaux, la plupart noirs et à grands bords, occupaient les rangées du bas. Le rituel comme le constata Rafa était bien différent de celui des catholiques, avec pourtant prières et psalmodies, la plupart inintelligibles.

La presse et la radio avaient quelques difficultés à tirer les événements de Mandchourie, au clair. Chinois et Japonais se battaient depuis septembre. En Chine la situation était, dès 1927, devenue plus complexe après la rupture entre Chang-Kaï-Chek et les communistes, soutenus par les Russes. Les Japonais qui s' emparèrent de la Mandchourie, organisèrent en quelques mois ce territoire en protectorat du Mandchoukouo, afin de mieux l'exploiter et d'y vendre leurs propres produits. La population chinoise souffrit terriblement de cette occupation.

Là-dessus, Rafa fut enchanté de recevoir une mitrailleuse pour son anniversaire. Le jouet adapté à la taille d'un enfant, était pourvu d'une selle, d'un magasin à projectiles et d'une manivelle qui déclenchait le tir de petites billes métalliques et creuses avec un fort crépitement en guise de détonations ; le tout était bien inoffensif ! Le petit et son ami Yvon utilisaient l'engin pour tirer sur les rideaux ou dans le couloir, ce qui leur donnait l'illusion de faucher des régiments d'asiatiques dont la nationalité changeait au gré de leur fantaisie ou des nouvelles du jour. Les balles se perdirent peu à peu, mais ne furent, à leur grand dam, plus réapprovisionnées.

Comme partout ailleurs, durant les récréations les gamins

plaisantaient, discutaient, se pourchassaient, se disputaient, faisaient des parties de saute-mouton et jouaient à la guerre sous la surveillance de pions plus ou moins motivés. Délaissant les combats entre cow-boys et indiens, inspirés des aventures de Winnetou et de Old Shatterhand, ils mimaient des épisodes étudiés en histoire. Les gamins s'affrontaient donc dans des tournois, prenant un solide copain pour monture. Le cavalier devait agripper l'ennemi et le désarçonner ou, avec un bon coursier, renverser d'une forte poussée, l'adversaire et son cheval. Le cavalier se trouvait parfois saisi et tiré par l'ennemi, tandis que sa propre monture ne le lâchait pas. Il en résultait des postures très inconfortables et parfois comiques.

Les guerres de religions, également au programme d'histoire, étaient un autre motif de jeux, d'autant plus qu'en Alsace un certain antagonisme entre catholiques et protestants persistait ! Le rôle de Mayenne à la bataille d'Ivry, victoire de Henri IV, était régulièrement donné à Alain Staub, un gentil camarade, un peu gros et calme, qui de l'avis de tous était très bien dans le personnage !

C'était pourtant le jeu de billes qui avait alors le plus de succès. Il y avait celles de terre cuite, colorées, assez ordinaires, celles de métal chromé, de différentes tailles, celles en verre teinté et même quelques billes d'agate aux couleurs magnifiques. C'était à qui en gagnait le plus et les garçons jouaient partout, dans la cour, en chemin ou dans les rigoles des trottoirs...

A la sortie du lycée, une petite boutique très prospère vendait des pistolets à eau, à amorces ou à bouchons avec munitions, du poil à gratter, du poivre à éternuer, du fluide glacial, sans oublier boules puantes, pétards, sifflets, masques, loups, toupies, yoyos... ainsi que de la réglisse et d'autres douceurs.

Han, satisfait d'avoir opté pour la médecine, assistait à son premier monôme d'étudiants, tout content de sa faluche neuve. Le père Stéhlé était absent en semaine, car il avait trouvé un emploi à l'usine d'Apprêts et Lustrage de Willer-sur-Thur, dans la vallée de Thann. Rafa souhaitait pour Noël une petite usine, une de celles qu'on voyait en vitrine à "La fée des Jouets" ou magasin Wéry, sous les Arcades. Ebahi, il y faisait souvent du lèche vitrine et admirait un ensemble, sans doute assez onéreux, de machines miniaturisées, avec scies, marteaux, tours, presses, arbres de transmission... Son père lui apporta un petit moteur électrique et une planche avec divers accessoires bricolés par un mécanicien de l'usine où il travaillait. Ce n'était pas du tout ce dont Rafa rêvait et il fut réduit à jouer avec le moteur électrique dont il se lassa assez vite mais qu'il conserva, dit-il, toute sa vie en souvenir, avec quelques autres jouets qui survécurent aux nombreux déménagements.

A Carnaval, Rafa participa avec Yvon au bal masqué enfantin qui eut lieu à la salle des Fêtes de la toute proche rue Sellénick. Il remit son costume mexicain devenu un peu étriqué et porta un loup. Pour danser, il dut enlever le chapeau gênant par ses très larges bords. Yvon était en Pierrot. La foule de gosses et un bruit insupportable les firent bien vite rentrer.

La presse relatait depuis près d'un an les péripéties de la "Croisière Jaune" au Tibet et en Chine, avec des autochenilles Citroën. Rafa et Yvon s'y intéressaient beaucoup et étudiaient les trajets sur des atlas : les deux groupes expéditionnaires s'étaient rejoints à Pékin avant de regagner la France en avril.

Les amateurs de performances féminines furent peu après comblés par la première traversée de l'Atlantique-Nord, en "solo", d'Amelia Earhart

L'affaire Lindbergh se situa à peu près à cette époque. Les

Stéhlé qui se souvenaient de l'exploit du célèbre pilote suivirent l'enquête très commentée pas les média et compatirent à la peine des malheureux parents dont l'enfant enlevé, fut retrouvé tué, une dizaine de semaines après.

L'assassinat, le 7 mai 1932, du Président Doumer fut très discuté, même dans le milieu scolaire. Gorguloff, le meurtrier d'origine russe, fut envoyé à l'échafaud dans l'année.

Rafa tourmenté, parla à plusieurs reprises de la guillotine avec son entourage et en particulier avec sa mère. Cette forme d'exécution, habituelle en France et souvent utilisée, notamment pendant la révolution française, le remplissait d'effroi.

Epouvanté à l'idée qu'il pourrait être guillotiné, il garda un souvenir tenace de cette angoisse.

- Dis Maman, demanda-t-il, cela fait mal quand on vous coupe la tête ?
- Mais pourquoi cette question ? dit Anna
- A cause de la guillotine
- Je ne sais ; sans doute pas ou peu ; c'est si rapide. Mais sois sans souci, tu es un bon garçon et tu ne commettras pas de crime. On n'aura donc pas à te punir !

Han, lorsqu'il se présenta au conseil de révision, eut la surprise d'apprendre qu'il n'avait pas la nationalité française !

Au Mexique, les Stéhlé avaient obtenu un passeport français sans problème. Un petit reçu, signé par le Chancelier du Consulat de France Monsieur E. Jehan de J., qui avait été soigneusement gardé, prouvait que le 8 novembre 1918 (sic), le sieur Jean Frédéric Stéhlé, "Alsacien, chimiste", avait versé huit piastres-or, soit vingt francs pour un "passeport à étranger". Stéhlé affirma que personne, aussi bien au Consulat qu'à la

Légation de France, où il allait assez souvent, ne lui avait précisé par la suite qu'il fallait, en plus, solliciter la réintégration dans la nationalité française. Nul n'est censé ignorer la loi et, le reçu porte la mention "à étranger" lui dit-on !

Le propre père de Stéhlé, venu du Wurtemberg et marié à une Alsacienne n'avait pas eu de problème. Probablement l'éloignement au Mexique et le fait d'avoir un passeport français, avec lequel il était du reste entré aux USA puis en France, avaient-ils conduit Fritz, à une appréciation erronée de la situation.

De toute façon, comme il l'apprit alors, le délai pour une telle démarche était passé. Il s'adressa à des parlementaires qui lui conseillèrent de demander de suite sa naturalisation et de faire suivre la même démarche à son fils aîné. Un arrêté de la Cour de Cassation faisant jurisprudence et vieux de 1923, avait statué qu'une personne non réintégrée demeure Allemande.

Le décret de naturalisation de Stéhlé et de son fils cadet Rafa fut signé en 1933 seulement ; celui de Han peu après. Il est cependant remarquable qu'ils aient pu vivre en Alsace et voyager toutes ces années durant, sans être en règle, en quelque sorte comme des apatrides, avec un passeport français. Ces faits posèrent des problèmes d'identité aux Stéhlé. Français de coeur, ils éprouvèrent de l'amertume à la suite de cette affaire.

Les questions de nationalité occasionnèrent de nombreuses discussions et firent couler beaucoup d'encre de part et d'autre du Rhin.

* * *

Un samedi après-midi de juin, Rafa se trouvait dans la salle d'attente du docteur Alexandre, spécialiste des "nez-gorgeoreilles". La veille il avait avec Yvon, aidé Salomé à écosser des petits pois. Pour casser les pieds à la bonne et faire le malin, le gosse s'était enfoncé des petits pois dans le nez. Et voilà qu'il y en eut un qui ne ressortit plus ! Salomé vendit la mèche, la mère attrapa le gamin et Han lui fit entrevoir la perspective peu enviable de voir pousser le petit pois, avec apparition de feuilles aux narines, ce qui lui donnerait l'air d'une tête de veau à qui on aurait mis du persil dans les naseaux ! La famille décida qu'il irait sans tarder chez le médecin et payerait lui-même les soins de sa tirelire, car il ne bénéficiait pas de l'assurance sociale ! Le médecin retira le pois coincé. Penaud, Rafa paya cinquante francs, mais trouva, vu la rapidité et la facilité du geste, que ce prix élevé n'était pas justifié.

Au cours des grandes vacances de 1932, il apprit à nager la brasse à la piscine municipale et obtint son diplôme de nageur. Monsieur Bessier qui avait une automobile Willis, amenait souvent son fils et son ami se baigner au Baggersee. Un de ses hobbies étant la pêche, il invita un jour les garçons à venir taquiner le goujon avec lui, dans l'Ill, au delà de la Robertsau, à l'ombre des saules. Rafa impatient et ennuyé par la pêche, préféra attraper des grenouilles. Elles grouillaient près de l'eau et dans la proche forêt de la Wantzenau. Le gamin rapporta une petite rainette dans sa poche puis la mit dans un pot de verre avec de l'herbe, un peu d'eau et quelques brindilles. Il la nourrit de mouches mais la bestiole fut, un matin, trouvée morte, couchée sur le dos le ventre gonflé.

En août, les Stéhlé furent invités chez les Eyrieux à Antibes. A l'aller, ils s'arrêtèrent à Barcelonnette où les attendaient les Jean dans leur somptueuse villa. Camille Jean, dit "don Camilo", l'ancien patron de Fritz, était un des nombreux Barcelonettains à avoir émigré au Mexique et à y avoir fait fortune dans l'industrie textile. Comme d'autres compatriotes, il s'était fait construire une résidence dans sa ville natale. Sa femme Carmen, une mexicaine, et Anna, s'étaient assez régulièrement écrit. Les retrouvailles furent très amicales et arrosées de champagne auquel Rafa goûta trop. Ceci aidant, il se sentit mal sur la route en lacets du col d'Allos et il fallut s'arrêter pour qu'il puisse dégorger. Après une nuit de repos, la fin du parcours par la route Napoléon fut sans incident, à travers de beaux paysages et par un temps radieux.

La cohabitation avec les Eyrieux fut de courte durée car la tante Irma devait aller en cure à La Léchère. Rafa ne fut pas fâché du départ des petites cousines avec qui les relations étaient plutôt conflictuelles. Il pouvait aussi disposer de la villa et du jardin.

Bien que le bord de mer fût tout proche, la préférence était donnée à la belle plage de Juan-les-Pins. Anna, craintive, n'avait pas appris à nager et se contentait de baignades. Elle lisait, bavardait, tirait les cartes avec sa soeur ou faisait des réussites. Elise l'aidait pour le ménage. La tante Auty, assez boulotte n'aimait pas trop se montrer à la plage. Han sortait de son côté avec les jeunes de son âge.

Fritz s'occupa bien du petit "Nouty", autre surnom de Rafa. Lorsqu'ils voulaient bien nager, ils se rendaient tout près, à la côte rocheuse où il y avait moins de monde, pas de vagues et assez de profondeur. Fritz et Rafa allaient au rythme d'une brasse régulière vers des rochers qui émergeaient non loin du rivage. On pouvait y attraper des crabes et admirer des myriades de petits poissons ; mais gare aux oursins ! Pour finir ces belles vacances, ils visitèrent les Iles de Lérins, spécialement Sainte-Marguerite et la cellule du Masque de Fer.

Fritz aimait bien rire et plaisanter. Assez féru d'histoire et de littérature, il lui arrivait de déclamer des poésies et des sentences. Il appréciait Goethe, Schiller et Shakespeare qu'il citait dans leur langue d'origine. Son caractère était resté vif, assez coléreux bien qu'il ne bût pas d'alcool en excès. On pensait que cela se devait pour une part au fait qu'il se trouvait après l'année à Willer-sur-Thur, de nouveau chômeur, à un âge difficile pour retrouver un emploi, surtout dans un contexte économique défavorable.

Atteint depuis la cinquantaine de goutte et de diabète, il se faisait lui-même ses piqûres d'insuline. Il parlait souvent de régime mais n'en faisait guère, se contentant de remplacer le sucre par de la saccharine. Du reste il aimait la bonne chère et Anna était une remarquable cuisinière... Fritz disait volontiers que "la viande est le meilleur légume". Il n'en faisait qu'à sa tête et, pour compenser, il jeûnait périodiquement durant un ou deux jours, ne prenant alors que des liquides.

Rafa a gardé de son père le souvenir d'un homme de bien, honnête, équitable et antimilitariste. Sévère certes, il ne frappait pourtant jamais alors qu'Anna, bien qu'un peu mère-poule, avait la main leste. Elle menaçait d'abord en espagnol : "una zurra" ce qui annonçait "une claque" !

A la fin de l'été, le papa Stéhlé qui parlait quatre langues, initia Rafa à l'anglais avec un manuel de l'Ecole Berlitz. Il estima ensuite, qu'en Alsace il vaudrait mieux l'inscrire dès la septième au cours d'allemand.

Monsieur Bergeron en très bon instituteur, savait intéresser et faire travailler les jeunes. Les lectures commentées furent "l'Ami Fritz" et "Sans Famille". Par affinité personnelle, le maître proposa aux élèves d'adhérer à l'"Association des Amis de la Tchécoslovaquie". Bien sûr beaucoup acceptèrent pour lui faire plaisir. Ils eurent ainsi l'occasion d'assister à des causeries sur ce pays et son président Masaryk, mais hors-programme, les discussions politiques étant réprouvées à l'école.

L'arrivée au pouvoir de Hitler et la proclamation du IIIeme Reich, début 1933, demeurèrent sans commentaire de la part des enseignants mais furent, par contre, assez débattues par les média et dans les familles, spécialement chez les Stéhlé.

Des sorties scolaires étaient organisées les jeudis pour visiter des musées ou des entreprises. Celle de la briqueterie Cedoninck, appartenant au père d'un gentil camarade, resta mémorable pour le splendide goûter servi à bord d'une péniche. Rafa classé quatrième de la classe, termina l'année avec des félicitations, deux prix et quelques accessits dont un en instruction religieuse. En ce temps là, il était exigé de savoir écrire pratiquement sans faute en fin de septième, en particulier dans les classes primaires des lycées.

Le Tour de France cycliste intéressait de plus en plus la population et en particulier les écoliers. En 1933, il fut gagné par Speicher. Rafa, maintenant qu'il n'habitait plus au centre, se mit à faire du vélo avec la vieille Alcyon de Han, dont seul le guidon de course fut remplacé par un guidon plat. La bécane était pourtant vieille, lourde ; sa selle très dure. Avec ses pneus très minces, elle dérapait facilement sur le gravier ce qui favorisa quelques chutes. Le gamin dut pourtant encore s'en accommoder.

Les Eyrieux avaient à nouveau proposé aux Stéhlé et à Auty de venir en vacances chez eux. A l'aller, ils firent route par Bâle puis Neuchâtel où Anna photographia l'aéronef de Zeppelin qui croisait à faible altitude. Ils continuèrent par Genève, la Haute-Savoie et la Savoie jusqu'à Aiguebelle où ils y firent étape, avant de gagner le Lautaret, la vallée de la Guisane puis Briançon. Après avoir longé les Ecrins, ils firent halte pour la nuit à

Guillestre puis descendirent la vallée de la Durance jusqu'à Sisteron et Digne. Il fit beau tout le temps.

Les vacances furent à peu de choses près semblables à celles l'année précédente, avec en plus, la visite de Nice, du splendide musée océanographique de Monaco et de la côte jusqu'à Menton. Rafa aurait bien aimé assister au rallye automobile de Monaco où couraient des as comme Caracciola et Nuvolari, mais on craignit qu'il n'y ait trop de monde et qu'on ne puisse même pas voir grand chose.

Il se souvint spécialement d'une amusante voisine américaine. Assez âgée, riche et apparemment sans homme, elle avait en revanche rien moins que quinze caniches, pomponnés à domicile par un maître-coiffeur, et nourris chaque jour de biftecks ou côtelettes. Les parents Stéhlé ne comprenaient pas ce style de vie qu'ils qualifiaient d'abusif, "alors qu'il y avait tant de misère dans le monde".

Au retour, après le Palais des Papes, ils remontèrent jusqu'à Bourg-en-Bresse et y gueuletonnèrent pour leur dernière soirée. Mais voilà que le lendemain, deux bielles de la Vivasix coulèrent et il fallut s'arrêter à Delle pour faire réparer. Faisant contre mauvaise fortune bon coeur, les Stéhlé passèrent une nuit de plus à l'hôtel et s'offrirent un nouveau festin au cours duquel quelqu'un éternua de façon si tonitruante qu'après un silence de surprise, toute la salle éclata de rire.

Pour roder la Viva-quatre Renault neuve, ils firent en septembre plusieurs sorties dominicales et visitèrent Saverne et son château ; Dabo avec son rocher et sa forêt ; la ruine de Nideck, célébrée par le poète Chamisso ; Wasselonne, où vivait Louise Schwaller, une lointaine cousine de Fritz et enfin le Donon avec son temple de Mercure. Rafa, profita encore des vacances pour aller au Cirque Bouglione, qui faisait sa tournée annuelle et au cinéma avec un ami de septième, Charlot Knopf dont les parents avaient une boucherie Faubourg-de-Pierre

Fritz, voulant augmenter et garantir ses revenus avait investi dans une maison de rapport du quartier de l'Orangerie. Il opta pour une construction de tout confort, avec non seulement, ascenseur, nouveaux types de robinets et volets, mais encore un ensemble de garde-manger dernier cri, à réfrigération centrale, ou "froid central"... Une telle installation, malgré la forte publicité, ne se généralisa pas. Anna, telle Cassandre, dit l'avoir prévu et que le Padre s'était fait avoir. Bien qu'issu d'un milieu de commerçants, il était assez crédule et, pour mieux faire, il allait parfois au delà du nécessaire et du rationnel.

*   *   *

Les Stéhlé choisirent le plus vaste et bel appartement de leur maison. Le quartier s'avérait plaisant et assez proche du centre. Han continuait à la Faculté de médecine qui avait bonne réputation. Comme le firent les Allemands en 1871, le gouvernement français y nomma des maîtres de premier plan. Rafa se félicita d'être admis au Lycée Fustel de Coulanges, dont l'orientation était plutôt littéraire et qui sur le plan national, avait de bons résultats aux différents examens et concours.

Ce lycée d'état, attenant à la cathédrale, sur la place du Château des Rohan, fut fondé par décision de Louis XIV en 1685, en tant que Collège Royal de Strasbourg et confié aux Jésuites de Champagne. La Compagnie de Jésus une fois chassée par Louis XV, il revint jusqu'à la Révolution à d'autres religieux. Rafa rappela que le "chêne civique", qui existait encore de son temps, fut planté dans la cour durant la période révolutionnaire, alors que la boîte était une Ecole Centrale. Napoléon en fit en 1802 le Lycée impérial de Strasbourg et, d'importants travaux d'aménagement furent réalisés. Le Concordat de 1801 venait de trancher la question de l'enseignement religieux en France. L'institution redevint Collège Royal à la Restauration puis à nouveau Lycée jusqu'à l'annexion. Rebaptisé "Gymasium" en 1871, les études y suivirent le modèle prussien. Ce fut l'époque où, conformément au progrès, l'électricité et le tout à l'égout y furent installés. Après le retour de l'Alsace à la France, on donna au lycée le nom de Fustel de Coulanges, ancien professeur d'Histoire à l'Université de Strasbourg, avant 1870.

Cet érudit avait prôné le "droit des peuples de disposer d'eux-mêmes", par la suite très diversement suivi selon les conjonctures et l'intérêt des puissants de ce monde.

Il y avait en octobre 1933 plusieurs lycées d'état à Strasbourg : Fustel de Coulanges, Kléber et le Lycée de jeunes filles. Le Gymnase Protestant, le Collège Saint-Etienne et le Collège Lucie Berger pour jeunes filles, institutions privées et confessionnelles, comptaient également parmi les importantes filières de préparation au baccalauréat.

La gratuité de l'enseignement secondaire public, instaurée en octobre 1933, est sans doute ce qui fit que les quatre classes de sixième de Fustel de Coulanges, dont trois avec latin, atteignirent chacune presque cinquante élèves.

Deux semaines après la rentrée, Rafa ne retrouva plus son imperméable presque neuf au portemanteau de la classe, situé dans le corridor. Très contrarié et pensant d'abord à une erreur d'un autre gosse, il signala le fait au surveillant-général, Monsieur Soligot. Dans l'hypothèse d'un larcin, il n'y avait pas grand chose à faire, dit le surveillant en engageant le garçon à chercher lui-même. Patiemment, le gamin se posta à la sortie et au bout de quelques jours, le vêtement réapparut sur un élève inconnu. Comme une tache d'encre se trouvait en un point précis, il signala le détail à "l'emprunteur" qui le rendit sans difficulté, confondu et disant s'être trompé, bien qu'on n'ait trouvé aucun autre manteau qui eût pu être le sien. L'affaire en resta là.

Le petit, assez dissipé, fit une année scolaire moyenne. Son père, bien qu'il n'ait pas lui-même suivi de formation classique, avait décidé que Rafa ferait du latin. L'enfant y mordit avec difficulté et il fallut l'aider par des leçons complémentaires. Son frère n'ayant pas non plus fait de latin, ne pouvait l'épauler. Pour l'allemand, on le mit en section dite "faible", vu le niveau élevé en cette matière dans la région. Cette distinction était finalement bénéfique aux élèves.

L'accent et les propos de certains professeurs étaient pittoresques. Ainsi, l'inoubliable enseignant d'Histoire et Géographie, Reubell, illustrait "les mouvements de l'écorce terrestre" par des plissements d'un pan de sa veste et, lorsqu'il était interrompu par des bavardages, il déclarait :

"Chaque fois que j'ouvre la bouche, il y a un imbécile qui parle ".

Les gosses rigolaient, ce qui n'empêchait pas le brave homme de répéter ce qu'il prenait pour un mot d'esprit.

Rafa passa en cinquième, avec tout de même le prix du tableau d'honneur bien qu'il eût trouvé tout au long de l'année tant de choses plus intéressantes à faire que d'étudier. Les romans d'Erckmann et Chatrian, le "Conscrit de 1813" et "l'Invasion", le passionnèrent. Ils renforçaient la cote de Napoléon, encore très forte dans la région où on trouvait, chez les paysans surtout, beaucoup de vieux bustes de l'empereur. Comme les gosses de son âge, il appréciait particulièrement Jules Verne dont il possédait presque toute la série de la "Bibliothèque Verte". Il s'imaginait fort bien dans le personnage du capitaine Hatteras, bravant froid, embruns et bourrasques.

La loggia et le balcon entourant l'appartement servaient de poste de pilotage et de passerelle tandis qu'une vieille roue faisait office de gouvernail.

Les jeudis, la nièce d'un locataire, à nouveau une petite Jacqueline, dont il était amoureux, venait parfois en visite et ils jouaient, entre autres, au docteur.

Le petit Pierre Riquet, le copain du troisième étage, avait un type asiatique qu'il devait à sa charmante mère annamite, fille d'un notable de Hué, où il était lui-même né. Ils s'amusaient, parfois avec des soldats de plomb, Rafa en possédait une collection ; parfois en s'affublant avec de vieux képis, de ceintures, de leggings et d'autres restes d'uniformes dont ils se faisaient des tenues disparates. Pierrot les tenait de son père, Inspecteur des Eaux et Forêts. Celui-ci avait été incité à choisir une affectation à Strasbourg car il y touchait une prime de séjour, "comme aux colonies".

Rafa rappela en passant que ce privilège alloué à des fonctionnaires, était mal vu de certains Alsaciens qui le considéraient comme un rabaissement au rang de "colonisés" et un frein à l'intégration, alors que cette prime n'était, peut-être, pas de même nature ou une simple inadvertance administrative. Rafa avait trouvé ce détail peu important compte tenu du fait qu'en majorité, la région avait elle-même voulu garder le particularisme du Concordat et du droit local. Certes, la question de l'intégration de l'Alsace restait ambiguë.

Avec son ami Yvon, lors d'escapades, ils parcouraient les grands magasins Magmod et Grandes Galeries. Ils y chipaient des petites pelles à sel pour les collectionner ! Leurs mères, intriguées par la quantité et l'assortiment de ces objets, mirent, peu s'en fallut, les gosses à la question pour les faire avouer. Après un sermon, elles leur prédirent un séjour à la prison de la rue du Fil, et ceci mit fin aux larcins.

A Volklingshofen, la tante Marie Karger avait lentement sombré dans la démence sénile. Anna qui se sentait très redevable envers elle, la visita en automne au "trou là-haut" où elle habitait toujours, face à la belle fontaine octogonale de la place de la mairie. Elle aimait ce vieil édicule évoquant tant de souvenirs. Au centre de sa vasque, un pilier carré à frontons en arc de cercle maintenait les jets d'eau et servait de piédestal à une jolie statue. Celle-ci, en quelque sorte emblème du village, représentait un enfant admirant une grappe tenue à bout de bras.

La maman Stéhlé avait emmené son plus jeune rejeton, tout content de rencontrer le petit cousin Théo dont les parents vignerons, tenaient en même temps le bureau de poste. On venait de vendanger depuis quelques jours et les gosses goûtèrent trop au vin nouveau. Ce délicieux breuvage les saoula et, comme ils avaient aussi fumé en cachette, ils furent bien malades. Anna dut passer la nuit au village à soigner son môme et ne rentra que le lendemain soir. Les gamins avaient été grondés mais le pire pour eux fut que les paysans se payèrent bien leur tête.

Le décès de la tante vint créer des problèmes aux héritiers, chacun se disant plus méritant que l'autre. Il y eut des brouilles durables ; histoire assez banale en somme.

Les émissions radiophoniques de l'oncle Paul, destinées aux enfants, et les goûters ou sorties avec d'autres jeunes organisés les jeudis par madame Fuentés, alias "tata souris" étaient très divertissants. Mais tout cela se faisait au détriment du travail scolaire, comme le constatait Anna contrariée par l'affection envahissante de la dame à l'égard de son fils. Cette personne au coeur généreux, sans enfant et souvent seule, avait su communiquer à Rafa l'amour des poissons d'aquarium. Il en éleva durant un certain temps dans un grand bocal et arriva à identifier, scalaires, xiphophores, guppies, platies, combattants et quelques autres. Par contre, il ne progressa pas beaucoup au piano qu'elle lui enseignait, surtout pour faire plaisir aux parents du garçon.

La Loterie Nationale venait d'être créée et le Padre offrit un numéro entier à Rafa pour son anniversaire. Après quelques jours, influencé par son frère et sa maman, le garçon dit qu'il préférait les cent francs au billet. Le papa accepta l'échange et au tirage qui eut lieu en grand tralala au Trocadéro, le billet doubla la mise de sorte que le petit resta bien contrit avec ses cent francs.

La visite, peu après, des parents Daschmann qui lui firent cadeau de livres : "Premier voyage et premier mensonge", de Daudet, et "Peau-de Pêche" de Maurière, alors très en vogue, lui permit de digérer la mésaventure du billet de loterie.

C'était déjà l'hiver et on patina sur le lac de l'Orangerie recouvert d'une épaisse couche de glace. Rafa ne put pas mettre les vieux patins à bouts recourbés, trop grands et un peu rouillés, de son père. On lui en acheta donc de tout simples à fixer avec une clef sur ses chaussures montantes. Han en avait, de magnifiques pour patinage artistique, vissés sur d'élégantes bottines. Il amenait parfois le petit frère en soirée à la patinoire aménagée au Lawn Tennis Club de l'allée de la Robertsau.

Des couples dansaient aux sons de valses de Strauss, des "Patineurs" de Waldteufel qui revenaient comme une ritournelle, ou sur des airs folkloriques. Certains faisaient des pirouettes plus ou moins artistiques. Après avoir reçu quelques leçons de son frère, très gentil et patient en l'occurrence, il arriva assez vite à fort bien se débrouiller.

Avec les copains, en particulier en compagnie de Baumer et de sa jolie soeur, il faisait des courses, jouait à "l'attrape" ou essayait des pas de danse, parfois suivis de chutes. La petite, assez belle et gracieuse s'entraînait au patinage artistique. Comme beaucoup de filles de l'époque, elle avait la championne Sonia Henie pour émule. Elle pouvait se vanter d'un franc succès car elle récoltait beaucoup de compliments. Aux pauses on se réconfortait avec du vin chaud au citron-cannelle et des marrons chauds, si classiques des hivers alsaciens.

La chronique de fin d'année fut défrayée par Violette Nozière, convaincue de l'empoisonnement de son père qui aurait voulu abuser d'elle et, d'avoir attenté également à la vie de sa mère. Victime d'un entourage hypocrite ou ingénue perverse, l'opinion était partagée. L'affaire ne tarda pas à être éclipsée par d'autres événements.

Han et Rafa avaient été invités pour la Saint-Sylvestre 1933-34 chez Auty mais, juste l'avant-veille de Noël, un terrible accident de chemin de fer survint sur la ligne Paris-Strasbourg causant deux-cent-vingt morts et beaucoup de blessés. A Pomponne, non loin de Lagny, le rapide de Strasbourg percuta l'arrière de l'express Paris-Nancy formé de wagons à caisses en bois. Six wagons de ce train furent littéralement laminés de sorte qu'on donna à la puissante locomotive du Paris-Strasbourg le surnom de, "la charcutière". Cette catastrophe avait beaucoup choqué l'opinion et, pendant un moment, on prit le train avec appréhension.

Les fils Stéhlé inquiets, Rafa surtout, allèrent malgré tout chez Auty pour finir l'année. Elle habitait un appartement typique du Paris d'alors, avec trois pièces, cuisine, cabinet sans salle de bains et débarras, rue du Rocher, au troisième, côté cour. Il n'y avait pas d'ascenseur et l'éclairage au gaz de la cage d'escalier avait été remplacé, depuis peu seulement, par l'électricité.

Han qui sortait beaucoup, alla aux Folies Bergères et parla de Mistinguett, Maurice Chevalier, Dranem et Fred Astaire, comme de connaissances. Il fut aussi invité à assister aux Bouffes-Parisiens, à la pièce de Sacha Guitry, "Ô mon bel inconnu". Sans doute n'était-ce pas sa meilleure pièce, commenta-t-il.

Pendant ce temps, le petit frère était le plus souvent installé sous la table de travail d'Auty et jouait des disques "La Voix de son Maître", sur un phonographe à beau coffret d'acajou et à manivelle. Des chansons comme "Parlez moi d'amour", "Ramona", "Les socquettes à Miquette" de F. Gouin, "Marinela" de Tino Rossi, "Ma petite Tonkinoise" de Vincent Scotto, chantée par Joséphine Baker, des airs d'opérettes, des Valses de Strauss, des tangos se succédaient.

La "Paloma" était devenue une rengaine et quelques disques de jazz récemment achetés s'ajoutaient au répertoire. Auty et sa "bonne-apprentie" travaillaient en musique, se hâtant de terminer les commandes de Réveillon. Cela ne laissait guère l'occasion de s'occuper du jeune neveu qu'on mena néanmoins à la Samaritaine et aux Galeries Lafayette qui avaient des vitrines de jouets fantastiques, au parc Monceau et faire des courses rue de Lévis, où le commerce était très animé. Han lui fit voir les films "King Kong" et "Scarface", qui lui causèrent plus de frayeur que de plaisir. Le petit préféra "Adémaï aviateur" avec l'amusant Noël-Noël, et les pitreries de Laurel et Hardy.

Auty, pas cuisinière pour un sou, avait juste le temps de se nourrir et, elle engloutissait même des biftecks crus, coupés aux ciseaux ! Quant à son cher neveu "Nouty", il ne mangea jamais autant de tournedos ou de filet-mignon aux petits oignons. Des amis l'avaient emmené avec d'autres enfants, voir les comiques Georges Milton et Bach. Pour le Réveillon, Auty fut invitée avec ses neveux par son ex-belle-soeur Dibanty qui avait deux enfants, Ginette la "rouquine", de l'âge de Han et Nanard, encore lycéen. Ils étaient gentils mais Ginette sentait la sueur et sa robe était auréolée aux aisselles. Avec ça, elle mettait verres et baguettes de pain sous les bras. Han, convié spécialement pour elle, ne fut pas vraiment charmé. Quant à Nanard, il la ramenait trop, face aux provinciaux. Les relations en restèrent là.

La veille du retour, Auty conduisit Nouty, son chou-chou, chez la "cousine", également une parente par alliance, infirmière du Grand-Hôtel où elle occupait un appartement sous les combles. D'autres gosses de l'hôtel étaient aussi de la fête qui comporta un goûter et du cinéma : un Charlot très classique.

Le garçon partit enchanté de Paris.

Peu après, on fit cadeau au garnement d'une petite chatte appelée "Miss". Les parents n'aimaient pas avoir de bête en appartement et de plus, le gosse eut tendance à taquiner l'animal. Il bricola une sorte de dirigeable avec un petit panier porté par des ballons, reçus en prime au Magmod, et balada ainsi le chaton affolé dans le logement. Anna plaça Miss à la campagne et inscrivit son fils à la "Société protectrice des animaux" dont le bel insigne représentait une tête de chien encadrée d'un fer à cheval.

Chapitre 10

TROUBLES ET BRUITS DE BOTTES

Le 6 février 1934, Han revint très troublé de la Fac, après une manifestation d'étudiants avec bagarre. Elle semblait synchronisée avec d'autres attroupements en province et avec l'émeute parisienne dont les origines très complexes traduisaient un profond malaise national. Durant le grand tumulte survenu au Palais Bourbon, le drapeau rouge arrivait du côté des Tuileries. Le Ministre de l'Intérieur à la demande du Président du Conseil fit marcher la police et la Garde Républicaine contre les Anciens Combattants portant décorations et drapeaux, précédés d'élus parisiens. Les Jeunesses patriotes, les partisans du Francisme, de la Solidarité Française, de l'Action Française ainsi que les Croix de Feu participaient au cortège. L'échauffourée causa seize morts et près de mille cinq cents blessés sur la Place de la Concorde et alentour.

Pour la gauche, victorieuse aux élections de 1932, le meneur n'était pas Tardieu, leader de l'opposition parlementaire, mais le royaliste Charles Maurras. Daladier ne pouvait pas continuer à gouverner tout en sauvant les amis du fauteur de troubles, l'escroc Stavisky, mort mystérieusement quelques semaines auparavant, dont l'affaire ne paraissait en fait qu'un catalyseur. Le lendemain d'avoir été investi, le cabinet démissionna. Une grève générale, avant-coureur du "Front populaire" eut lieu le 12 février.

Les sports d'hiver se développaient dans les Vosges et Han qui d'habitude allait au Champ du Feu, se rendit au Markstein pour assister au concours international de saut que gagna le Norvégien Olav Ulland, avec cinquante-neuf mètres, suivi du Suisse Jean Audemars qui fit cinquante mètres.

Tout de suite après, fin février, se célébra la Semaine Musicale de Strasbourg. Fritz amena Anna qui n'aimait pourtant guère sortir et Rafa, au Concert des Petits Chanteurs de Vienne qui interprétèrent du Palestrina et du Mozart. Cet ensemble de seize enfants de neuf à treize ans, donna un récital tel que tout l'auditoire en fut impressionné. Fritz ne voulut pas manquer, dans cette semaine musicale, le concert dirigé par Fritz Munch où était programmé, entre autres, le Concerto en ré-mineur pour deux pianos de Poulenc, avec concours de l'auteur.

L'initiation musicale de Rafa se poursuivit, son père l'amenant assez régulièrement, les mercredis soirs, aux concerts de l'Orangerie. Fritz admirait surtout Beethoven dont il connaissait toutes les symphonies, également Bach, Berlioz, Brahms, Debussy mais beaucoup moins Wagner jugé trop épique. Le garçon écoutait la musique avec plaisir, quand elle n'était ni langoureuse ni soporifique.

Il aimait beaucoup, chemin faisant, discuter et philosopher avec son père qu'il tenait par la main. Ces longues soirées claires de printemps et de début d'été étaient délicieuses, surtout à l'Orangerie et dans le voisinage où il y avait beaucoup de coquettes villas aux jardins fleuris. L'air embaumait un mélange de senteurs de lilas, seringa, sureau, tilleul et même par moments de jasmin. Les hirondelles sillonnaient le ciel en tous sens avant de regagner leur nid et leurs cris stridents égayaient le crépuscule. L'enfant intrigué par le firmament, se faisait expliquer les aspects de la Lune et montrer l'Etoile polaire avec les Chariots, la constellation d'Orion, la Voie lactée...

En récompense des efforts fournis à l'école, Fritz l'accompagna plusieurs fois à la Foire Saint-Jean. Pour l'occasion, le terrain du Wacken abritait des attractions et divertissements : manèges, jongleurs, dresseurs, auto-tamponneuses, montagnes russes, chenilles etc. Rafa comme son père, aimait tirer à la carabine mais non pas perdre aux loteries. Les exhibitions de nains et malformés de différents types ainsi que le très spectaculaire "circuit de la mort" à moto, l'attiraient. Le gamin, peu costaud, regardait de longs moments les gars tester leurs forces. L'engin le plus remarquable était un assez lourd chariot sur roulements à billes, portant un petit canon armé d'une charge. Il devait être poussé sur une rampe à rail jusqu'à heurter un butoir au sommet et produire une détonation. Une autre épreuve comparable consistait à frapper d'un gros maillet sur un champignon métallique qui actionnait un bras de levier et propulsait un obus factice, dans une glissière. L'arrivée au but du projectile faisait aussi claquer un pétard. Fritz réussissait d'habitude ce qui rendait le gosse admiratif et envieux.

Pour clore la soirée, ils prenaient un pot avec des cacahuètes grillées ou caramélisées ; parfois une paire de saucisses chaudes. Le retour se faisait en devisant gaiement.

Peu après la foire, le garage Citroën organisa une exposition et Fritz amena le fiston voir la "Sept", la traction avant, la grande nouveauté ! Mais, sa Vivaquatre étant encore récente, il ne se décida pas à changer de voiture.

L'attention fut à nouveau attirée, en juin 1934, par l'Allemagne nazie. Ce fut la "nuit des longs couteaux", où Röhm et d'autres compagnons de première heure de Hitler furent supprimés sans autre forme de procès. Fin juillet l'assassinat par les nazis, à Vienne, du Chancelier Dollfuss mit une nouvelle fois le monde en émoi.

Les Stéhlé louèrent un appartement de vacances à Meschers-sur-Gironde, près de Saint-Georges-de-Didonne où les amis Daschmann avaient une villa. Les pères, Robert et Fritz, s'étaient connus durant leurs études à Zürich. Les enfants Daschmann, deux garçons et deux filles, prirent Han dans leur groupe pour sortir le soir et pour des balades. Les belles plages et le Casino de Royan étaient déjà bien réputés. Rafa, trop petit, restait avec les parents à Meschers qui avait une jolie plage et un petit port de pêche. Il jouait avec Pierrette, la fille des propriétaires et son chien Minki, un beau cocker noir, assez grognon. La gamine lui prêtait son vélo pour des petits tours.

La tenue estivale du Padre attirait l'attention car il portait un pantalon coupé sous les genoux. Une trentaine d'années après, on aurait parlé de "bermuda", alors que ce n'était que la copie du genre de culottes que portaient les garçons dans son enfance. Cette originalité avec le port "à son âge", disait Anna, d'un béret ou d'un casquette blanche de marinier lui donnait une allure qui faisait sourire la famille. Il s'en moquait du moment qu'il était à son aise.

Fritz loua une barque de pêche, à voiles et à moteur, pilotée par un marinier, pour une excursion à la Pointe de Grave. Au départ, Auty qui était bien sûr de la partie, fit avec des chaussures à très hauts talons, pour compenser sa petite taille, un numéro d'équilibriste sur la planche d'accès au bateau. Elle serrait contre elle le sac à main, où elle trimballait une belle somme en billets car elle n'avait confiance en aucune banque. On la voyait déjà couler à pic entre le cotre et le quai. En effet, non seulement elle ne savait pas nager mais encore, et les Stéhlé ne l'ignoraient pas, elle était lestée d'un bon nombre de monnaies d'or, cousues dans son corset.

C'était un vrai suspense et, lorsqu'après d'inquiétantes oscillations, elle s'affala sans dommage sur le pont de l'embarcation, l'angoisse des spectateurs se transforma en un fou rire général. Penaude, elle rit très franchement aussi. Après ce début, à suspense, l'expédition sur la Gironde fut sensationnelle.

Le "Tour de France" devait passer cette année là non loin de Royan et les jeunes se postèrent sur le trajet pour voir passer le peloton. La lutte était serrée mais le favori, Antonin Magne, confirma son avance. Il allait conserver le maillot jaune et être à nouveau vainqueur, comme en 1931.

Pour investir son argent, Robert Daschmann avait acquis à La Réole-sur-Garonne, un domaine essentiellement viticole qu'il avait entièrement confié à son intendant, un ancien colonel de l'armée russe blanche de Wrangel. Robert imprégné des idées du Comte de Fels prônait le retour à la terre et voulait convaincre le Padre d'en faire autant.

Anna était contre, car disait-elle, le moment n'est pas fameux pour un placement dans une exploitation viticole, dont il faut en plus connaître le travail, faute de quoi un fermier est indispensable, avec les aléas que cela comporte.

Hormis quelques petites discussions, l'invitation à La Réole fut très plaisante. Le temps demeura splendide et la cuisine s'avéra excellente, Jeanne Daschmann voulant rivaliser avec Anna.

Nos vacanciers se rendirent au site préhistorique des Eyzies ; à Rocamadour, et puis au Gouffre de Padirac où ils firent le sensationnel circuit souterrain en barque. Après cette incursion dans la préhistoire et la géologie, qui captivait alors particulièrement Stéhlé junior, la tournée continua par Brive et Tulle. Là, une halte fut l'occasion d'acheter quelques souvenirs dont un joli petit broc en cuivre, bien travaillé, orné de l'écusson de la ville, qu'Auty donna à Rafa.

Un vent froid soufflait si fort au sommet du Puy-de-Dôme qu'on ne s'attarda guère. Le temps était couvert et la visibilité très médiocre.

A la maison, une lettre de Carmen Jean, commentant l'élection de Cardenas à la présidence du Mexique, attendait. Ce général, en raison de son insignifiance, avait été le candidat favorisé par Calles et aussi des loges maçonniques, d'après l'historien José Vasconcelos. Selon Fritz, Calles pensait pouvoir continuer à diriger par personne interposée, comme auparavant durant les mandats de Portes Gil, Ortiz Rubio et Abelardo Rodriguez.

Mais Cardenas se débarrassa assez vite du "chef le plus important de la révolution" et de son "père et maître", en l'envoyant aux Etats Unis ! Anticlérical comme ses prédécesseurs et arborant une nette tendance marxiste sans être un idéologue, le nouveau président était bien dans le vent. Il devint d'autant plus vite populaire qu'il nationalisa sans tarder le pétrole et répartit la terre aux paysans. Ceux-ci devenaient en fait les usufruitiers d'une propriété étatique collective. Malgré son langage socialiste, surtout pour ce qui est de l'éducation, il était comme ses prédécesseurs, essentiellement avide de pouvoir personnel, tout en paraissant vouloir mener une politique d'apaisement.

L'U.R.S.S., reconnue depuis peu en tant qu'état par les U.S.A., fut admise à la Société des Nations, que l'Allemagne avait quittée l'année précédente. L'un entra tandis que l'autre sortit, comme au théâtre des marionnettes... dit Stéhlé avec un hochement d'épaules.

* * *

L'assassinat le 9 octobre 1934 à Marseille du roi Alexandre Ier de Yougoslavie et de notre Ministre des Affaires Etrangères Jean-Louis Barthou par un oustachi fit sensation. Les classes venaient de reprendre et l'événement eut un grand retentissement, même dans le milieu scolaire. En revanche, le meurtre de Kirov puis les "Purges" de Staline, n'attirèrent guère l'attention, sans doute du fait d'une information insuffisante en France et aussi parce que l'intérêt des médias se fixa début 1935 sur le plébiscite de la Sarre, favorable au rattachement à l'Allemagne.

Pour Nouvel-An, Han et Rafa retournèrent à Paris chez Auty. Elle fit visiter au petit le musée Grévin mais, craignant une cohue, elle refusa qu'il aille à un match de catch auquel participait l'ex-champion d'haltérophilie Charles Rigoulot. Malgré les protestations du gosse, Han s'y rendit seul. Le lendemain, Rafa fut à nouveau invité à une fête enfantine au Grand Hôtel. Les afféteries de la "cousine" étaient comiques et le petit les imitait fort bien, ce qui amusait beaucoup Auty. Le 1er janvier, Han, après une matinée au Châtelet avec son frère, s'offrit une soirée de Music Hall où se produisaient les Lecuona Cuban Boys. Pour leur dernière soirée, les Daschmann convièrent les deux frères à un bon dîner, chez eux à Neuilly.

La nouvelle année s'annonçait laborieuse pour Han qui préparait l'Externat des Hôpitaux avec son jeune coéquipier, le Colombien Ardila. Rafa, dans une cinquième à effectif plutôt surchargé, peinait encore en Latin. Son maître, le bon "Peppes", plein de pellicules, grattait furieusement un eczéma chronique dû, disait-on, à la cuisine grecque. Cela faisait ricaner les gosses cruels.

Le petit se rendait seul au lycée, en tramway. Il fallait, place Brant, passer de la ligne du Quartier des Quinze, à celle de la petite ceinture qui longeait les quais. Le garçonnet aimait beaucoup être près du wattman et observer les manoeuvres, les changements d'aiguillage et la remise en place du trolley qui, assez souvent sautait à côté du câble de la caténaire. Il faisait très froid l'hiver, sur les plates-formes des vielles motrices datant d'avant-guerre, tandis que les récentes "De Dietrich", plus confortables, avaient un poste de conducteur abrité. Par contre, les usagers se trouvaient exposés à tous vents sur la plupart des plates-formes des remorques. Rafa aimait bien ce mode de transport et les changements place Brant, qui étaient autant d'occasions de rencontres. Il repéra la fille Comarot appelée "l'ours blanc", à cause de son manteau de lapin de cette couleur. La petite dont le père enseignait à Kléber, était chouette et pourtant pas aimable, prétentieuse et inabordable, ce qui cadrait bien avec son surnom. Il la trouva gourde et n'insista pas.

Quai des Bateliers, après le petit "Pont aux Chats", ou "Katzebrückel", à l'arrêt du Château des Rohan, une maison à colombage mal alignée en façade, surplombait le trottoir à environ un mètre soixante, au niveau de l'entablement d'encorbellement. Les gosses, évaluaient leur taille en passant dessous. Ils constataient ainsi, au fil du temps, qu'un jour ils frôlaient et qu'enfin il fallait se baisser pour se glisser dessous. Ils se considéraient alors comme des grands !

On avait recommandé mille fois à Rafa d'attendre l'arrêt complet des rames de tram pour descendre et aussi, de ne pas monter en marche. Peine perdue ! Un jour, il rata le marchepied et une roue de la remorque lui écrasa la pointe de la bottine. Celle-ci était heureusement un peu trop grande de sorte que, fléchissant instinctivement les orteils, le gosse ne fut pas blessé. Le contrôleur qui avait arrêté le convoi, l'engueula vertement et menaça de lui faire retirer sa carte d'abonnement scolaire. Effondré, il n'alla pas à l'école et rentra à pied chez lui, s'attendant à une rossée. Sa mère, voyant la chaussure devina sans doute et le questionna jusqu'à ce qu'en larmes, il raconte ce qui lui était arrivé. Elle ne le frappa pas mais le sermonna sérieusement. La bottine droite apportée au cordonnier dura encore un bon moment, rapiécée, en souvenir !

En 1935, les décrets-lois de Laval édictés dans un contexte de mesures financières, diminuaient les loyers. Cela affecta d'autant plus Fritz, qu'il les avait déjà réduits auparavant pour pouvoir louer plus facilement ses appartements de luxe. La baisse était au bout du compte importante et figée par des contrats de trois ans, coutumiers à l'époque. La situation économique des Stéhlé s'en ressentit.

Pour meubler son temps, le Padre s'était inscrit comme auditeur libre à la Faculté de Pharmacie située à deux pas, derrière l'église Saint-Maurice. Il profitait aussi de ses loisirs pour faire bûcher son orthographe à Rafa et lui faisait des dictées hebdomadaires. En cas d'inattention flagrante, il gratifiait le garçon distrait de petits coups de règle, presque affectueux, sur les doigts. Fritz utilisait son recueil de "Dictées graduées" du Certificat d'Etudes de E. Robert, remontant à 1881, lorsque sous régime allemand, on pouvait librement apprendre le français en Alsace. Cet excellent livre, avec textes classés d'après les règles grammaticales étudiées, donnait également les dictées d'examens proposées dans les différentes académies. Rafa le conserva et s'en serait également servi pour enseigner ses propres enfants.

Afin de consacrer davantage de temps au travail, le petit renonça aux parties de football des jeudis à l'Orangerie, avec les gars du quartier. Il ne lui en coûta pas car il n'aimait guère courir après un ballon, détestait les bousculades, les chutes et recevoir des coups de pied. Il préférait les jeux plus calmes avec le petit Riquet, notamment se déguiser avec de vieilles tenues militaires et des oripeaux tels, un casque colonial, un sabre marocain, ou jouer avec des petits soldats, des décorations vraies ou factices, des pistolets à bouchons, des pétards. Assez adroit, le garnement aplatissait à distance de quelques mètres de malheureuses mouches avec son pistolet "Eureka" à fléchettes munies de ventouses en caoutchouc. Alors qu'il était assez facile d'enlever ces cadavres d'insectes sur des portes lisses et peintes, bien que ce fût dégoûtant, nettoyer des tapisseries ainsi souillées ne se faisait pas sans laisser de vilaines traces. Sa mère exaspérée, lui fit passer sa vocation de tireur d'élite par une bonne fessée. Comme souvent, il se consola en lisant et aussi avec son yoyo neuf. Ce cadeau d'Auty, pas banal du tout, était en métal et, lorsqu'en bout de ficelle on le laissait tourner en roue libre, il émettait un vrombissement amusant.

Les romans policiers, le passionnaient en ce temps là. Il dévora les aventures du célèbre détective Nick Carter, le "Fantôme de l'Opéra" de Leroux avec le fameux Rouletabille, et la série des "Fantomas". Les romans à épisodes d'Arnould Galopin, les "Aventures du Petit Buffalo" ainsi que le "Tour du Monde en sous-marin", le firent rêver de la pampa argentine, de Ceylan et de la Chine... Et puis, le gamin se réfugia en cachette à la mansarde pour des lectures plus osées, mises "à l'index" ou motifs de polémiques, comme "Les jeunes filles" et "La garçonne" de Victor Margueritte, "La madone des sleepings" de Maurice Dekobra et le bien connu "Voyage au bout de la nuit", qu'il comprit mal et ne termina pas. Un curieux bouquin de valeur scientifique peut-être douteuse, d'un certain docteur Voronoff, lui montra une technique de greffe testiculaire chez le singe ! Son père qui s'intéressait à la médecine et spécialement au rajeunissement avait relégué cette monographie à la mansarde-débarras où se trouvait tout un bric-à-brac en plus des nombreux livres. Les diplômes du Padre, le portrait d'Anna, de la verrerie de chimiste y étaient aussi fourrés. Rafa remettait soigneusement la clé à sa place, après chaque exploration, en prévision d'autres incursions.

A cause de son comportement et de ses résultats scolaires médiocres, la famille exprima des doutes quant à son avenir.

Même son frère le traita parfois de "bon à rien", ce qui le complexa. C'est alors qu'il prit l'habitude de se ronger les ongles.

La famille était bien sûr abonnée aux Dernières-Nouvelles de Strasbourg. Stéhlé pour occuper ses longs loisirs, recevait en plus le Geographic Magazine et achetait occasionnellement des journaux à orientation politique, telle le Temps, l'Oeuvre où collaborait Geneviève Tabouis, le Figaro, Gringoire, parfois même l'Action Française dont beaucoup d'articles étaient rédigés par Maurras et Léon Daudet. Un hebdomadaire, l'Illustration, avec des photos coloriées passait de mains en mains. Anna le lisait très assidûment et le préférait aux autres illustrés. Avec la T.S.F, ces lectures souvent discutées à table, maintenaient le petit clan au courant de l'actualité.

Hitler, dès que le rattachement de la Sarre à l'Allemagne fut plébiscité, rétablit le service militaire en Allemagne. Fritz s'offusquait de l'attentisme de notre gouvernement et des Anglais. Ne disait-on pas que le "Führer" bluffait, qu'il avait des chars de carton et qu'il aurait suffi qu'un gouvernement bien décidé envoyât une division pour moucher les Allemands et les mettre au pas ?

Le "laisser faire" l'emporta comme on sait, alors que dans son livre "Mein Kampf", le dictateur avait bien annoncé ses sombres desseins ! Le traité franco-soviétique d'assistance mutuelle de mai, et "le rassemblement populaire " du 14 juillet à Paris, entre la Bastille et la Nation, eurent sans doute un effet compensateur sur l'opinion.

Arrivé le moment d'aller en vacances, les Stéhlé qui se rendaient en voiture à Paris, furent retardés par la compétition du "Paris-Strasbourg" à la marche qui, cette année attira un grand nombre de concurrents.

Ils séjournèrent un temps à la capitale, chez Auty qui, comme à l'accoutumée devait les accompagner en vacances. Rafa, revenant un soir du Zoo de Vincennes où il avait mangé quelques glaces, eut mal au ventre. Han, alors Externe des Hôpitaux, craignait une appendicite et pour ne pas engager sa responsabilité, il appela un chirurgien en consultation. Celui-ci prescrivit l'application d'une vessie de glace et une alimentation légère. Deux jours après, le petit rétabli, le voyage fut poursuivi.

Arcachon n'avait plus la belle renommée de station balnéaire de la "Belle époque" et d'avant-guerre, quand la voie ferrée Bordeaux - La Teste, développée par les frères Pereire, y amenait, surtout en pleine saison, une foule de Bordelais ou d'autres vacanciers et, hors saison, des "poitrinaires" pour qu'ils se soignent au bon air de la ville d'Hiver située en hauteur.

Les Stéhlé prirent pension du 15 juillet jusqu'à mi-août, à l'Hôtel Regina. Il se trouvait dans un parc, en bordure de pinède et près de la plage des Abatilles, mais il lui manquait la classe d'antan. Sa grande entrée était desservie par un escalier assez majestueux, flanqué de lampadaires et de palmiers. De grands pins ombrageaient le parc bien entretenu. Les enfants jouaient à cache-cache, parfois aux cartes ou passaient le temps à lire, couchés dans des hamacs.

Recouvert de moquette et de tapis aux couleurs passées, le hall, était assez obscur mais très spacieux. Au salon, les tentures défraîchies ainsi que les fauteuils au cuir dépoli et un peu craquelé, accusaient un certain âge. Un antique phonographe à aiguille et manivelle, un vrai meuble, sur pattes, à portillons et étagère, dont on devinait qu'il ne servait plus beaucoup était relégué dans un coin. Le piano droit, un Pleyel noir, se trouvait fermé à clef.

De grandes baies vitrées éclairaient l'immense salle à manger dont le beau parquet grinçait sous les pas. Le tout était agrémenté de bacs de palmiers et d'autres plantes vertes.

Une odeur de poussière et de sable surchauffés flottait dans ces pièces d'un charme désuet. L'ascenseur, lent, grinçant et poussif, avait de lourdes portes de palier, grillagées, qui claquaient tout aussi bruyamment que les battants de la cabine.

Quelques chambres étaient à balcon dont celle des parents Stéhlé. Elle donnait sur le parc. Tout à l'avenant, le mobilier, les salles de bain, étaient "d'époque".

Les propriétaires de l'hôtel furent aux petits soins. Deux fillettes et un petit garçon formèrent avec Rafa un sympathique groupe d'amis. Han, quant à lui, fit équipe avec la fille et la nièce des patrons pour jouer au tennis, aller au dancing ou au Casino Mauresque.

Pour les baignades, les petits se rendaient d'habitude aux plages des Abatilles ou du Moulleau, car Pilat-Plage était bien plus loin. Entre les sports nautiques, les jeux, les sorties et le farniente, les vacances passèrent agréablement mais trop vite.

On jouissait d'une belle vue panoramique du haut de la dune du Pilat et, le soir nos estivants allaient parfois y dîner et contempler le coucher du soleil. A gauche, au sud-ouest, la bande claire des plages séparait à perte de vue l'immense océan de l'étendue des forêts, que l'obscurité envahissait peu à peu. Au dessus de la ligne d'horizon, la gigantesque masse incandescente, d'un blanc si éclatant et si éblouissant qu'on ne pouvait pas la fixer du regard, descendait majestueusement. Autour d'elle, la vaste étendue jaune d'or, diminuait progressivement de brillance, passant à l'orange, au rouge puis au rose en périphérie. Ce tableau se réfléchissait sur le miroir énorme formé par la surface presque immobile de l'océan. Le ciel, d'un bleu encore clair et à peine ombré de quelques petits nuages, s'obscurcissait lentement en même temps que l'océan. Le soleil une fois disparu à l'horizon, un jeu de lumières et de couleurs d'une indescriptible beauté persistait un moment avant qu'il ne fasse place à la nuit. Alors, à l'instant où on détournait le regard encore inondé de clarté, on se trouvait dans le noir absolu, le temps de s'accoutumer à l'obscurité.

Sous la brise du soir, ils rejoignaient la voiture où Han les attendait. Quelques phalènes, des moustiques et une myriade de moucherons virevoltaient dans la clarté des phares. On se sentait léger et heureux !.

Pour amener famille et amis en excursion d'une journée, le Padre loua un canot à moteur avec pilote. On navigua d'abord vers l'Ile aux Oiseaux où se trouvaient quelques cabanes sur pilotis ainsi que des pinasses de pêcheurs. Sternes, courlis, huîtriers, sarcelles, oies sauvages, hérons et même des cygnes y prospéraient. Ensuite, pour éviter les parcs à huîtres, on vira de bord avant d'accoster au Cap-Ferret. Une brève baignade mit les navigateurs en appétit et ils firent honneur au copieux pique-nique qu'ils partagèrent avec le pilote.

Le temps ne fut pourtant pas uniformément beau et les rares journées de bruine furent occupées à jouer aux cartes, aux dominos ou encore à lire des policiers de Leblanc, contant les exploits du fameux gentleman cambrioleur, Arsène Lupin.

Quelques jours plus tard, Han voulut à son tour amener la jeunesse en promenade, pour un circuit en barque dans la baie. A peine à quelques centaines de mètres de l'embarcadère, le youyou se trouva peu à peu entraîné vers les passes. Même en ramant fortement à contre-courant, on faisait à peine du sur place. La scène ayant été observée depuis un bateau à moteur qui passait par là, ses occupants firent signe à Han de ramer droit vers la berge pour sortir du courant. La manoeuvre fut efficace et le retour à quai possible. Les parents inquiets, avaient déjà contacté des mariniers pour faire secourir les imprudents qui risquaient, malgré le beau temps, d'être entraînés vers de fortes lames. Le chenal de la baie avait mauvaise réputation et comptait plus d'une victime. En effet, les courants et bancs de sable changeants y sont très perfides.

Après Arcachon, les Stéhlé s'en furent à Caudéran, un faubourg de Bordeaux, pour visiter une villa dont ils envisageaient l'achat. Ils gagnèrent ensuite Saint-Georges-de-Didonne, pour assister au mariage de la belle Lydie Daschmann avec Serge Tarnov, l'intendant du domaine de La Réole, ex-colonel de l'armée russe-blanche. La jeune mariée, folle d'amour et éblouie par la faconde du beau balafré, n'allait cependant pas tarder à déchanter.

* * *

A la mi-septembre 1935, Hitler promulgua ses lois raciales, notamment antisémites. Son ami Mussolini viola peu après le pacte de la SDN et envahit l'Ethiopie. Seules des sanctions économiques, assez inefficaces, furent prises à son encontre.

C'était aussi l'époque où l'italien Enrico Fermi réussit la fission de l'atome. Peu de monde s'en soucia hormis des scientifiques.

Sur ces entrefaites, le décès, dans un accident de voiture en Suisse, de la souveraine des Belges, occupa pour quelques jours les premières pages des quotidiens. La jeune et belle reine Astrid avait, par son charme, conquis beaucoup de sympathies et Anna qui l'admirait, fut particulièrement chagrinée par sa mort.

Rafa fut opéré de l'appendice vers cette époque. Un maître

de Han, informé de l'alerte de l'été, voulant éviter au garçon une nouvelle crise, peut-être grave, intervint avant la rentrée des classes. Passé une semaine, le patient emporta l'organe fixé dans un tube à essai d'alcool pour le montrer à la famille et aux copains. Il le garda un temps comme une partie de lui-même, mais sa mère finit par le jeter.

En Extrême-Orient, bien qu'on s'en souciât peu dans une Europe, elle-même sous tension, le Japon fit une incursion en Chine du Nord depuis son protectorat de Mandchourie. Pendant ce temps Mao Tsé-Tung poursuivit sa "longue marche", sans être trop molesté et fonda, en octobre à Yenan, sa propre république de type soviétique, après avoir écarté les éléments staliniens qui infiltraient ses troupes. Les pions se plaçaient ainsi, peu à peu sur l'échiquier mondial.

Un bon nombre de Juifs allemands qui fuyaient le nazisme, se réfugiaient en Alsace. Pour louer à une famille d'émigrés l'appartement de six pièces souhaité, les Stéhlé prirent le cinq pièces devenu entre temps vacant au rez-de-chaussée. Leur logement était du reste trop grand depuis que Han, pour plus d'indépendance, était allé partager avec un copain, un deux pièces dans le voisinage.

Han continuait sa Médecine et préparait l'Internat tandis que Rafa entrait selon la volonté de son père, en quatrième série A. L'étude du grec allait curieusement mieux lui convenir que celle du latin. Anna voulant éclairer le petit sur la vie, l'amena souvent au cinéma. Ils virent en quelques mois, "Ciboulette", "Le grand jeu", "Angèle", "Le crime de Monsieur Lange", "La Bandera", " La femme et le pantin", "Anna Karénine", "Les trois petits cochons" de Walt Disney et quelques autres oubliés depuis. Shirley Temple, l'enfant prodige du cinéma américain, jouissait à ce moment là d'un grand succès surtout parmi les petits, même en France. L'opéra "Porgy and

Bess" lançait Gerschwinn et faisait se rejoindre le jazz et les musiques traditionnelles.

Fritz avait sa chambre près de la cuisine. Elle était protégée du bruit par une double porte en contre-plaqué. Il n'aimait pas être dérangé quand il écoutait la radio, lisait ou lorsque, par périodes, il écrivait son journal. Pour gagner sa pièce, Rafa devait traverser celle d'Anna située prés de la porte d'entrée. Il avait là son lit, une étagère ainsi qu'un secrétaire-commode ancien, orné de marqueterie, avec abattant et plein d'amusants petits tiroirs très utiles pour y placer ses nombreuses bricoles.

Le papa adorait les livres. Anna trouvait même qu'il en achetait trop. Pour ne pas se faire critiquer lorsqu'il arrivait avec un nouveau bouquin, il le posait sur le bord de sa fenêtre puis entrait innocemment, les mains vides. Son manège fut découvert au bout d'un certain temps et fit bien sourire.

Les conférences au temple adventiste du boulevard d'Anvers l'intéressaient, non par conviction, mais pour la même curiosité métaphysique qui à Bâle l'avait attiré à des causeries anthroposophiques au Goetheanum de Dornach, ce fameux temple de Rudolf Steiner et adeptes.

Il n'aimait pas le cinéma mais en revanche allait aux concerts et représentations théâtrales, en particulier aux pièces alsaciennes. Elles étaient habituellement données à la salle de l'Union, quai de Paris. Le répertoire était alors, "Amour secret", "La cloche de dix heures", "La Loterie Nationale" et la célèbre comédie : "Monsieur le Maire" de Gustave Stoskopf, une satire du fonctionnaire germanique. Cette même salle présentait également des films allemands et accueillait des artistes en tournée. Ainsi, Fritz, fana de Joséphine Baker, ne manqua pas son récital. La famille s'étonna de cette insolite toquade d'exotisme, peut-être réminiscence du Mexique.

La maman, était de taille moyenne. Sans coquetterie ostentatoire, elle voulait être élégante et soignait son allure. Fait curieux, elle n'aimait pas danser. Moins assidue à l'église qu'autrefois, elle restait dévouée à sa maisonnée et particulièrement à ses enfants. Mère attentionnée et affectueuse, elle évitait les démonstrations de tendresse en public. Entre eux, les Stéhlé se tutoyaient, mais restaient assez réservés. Ils s'appelaient par un diminutif : Fritz ou Padre, Anna ou Annel, sans expressions comme "mon amour", "chéri", "trésor" ou similaire ; pas plus que des noms attendrissants du monde animal ou végétal, tels biche, colombe, lapin ou chou... !

Anna, avec son esprit pratique et même méfiant, se croyait obligée de freiner son mari qui se lançait parfois dans des entreprises hasardeuses, poussé par ses idées originales et un certain manque de sens commun. Fritz avait néanmoins de la clairvoyance politique, du moins pour apprécier les faits sociaux et événements contemporains. Il restait desservi par son caractère qui s'était peu amélioré, et comme Anna avait la contradiction assez systématique et péremptoire, cela n'arrangeait rien. Les prises de bec n'étaient donc pas rares mais sans lendemain. L'esprit de famille n'en souffrait heureusement guère.

Les fils étaient discrets. Rafa, parfois secret et sur la défensive, se livrait moins que Han. Celui-ci, venait souvent à l'heure des repas accompagner ses parents qui sortaient peu depuis leur installation à Strasbourg.

Han et Rafa furent tout heureux d'être à nouveau invités chez la tante de Paris. L'événement cinématographique du moment fut la présentation au Gaumont-Palace ou au Rex, d'un film en relief pour lequel il fallut mettre des lunettes spéciales, avec un verre rouge et l'autre vert. Les effets de relief et de projection vers le spectateur, furent sidérants. Rafa y fut amené par sa tante. Un autre jour il alla avec la "cousine" et son neveu Nanard, au théâtre du Châtelet, qu'on avait assez récemment doté d'une scène tournante pour les opérettes à grand spectacle. Rafa réveillonna chez Auty et Han sortit danser. Ce séjour parisien fut de courte durée.

Le travail scolaire et la préparation à la Communion solennelle peu après la communion "privée", occupaient presque tout le temps de Rafa. Il allait alors, les jeudis matins au cours de religion de l'abbé Feld, à la Chapelle Saint Arbogast, pour assister à la messe et au catéchisme. Puis on se confessait, communiait et apprenait des cantiques. Ainsi Rafa sut par coeur "Saint Esprit descendez dans nos âmes...", qu'il chanta souvent à la maison. Le Padre trouva qu'il exagérait et manifesta son agacement, ce qui amusa malicieusement notre Rafa plus taquin que pieux.

Après répétition générale, la communion eut lieu en l'église Saint-Maurice, place Arnold. Les filles étaient, selon la coutume, en blanc et voilées, les garçons en noir ou gris. Rafa et Anna avaient choisi un complet gris avec parements, revers, bandes de pantalon et boutons de satin noir. Le traditionnel grand noeud de soie blanche mis au bras gauche était assorti à une cravate et à une pochette. Le cortège des communiants, chacun avec son cierge allumé, avançait cérémonieusement dans la nef, en chantant avec l'ensemble des fidèles accompagnés à l'orgue. Rafa très ému et recueilli, mais aussi fier de son beau costume, aima tout cet apparat.

Le repas de fête de ce beau dimanche d'avril, fut pris à Mundolsheim, près de Strasbourg, chez les Karger, des parents d'Anna. La cousine, qui était un vrai cordon bleu, avait insisté pour que le déjeuner se fît chez eux. Ils avaient déjà offert une chevalière en or au communiant ; celle-ci s'ajoutait à la montre-bracelet, au costume, chapelet de nacre, missel de cuir et images pieuses de circonstance, cadeaux des parents et de Han.

Du vol-au-vent et un vacherin glacé que le garçon aimait tout particulièrement furent servis. On fit des photos à la fin du repas décemment arrosé.

C'est Monseigneur Ruch en personne qui administra la confirmation. Pour le portrait d'art traditionnel, rendez-vous fut pris à la fameuse Maison Carabin de l'avenue de la Marseillaise. Donc, rien ne manqua pour que Rafa se souvînt de sa communion solennelle célébrée avec piété et entièrement selon la tradition. Quant au beau costume, les parements une fois enlevés, il servit encore un bout de temps, les dimanches et pour aller en visite.

Entre temps, la guerre d'Ethiopie continuait. Hitler occupait la Rhénanie, violant le traité de Versailles et le pacte de Locarno. Mais rien ne bougeait ! Le Front Populaire était victorieux aux élections de France et d'Espagne. Tout cela décevait et contrariait beaucoup Fritz qui pressentait l'avenir.

Rafa progressait peu en Maths et en Latin malgré des leçons particulières chez un locataire, ingénieur, Monsieur Gilbert, et avec une littéraire, licenciée, binoclarde, aussi rébarbative que le latin ! Han critiquait les cours privés, et le manque d'application du petit mais ne l'aidait pas. Il soutint les parents lorsqu'ils s'opposèrent à ce qu'il adhère au scoutisme, où l'avait invité son ami Roog. Le gamin était trop dispersé, déclarèrent les parents qui par ailleurs, n'aimaient aucune forme de militarisme.

Durant les vacances de Pâques 1936, Rafa forma avec ses voisins, René Ritter, André Kling et quelques autres, un club de défense contre les garçons du boulevard de la Marne où il y avait encore des chantiers de constructions. Les gosses y allaient, jouer dans la soirée et en dehors des heures de travail, pour ne pas être chassés par les ouvriers du bâtiment. Une fois, Yvon l'ami de la rue Foch, vint leur prêter main forte avec deux types de son quartier, pour refouler la bande à Mirka, un fils d'émigrés tchèques.

Les combats n'étaient pas trop durs. Comme ses parents lui avaient interdit d'employer son fusil à air comprimé tirant plombs et fléchettes, strictement réservé au tir sur cible à la maison, le gamin se munit du lance-pierres, habituellement employé contre les moineaux. Des tas de plâtre, durci et fragmenté, abandonnés à côté des constructions fournirent des projectiles épatants. Les bouts de plâtre tirés au lance-pierres s'effritaient à l'impact, ne faisaient pas très mal, et saupoudraient copieusement l'adversaire. Après ces batailles, tous les gars ressemblaient à des bonshommes de neige.

L'art de la guerre changea de style dans le quartier une fois les constructions achevées et les gravats déblayés. Tous ces combats de rue se terminaient d'habitude dans des bivouacs improvisés, les gamins fumant des "calumets de la paix", en l'occurrence des mégots, ou des High-Life achetées en douce, voire chipées à Han.

Elles coûtaient moins cher que les Camel ou les Salambô. Ces dernières, très appréciées valaient deux francs les dix, à peine plus que les High-Life ; alors ils marchandaient. Les garçons trouvaient les Balto soûlantes ; les Celtiques, Gitanes et Gauloises, faisaient trop tousser et les parents les flairaient plus facilement.

Fritz et Anna s'absentèrent quelques jours en fin de printemps pour acheter la petite maison individuelle visitée à Caudéran lors des dernières vacances. Ils laissèrent les fils seuls, sous la responsabilité de Han chargé de diriger la maisonnée. A midi, les garçons se retrouvaient pour déjeuner au restaurant universitaire de la Gallia qui était d'assez bonne qualité. Rafa aimait beaucoup y manger car pour neuf francs, c'était copieux et bien bon. Après le repas et avant de rejoindre Fustel, il prenait le temps de fouiner un peu chez le bouquiniste d'à côté. Il termina assez bien sa quatrième, avec deux prix, deux accessits et l'admission en troisième. Ouf !

L'histoire poursuivit inéluctablement son cours. l'Italie vainquit facilement l'Ethiopie en mai 1936, et Victor-Emmanuel III devint empereur d'Ethiopie par la grâce de Mussolini ! Les Jeux Olympiques de Berlin, inaugurés par Hitler en été 1936, démontrèrent combien un événement supposé apolitique et international pouvait être récupéré pour la propagande et la glorification du régime d'une nation. Le film de Léni Riefenstahl, par ailleurs excellent, "Les dieux du Stade" souligna ce fait. Bien que l'Allemagne remportât cent une médailles, Hitler fut très contrarié par les victoires du coureur noir américain Jesse Owens.

Au mitan de 1936, Léon Blum gouvernait à la tête du premier gouvernement de Front Populaire. En juillet, la guerre civile espagnole débutait, alors que les combats du Chaco prenaient fin...

Durant l'été les Stéhlé invitèrent à des promenades en voiture des locataires devenus des amis, les Chedal, les Gilbert et les Fuentès dont l'épouse continuait à beaucoup s'occuper de Rafa. Lors d'une visite à l'oncle Muck de Heiligenstein, Fritz accrocha un tas de bûches, au coin de la rue du Mont Sainte-Odile et cabossa une aile de sa voiture. Contrarié et se sentant moins sûr de lui, iI n'aima plus conduire. Han fut désormais, "le chauffeur de la famille" comme il disait pour faire valoir ses mérites. Il put, en compensation, se servir parfois de l'automobile pour ses propres sorties.

Le Padre obligé de faire une cure contre la goutte, dut renoncer à aller dans le midi et amena Rafa en vacances à Vittel. Sa goutte était classique, avec déformations des mains et des pieds ainsi que des boules ou grosseurs, nommées "tophi", aux pavillons des oreilles. Le docteur Violle publia par la suite, dans l'Encyclopédie Médico-chirurgicale un article avec photographie d'une oreille, ce dont Fritz était presque fier. On parlait de goutte des riches ! Le docteur lui donna un tiré-à-part que Rafa retrouva plus tard et conserva avec vénération.

Un copain Corse et bonapartiste, demeurant en Tunisie, Aldo Cittavecchia, qu'il rencontra à l'hôtel, lui apprit à jouer au croquet et à un nouveau jeu de cartes représentant, les unes des écrivains de différents pays, les autres leurs chefs-d'oeuvre littéraires. Il fallait juxtaposer chaque portrait d'auteur à ses ouvrages. Cela permit à Rafa de connaître, du moins de nom, certaines oeuvres de Pétrarque, Dante, Goldoni, Manzoni, D'Annunzio, qu'il retint. Pourquoi surtout ces Italiens ? Peut-être Aldo lui en parla-t-il davantage vu ses affinités italiennes ?

Les garçons firent beaucoup de promenades à vélo ou en tandem et furent parfois amenés l'après-midi aux concerts du parc. Rafa trouva ce séjour à Vittel assez ennuyeux bien que cette vie à l'hôtel n'eût pas été déplaisante. Il en profita pour lire, notamment la biographie de l'explorateur Stanley, un bouquin sur "Scotland-Yard", "Ben-Hur", "Tarass Boulba", "Le marchand de Venise", "Le capitaine Fracasse", "Le rouge et le noir", "Robinson Crusoé", "Surcouf le corsaire"..., offerts par son père. La monotonie de cette station thermale destinée surtout aux bourgeois aisés, podagres et d'un certain âge, avait été rompue grâce à Aldo. Il continua par la suite à correspondre un certain temps avec lui.

Sa mère et tante Auty, étaient restées à la maison. Elles avaient rabâché de vieilles rancunes familiales, en particulier contre leur père qui les avait pratiquement abandonnées. Enfin, si Auty était bien généreuse, sa méchante langue était redoutable. Etait-ce dû à une acrimonie induite par sa vie solitaire ? Elle savait également, magistralement, fomenter des intrigues et des brouilles. Peut-être voulait-elle, par sa générosité se faire pardonner le reste ?

De son côté, Han avec un groupe de copains avait passé de fameuses vacances dans le midi.

Avant la rentrée des classes, Rafa apprit à jouer au tennis, utilisant d'abord une vieille raquette Williams aux cordes détendues, héritée de Han, puis une Slazenger d'occasion. Son instructeur était Jean-Pierre, un voisin de quartier et vieux copain de huitième. Très sportif mais peu studieux, celui-ci revenait de Saint Clément, une boîte à discipline sévère de Metz, tenue par des Pères. Il s'intéressait aussi beaucoup aux filles, et se vantait de conquêtes dont doutaient ses amis.

* * *

L'Alsace, si proche de l'Allemagne, était l'objet d'une importante propagande nazie. Qu'elle restât en dehors des menées politiques, notamment autonomistes, eût été étonnant. Il y avait en dehors des vrais et sincères autonomistes, les prétendus tels, en fait des germanophiles à la solde de l'Allemagne. Chez les Stéhlé il n'y avait plus de problème d'identité nationale. Ils se sentaient français, n'étaient d'aucun parti et ne prenaient jamais part aux débats de politique régionale. Bien sûr, Anna se posait parfois des questions lorsqu'elle se rappelait certaines maladresses gouvernementales, en particulier celles qui suivirent l'armistice de 1918, et le fait que leur nationalité, n'ait pas été reconnue après leur retour en Alsace, alors qu'ils étaient porteurs d'un passeport français depuis un bon moment !

L'antisémitisme avait toujours été plus ou moins latent en Alsace. Des persécutions sauvages, avec mise à mort sur un bûcher, eurent lieu aux onzième, quatorzième et seizième siècles. Durant la révolution de 1848, on brûla des maisons de Juifs, en Haute-Alsace. Il n'était donc pas étonnant, qu'avec les nazis si proches et sous l'influence de l'extrême droite, un vent d'antisémitisme se fût à nouveau levé.

Rafa avait pour voisin de classe et ami, François, un bon gros, sympathique et assez brillant élève qui fut l'objet de propos et quolibets antisémites dès la rentrée de 1936. Ses parents, propriétaires d'une grande maison de musique et d'une villa cossue, avaient protesté auprès du chef d'établissement. Le Proviseur, Monsieur Preuss s'insurgea vigoureusement contre de tels agissements. Faisant le tour des classes de troisième, il précisa, fort à propos, certains points élémentaires d'esprit de camaraderie et de tolérance, tout en menaçant de renvoi les trublions, qu'il traita de "fumier antisémite".

François et son voisin se voyaient assez souvent en dehors du lycée car ils s'intéressaient à des fac-similés d'écrits et lettres de personnages illustres trouvés dans le dictionnaire Quillet. Ils échangeaient aussi des livres de Hugo, Dumas, Chateaubriand, Balzac... ainsi que des disques de Ray Ventura.

Stimulé par l'aumônier du lycée, Rafa s'inscrivit à la J.E.C. qui montait des pièces de théâtre. Le rôle d'Isabelle qu'on lui attribua dans les "Plaideurs", parce que sa voix était encore assez aigüe, ne l'enchanta pas. Il accepta pourtant ce rôle féminin par amour de la scène et puis, on le complimenta de sa diction.

Jusqu'en fin d'année et toujours en compagnie de sa mère, il vit au ciné l'inoubliable "Kermesse héroïque", "Pepe le Moko", "Abus de confiance", "Les bas-fonds" qui exploraient le monde interlope et aussi "Les temps modernes", l'excellent film arrivé depuis peu d'Amérique, où Chaplin raillait avec talent les avatars de la société industrielle.

La proclamation de "l'Axe" Rome-Berlin en novembre 1936, avait fait du bruit, mais moins que la réélection de Roosevelt à la présidence des USA, et que l'abdication d'Edouard VIII en faveur de son frère. On en plaisantait et c'était l'élue du monarque, l'américaine divorcée Wally Simpson, qui était l'objet des railleries les plus féroces.

Han, grand, blond aux yeux bleu clair, était beau gosse malgré ses lunettes de myope. Comme il était très sociable et serviable, une association d'étudiants en fit son président. Il sortit davantage, son travail devint moins assidu et des difficultés de relation avec ses parents s'en suivirent. L'argent de poche accordé lui semblant insuffisant, il donna de son sang pour avoir quelques disponibilités de plus. Les transfusions étaient, semble-t-il, rémunérées à l'époque. Il en voulut à ses parents d'avoir eu à recourir à ce procédé et les contraria beaucoup, lorsqu'il déclara qu'il voulait devenir artiste de cinéma.

Rafa, qui aimait bien son grand frère, bien qu'il fût souvent sévère avec lui, trouva l'idée bonne et le soutint d'abord. Le petit hésita ensuite, puis dit qu'il vaudrait mieux qu'il finisse sa Médecine ! C'était bien l'opinion des parents qui lui rappelèrent les sacrifices consentis pour qu'il puisse étudier et ajoutèrent qu'il aurait dû faire du cinéma d'emblée, si toutefois il était si sûr de réussir dans cette voie. Le professeur Fuentès, le mari de "tata souris", fut du même avis. Après quelques discussions surtout avec le Padre qui parlait de lui couper les vivres, les choses s'arrangèrent et toute la famille en fut contente.

En Décembre 1936, Mermoz périssait dans l'Atlantique avec son hydravion "Croix du sud". Rafa qui l'admirait, fut attristé par cette mort, grand deuil des ailes françaises.

Il n'y eut pas cette année de voyage à Paris pour Nouvel-An. Han partit skier à Sestriere et le petit frère alla souvent patiner. Ce fut Auty qui vint à Strasbourg et, comme d'habitude à Noël, tous furent gâtés, l'enfant en particulier. Il sauta de joie, en voyant deux magnifiques petits tanks à chenillettes de caoutchouc, dans lesquels on pouvait placer un soldat en uniforme noir et faisant le salut militaire. Les chars roulaient vite et les mitrailleuses de la tourelle, crachaient des étincelles.

Ces jouets étaient bien mieux qu'une réplique du tank anglais Mark, trop lent et massif, avec son mitrailleur qui sortait lentement la tête d'une trappe et tirait en l'air, ce qui lui avait valu d'être relégué dans un tiroir. Les chars, tout comme les petites voitures de course de marque Schuco, et une série de soldats faits de pâte durcie, étaient ce qui se faisait de mieux alors. Tous les gosses en raffolaient.

Auty lui donna en plus, un sensationnel petit sous-marin couleur vert-d'eau, qui avait la forme d'un long cigare un peu élargi et aplati en son milieu. Avec hélice et gouvernail, il mesurait environ vingt centimètres de long. Au repos, le pont et le kiosque étaient hors de l'eau. L'équilibrage du submersible était assuré par une carène métallique. Une petite tige d'un bon centimètre, qui dépassait la plate-forme, simulait le périscope. L'intérieur, fermé hermétiquement par un boulon à joint, contenait le moteur que l'on remontait avec une clé. Dès que l'hélice tournait, le gouvernail de profondeur faisait naviguer l'engin sous l'eau. Il remontait à l'arrêt du moteur. Ce magnifique joujou fut longtemps fonctionnel, puis il s'abîma et sa coque fut cabossée lors d'un des nombreux déménagements de la famille.

La plupart de ces jouets, répliques d'engins modernes, étaient d'origine allemande. Etait-ce un signe prémonitoire?

Début 1937, les Fuentès organisèrent des soirées de "table tournante" auxquelles participèrent Anna, Rafa et parfois Han. Cette forme de "spiritisme", sans doute simple jeu de société, avait des adeptes en particulier dans le milieu intellectuel ! On s'asseyait autour d'une table ronde, à trois pieds de préférence. Les mains des participants, doigts écartés et formant un cercle, gardaient contact pour que le "fluide" passe bien, et reposaient légèrement sur le guéridon.

D'habitude, l'assistance très attentive et concentrée, interrogeait l'âme d'un personnage défunt. Pour répondre, "oui" ou "non", la table bougeait ou tournait un peu, une ou plusieurs fois, selon ce qui avait été convenu avec l'esprit questionné.
Ces phénomènes laissaient l'assistance perplexe.

Fritz n'appréciait pas ces divertissements et préférait discuter chimie ou des événements politiques, avec le très élégant Fuentès qui faisait plus penser à l'artiste de l'écran Adolphe Menjou qu'à un savant.
Entre les consultations des "esprits", sa gentille épouse, une jolie brunette toute menue, d'où son surnom "tata souris" servait cocktails, petits fours et bonbons. Rafa s'amusait bien, mais regrettait la perte de temps.

Le latin restait sa bête noire. Moyen en grec, il se distinguait en sciences naturelles et en récitation, matières, hélas, peu payantes aux examens ! Le niveau général du lycée était fort, surtout en section classique et l'effectif d'élèves de sa classe restait assez élevé. Et puis, travaillait-il assez ou exigeait-on trop de lui ? Ses parents étaient préoccupés. Par découragement et nervosité sans doute, il se rongeait toujours les ongles malgré l'application d'une amère teinture d'aloès prescrite par "tata souris".

En ce temps là, les puissances étrangères participaient à la féroce guerre civile espagnole par l'envoi d'armes et de volontaires. A prix d'or, la Russie soutint beaucoup les républicains et la "Brigade internationale". Ils eurent le dessus jusqu'à l'apparition de discordes dans leurs rangs et jusqu'à une meilleure organisation de l'adversaire.
Staline diminua sa contribution, autant pour ne pas aider les trotskistes que pour éviter de trop heurter Hitler, son "ami" du moment, et l'opinion internationale. Arrivé à ce point du récit, Rafa précisa que ce n'est que plus tard qu'on apprit que Staline

commandita le meurtre du catalan Andrés Nin, chef du Parti Ouvrier Unifié Marxiste. Il fut torturé puis tué par le NKVD, successeur de la GPU ou Direction générale politique soviétique, bien qu'il se fût éloigné de Trotsky. Les crimes des "rouges", avec viols et massacres de religieuses, scandalisèrent autant le monde que les atrocités des troupes franquistes.

Les avions allemands de la division Condor, envoyés contre Guernica en avril 1937, en plein jour de marché, tuèrent environ deux mille personnes, surtout des civils. Cette barbarie qui secoua beaucoup de consciences, fut commémorée dans la fresque de Picasso sur les horreurs de la guerre exposée au Musée d'Art Moderne de New-York.

A Lakehurst aux Etats-Unis, une épouvantable catastrophe anéantit cette même année le "Hindenburg", un récent modèle de dirigeable "Zeppelin". Il explosa et s'enflamma au moment d'atterrir, ce qui coûta la vie à trente-cinq personnes. Les reportages et bélinogrammes étaient impressionnants tout comme l'actualité cinématographique qui montrait le mastodonte en feu, l'attroupement des gens sur la piste, les pompiers et les secouristes en action. Les Stéhlé n'avaient pas oublié le Zeppelin qu'ils avaient vu à Friedrichshafen puis à Lucerne.

En France, après une pause dans les réformes pour laisser souffler l'économie et freiner la fuite des capitaux, le gouvernement Blum proposa le contrôle des changes. Il fut renversé et le cabinet Chautemps le remplaça. Beaucoup de bons Français moyens, les Stéhlé étaient du nombre, et aussi certains industriels s'en réjouirent. N'y avait-il pas déjà plus de trois cent cinquante mille chômeurs et Fritz, qui n'avait pas atteint l'âge de la retraite, était du nombre.

Han décida de terminer ses études par une thèse à la clinique neurologique où il faisait fonction d'interne, et d'effectuer ensuite son service militaire .

Mi-juin, les Garenne organisèrent une matinée théâtrale dans leur luxueux appartement de l'Esca. On joua des scènes du Barbier de Séville, de Britannicus et d'Andromaque. Leur fils Michel, dont on fêtait l'anniversaire, eut bien sûr de beaux rôles, mais ses copains Rafa et Rudolf ne furent pas défavorisés pour autant lors de la distribution. Le fait qu'ils se soient distingués en récitation au lycée avait sans doute contribué à les faire inviter. l'intermezzo scénique et musical, "Sur un marché Persan", clôtura le programme. Bien que cela n'entrât pas dans le contexte moyen-oriental, on demanda à Rafa de mettre son costume mexicain avec le grand chapeau et le "zarape". Il en fut ravi et, sur la photo faite par Carabin, il mit son pistolet bien en évidence.

Un excellent goûter termina l'après-midi et, toute l'assistance félicita les jeunes artistes. Le programme, peint et calligraphié par Madame Garenne elle-même, fut distribué aux participants ultérieurement, en même temps que la photographie.

* * *

Il ne fut pas question de voyage en famille pour les grandes vacances de 1937. Stéhlé avait vendu sa voiture qui ne servait pratiquement plus et occasionnait trop de frais.

En juillet, Rafa continua à jouer au tennis avec ses amis Jean-Pierre et François. Une fois leurs parties terminées, les jeunes, quand ils étaient seuls, étaient parfois suivis et interpellés par un individu qui sans être entreprenant, n'en était pas moins collant. Avec son chapeau, il avait un faux air de policier et le petit chien qu'il promenait était, sans doute, surtout un prétexte pour lier conversation avec les gars.

Rafa, plutôt peureux et se conformant à la consigne de ne pas suivre des inconnus, signala les manigances du bonhomme à ses parents, qui à leur tour en parlèrent au mari de la concierge, agent de police à bicyclette, "une hirondelle". Il vint en uniforme à la sortie du tennis demander à l'individu intéressé aux garçons, ce qu'il voulait et lui conseilla de ne plus s'occuper d'eux. On ne le revit plus dans les parages.

Durant les grosses chaleurs le trio alla parfois, à vélo, se baigner au Baggersee malgré les moustiques qui y pullulaient. Comme le bain Mathiss, aux Ponts-Couverts, était bondé d'écoliers de ce même quartier et que la grande Piscine Municipale couverte était délaissée en été, Rafa et ses copains devinrent des habitués du petit bain Weiss, quai Zorn, sur l'Aar, un bras de l'Ill, où il n'y a presque pas de courant.

Madame Weiss vendait dans sa petite buvette, sucreries, sandwiches, limonades et Pam-pams. Le père Weiss, déjà âgé, tout ridé, aux cheveux blancs et teint hâlé, donnait des leçons de natation. D'une main il tenait une longue perche à laquelle on pouvait s'agripper si nécessaire et de l'autre, une cordelette qui, par l'intermédiaire d'une poulie glissant elle-même le long d'un fil de fer, maintenait à flot l'apprenti-nageur sanglé d'un petit harnais. Le faible courant et les mouvements de brasse, scandés par le monotone un, deux, trois, quatre du maître baigneur, faisaient très lentement avancer l'élève.

Ce bain, à carcasse métallique, construit sur pilotis, était presque entièrement fait en planches. Comme elles n'étaient pas toutes parfaitement juxtaposées, les gamins allaient coller un oeil indiscret aux cabines des filles, ce qui provoquait immanquablement cris, gifles et parfois bagarres auxquelles le père Weiss venait mettre fin, en expulsant l'un ou l'autre des garnements. "Maintenir l'ordre et surveiller les jeunes", disait-il, "n'est pas chose facile surtout les jeudis et samedis".

Un marchand de glaces avec voiturette, appartenant aux maisons Locatelli ou Ferrari, qui avaient la haute main sur ce commerce à Strasbourg, attendait à la sortie du bain et, pour cinquante centimes ou un franc, on pouvait déguster une excellente glace dans une gaufre en forme de cigare ou de cornet, plus chère.

Rafa qui si souvent avait porté les costumes usagés de son frère, fut dès lors habillé de neuf. Des pantalons de golf, encore à la mode, furent achetés au magasin Goldschmidt de la Place Kléber, ainsi qu'un complet, sur "mesure industrielle", comme cela commençait à se faire alors. Ses parents lui offrirent aussi une belle bicyclette "Selco", une marque locale, à pneus demi-ballons, changement de vitesses, éclairage à dynamo, selle confortable à ressorts et porte-bagages.

Il se rendit désormais plus souvent au bain du Rhin, une piscine en plein air, située non loin du grand pont et bien plus grande que le bain Weiss. L'eau y était froide et le courant si fort, qu'on ne pouvait pas le remonter à la nage. Rafa et d'autres nageurs, trouvaient très sportif de plonger hors du bain, en amont, et de saisir la dernière échelle d'aval, pour éviter d'avoir à sortir de l'eau bien plus loin, sur une berge boueuse et pierreuse où on se meurtrissait les pieds.

Pour le mois d'août, le garçon fut envoyé en pension à Fribourg en Brisgau chez la famille Heiss, afin de se perfectionner en allemand. Ces gens occupaient le troisième étage d'un édifice de la rue Adolf Hitler, à environ deux kilomètres de la Tour Martin, ancienne porte de la cité, par où passait encore le tramway qui traversait la ville de bout en bout.

Monsieur Heiss était de taille moyenne, un peu trapu, aux cheveux grisonnants. Un pince-nez et des yeux gris lui donnaient un regard assez froid compensé par de fréquents sourires et un drôle de nez légèrement retroussé. Professeur de Latin-Grec à l'un des Gymnases, il donnait, ainsi que son épouse, quelques cours d'allemand à ses trois pensionnaires : Roger de Nancy, Raymond de Clermont-Ferrand et Rafa. Madame Gretel Heiss était le prototype de l'Allemande, blonde avec nattes, rondelette, pas désagréable à voir et énergique. Une femme d'ordre ! Elle mettait le plus souvent un chemisier blanc ou clair et une jupe sombre plissée. Les dimanches et pour les promenades, elle préférait parfois une tenue du folklore régional. L'aînée des enfants, Trudel, avait terminé son école secondaire et faisait des études de technicienne de laboratoire ; on ne la vit guère. Le fils, Wolfgang qui était allé camper avec sa section de la "Jeunesse hitlérienne", était attendu à la maison, pour une fin de semaine.

Cette famille paraissait à Rafa très typique du sud, avec son parler du pays de Bade, assez voisin de l'alsacien. Les Heiss faisaient avant chaque repas une courte prière, entonnée par la mère et, reprise en coeur par les commensaux : "Dieu sois notre hôte et bénis ce que Tu nous as donné". Une ambiance de "doux bien-être" germanique régnait dans ce foyer. Souvent le soir après dîner, le père Heiss s'asseyait au salon à écouter la radio ou à bavarder en sirotant un verre de "Mosel" ou de vin du Rhin, du "Liebfrauenmilch", tout en fumant un cigare, un "Stumpen". Madame Heiss, après ses travaux de cuisine venait à son tour papoter puis donner le signal du coucher.

Alfred Heiss, ancien combattant de 1914-18 et titulaire de la Croix de fer, ne manquait pas de vanter les mérites de Hitler, tels que son efficacité dans le combat contre le chômage, pour la réhabilitation du nationalisme allemand après le "Diktat" de Versailles, et son "amour de la paix". Bref, il ressassait les slogans qui avaient poussé les Allemands à croire ce dictateur qui savait haranguer les masses et exerçait visiblement sur elles une redoutable fascination. Rafa en tant que français, restait silencieux. Cela devait étonner Monsieur Heiss qui attendait sans doute un écho favorable à ses propos, de la part d'un jeune Alsacien ! En tant qu'enseignant, Monsieur Heiss, était probablement tenu d'être du parti. Il en portait du reste, non sans une certaine fierté, l'insigne à croix gammée noire sur fond blanc, à pourtour rouge.

Le lendemain de l'arrivée, Rafa assista à une messe à la cathédrale Notre-Dame dont l'histoire remonte au Moyen Age et se superpose à celle de la ville. En effet, de nombreuses générations de citadins ont travaillé à son édification. De style gothique, et en grès rouge, elle peut rivaliser, avec celle de Bâle voire, bien que plus petite et moins imposante, avec celles de Strasbourg ou de Cologne. De là, Rafa fut mené par Monsieur Vogel, frère de Madame Heiss, au Schlossberg, colline verdoyante toute proche et parc public très plaisant. L'après-midi de ce dimanche avait lieu la course automobile du circuit de Schauinsland, réputé pour ses tortuosités. Les Heiss, les Vogel et les vacanciers français se mêlèrent à la foule et assistèrent à la distribution des prix. Caracciola, que Rafa connaissait de renom parce qu'il avait déjà couru à Monte-Carlo, n'arriva que troisième derrière Stuck et Rosemeyer. Ce dernier, un as allemand du volant, devait trouver la mort lors d'une course, en janvier 1938.

Monsieur Heiss amena le week-end suivant ses pensionnaires en excursion au Titisee, à Altglashütten et au Schluchsee. La plus grande partie du trajet se fit en autobus et, à l'arrivée au Titisee par le Höllental, le panorama et la vue sur le lac où évoluaient quelques voiliers, étaient splendides. De là, ils gagnèrent Bärental, une station d'hiver, puis Altglashütten. En route, ils purent admirer à de nombreux carrefours, les poteaux indicateurs si typiques de la Forêt-Noire, avec pancartes surmontées de figurines taillées dans le bois et artistiquement peintes. Les poteaux servent eux-mêmes de socle à des sculptures de bois très diverses, un ours, des cloches, un voyageur et bien d'autres.

Au Schluchsee, on assembla le kayak neuf en toile caoutchoutée, à trois places, et on monta les tentes. La petite bande se baigna, canota et alla même cueillir des myrtilles dans la toute proche forêt. Le repas du soir fut réchauffé au brûleur à alcool et, tout en regardant le Feldberg disparaître dans l'obscurité, on bavarda jusque tard dans la soirée. Pour Rafa ce fut la première nuit sous une tente. Il la partagea avec François et Raymond.

Le lendemain, bien reposés, ils s'adonnèrent encore à la natation et au canotage. Rafa aimait tout spécialement pagayer. Pour la nuit, le temps s'étant couvert, Monsieur Heiss préféra abriter ses gars dans une ferme, ce qui fut également nouveau pour ces citadins. Ils dormirent mal à cause d'un raffut de chats. Au matin, l'esquif fut démonté et on chargea les sacs à dos pour aller au village de Schluchsee faire quelques emplettes et déjeuner au relais-restaurant. L'orage qui survint s'accompagna d'une forte grêle et il fallut attendre un temps favorable pour partir.

Le père Heiss avait une motocyclette de marque Zündapp, objet de tous ses soins, avec laquelle il avait accompagné voire précédé ses pensionnaires. Il portait sa tenue tyrolienne : culotte de cuir avec bretelles et chapeau à blaireau. Pour le retour, il fit asseoir Rafa, le plus jeune du groupe, sur la selle arrière. Ils passèrent au Hirschsprung, dans le Höllental où une grande statue de cerf, juchée sur une falaise, rappelle la légende de la bête qui, fuyant une meute, réussit à sauter de l'autre côté de cet étranglement de la vallée !

Au cours de balades plus courtes dans les proches environs, on fit voir aux petits Français le Jägerhaüsle, le Bromberkopf et la Zähringer-Burg, dont la ruine n'a rien de particulièrement attirant, alors que la vue panoramique vaut le déplacement. Ils allèrent jusqu'à Littenweiler et Kirchzarten plus à l'ouest, puis au nord à St. Märgen.

Le 15 août 1937 fut consacré à la visite du Musée des Augustins dont le Trésor et des peintures de Cranach, Baldung-Grien et Matthias Grünewald, ne captivèrent pas le trio, sans doute trop jeune pour apprécier. Le lendemain, ils s'intéressèrent par contre davantage au Musée des Sciences Naturelles.

Les Heiss organisèrent une petite soirée tranquille, sans alcool mais avec beaucoup de gâteaux, en l'honneur de leur fils Wolfgang qui vint pour une fin de semaine de son camp de "Jeunesse Hitlérienne". On fit des parties de ping-pong, on joua aux cartes et on discuta un bon moment de politique. Intellectuellement assez rigide, ce jeune homme, était à l'évidence fortement imprégné d'idées du parti.

Les jours suivants, un peu de cinéma compléta les distractions, avec "Alarme à Pékin" et "Madame Bovary".

La prochaine sortie les mena au Feldberg, le plus haut sommet de la Forêt-Noire où se trouvent le mémorial de Bismarck et une tour panoramique. Un vent violent et froid y souffla mais la vue récompensa de l'ascension. Monsieur Heiss amena ensuite les garçons à une hutte qu'il avait construite avec un ami, puis vendue à une association estudiantine. Ils y signèrent le "livre d'or" des visiteurs. Un joli coup d'oeil sur le Feldsee rappela à Rafa certains petits lacs vosgiens.

Au Hebelkopf, on se farcit la visite d'un camp de "Hitler Jugend" où régnait manifestement une stricte discipline militaire. Après cela on cueillit, chemin faisant, à nouveau des myrtilles, puis on s'arrêta à l'hôtel Feldbergerhof près duquel se dressaient deux tremplins de ski. Le plus grand permettait, selon Heiss, des sauts de plus de cent mètres. Fatigués du dernier trajet à pied, les randonneurs se restaurèrent à l'hôtel Caritas. En cette période touristique, les serveuses et garçons de restaurants, mais aussi beaucoup de Badois portaient des tenues folkloriques. Du train ils purent, au retour, revoir à la jumelle la statue du Hirschsprung.

Un après-midi, Rafa rencontra au Parc Colombi un joli petit fox-terrier qui lui sembla perdu et qui s'attacha familièrement à lui. Le garçon le photographia, se promena et joua avec lui. Le soir, ils parurent contrariés de se quitter. Le chien resta quelques instants à attendre en jappant devant la porte de chez les Heiss, avant de filer sous le regard attristé du garçon qui l'aurait bien gardé. Il eut l'impression de perdre un ami...

Peu avant la fin de leur séjour, les trois Français allèrent en excursion au Schauinsland, un sommet assez proche, qui surplombait la ville d'un peu plus de mille mètres. Depuis le terminus du tramway, le chemin de la Kohlerau est bien tortueux et ils n'arrivèrent au sommet qu'en début d'après-midi, après un casse-croûte pris en chemin. Le temps était assez dégagé de sorte qu'on aperçut d'en haut, la ligne des Vosges à l'ouest, les crêtes de la Forêt-Noire et en particulier le Feldberg en face, à l'est. On devina au sud, en bordure de la Suisse, la vallée du Rhin voilée par un peu de brume et, au loin les Alpes suisses avec l'ensemble Eiger, Mönch et Jungfrau. Une grande table d'orientation en grès permit aux excursionnistes de s'y retrouver.

Les trois copains après avoir pris quelques photos burent chacun une canette de bière d'un demi-litre au Berghôtel. Pour la descente, Rafa s'éloigna puis se perdit. Voyant la nuit tomber doucement sur les bois, assez effrayé, il se renseigna auprès d'un paysan et se hâta de remonter presque à pic jusqu'à un chemin où un touriste lui indiqua le chemin du Sohlacker. Une fois traversé un terrain d'abattage d'arbres, en principe interdit mais désert, il aperçut une pancarte salvatrice. Rassuré, il put après cela s'orienter d'après la flèche de la cathédrale. Une descente abrupte, un raccourci, le mena à un faubourg.

De retour peu avant le dîner, remis de ses émotions, il ne fut pas fier face aux copains qui l'avaient attendu un moment. On s'expliqua mais tous, les Heiss y compris, furent heureux que l'équipée se soit bien terminée.

La belle cathédrale gothique, le vieux Kaufhaus, les places du Marché et des Pommes de terre, en un mot le pittoresque centre de Fribourg intéressèrent moyennement ces jeunes gens davantage attirés, la chaleur aidant, par la grande et moderne piscine ouverte dont ils profitèrent beaucoup. Une énorme statue de pierre représentant un taureau couché sur un flanc, tête relevée, ornait le bord du bassin. Devait-il symboliser la force et la puissance ?

Content des vacances et des Heiss, qui furent aux petits soins, Rafa trouva pourtant que cela avait assez duré. Ces gens, étaient braves au fond, mais ils suivaient le mouvement avec bonne volonté. Hitler répondait, hélas, à la nostalgie de grandeur wilhelmienne, au besoin d'ordre et aux problèmes du chômage, après le désarroi politico-économique allemand favorisé selon certains, par le Traité de Versailles.

Obligé de faire un compte-rendu de son séjour à son prof d'allemand, Rafa conclut, assez incisif et en pleine classe :

- Hitler est à mon avis le produit, la sécrétion en quelque sorte, de l'Allemagne actuelle !

Monsieur Albrecht, plus nuancé, répondit :

- Elle a heureusement aussi apporté bien d'autres choses au monde que ce "Führer" psychopathe qui, sur un terrain favorable dû aux circonstances, se trouva prêt à saisir le pouvoir.

A tout le moins, l'Italie, le Portugal et la Russie sont aussi des dictatures, ajouta-t-il.

- Sans doute, et la tension internationale n'en est pas moindre pour autant, répliqua Rafa.

Le maître, agacé, lança, probablement pour dévier un peu du sujet :

- Notre Révolution française supprima la monarchie royale, mais laissa bien vite la porte ouverte à l'absolutisme napoléonien, qui à son tour s'empressa d'engendrer une nouvelle noblesse, avec tout ce que cela impliqua.

L'élève qui aimait débattre, rétorqua :

- Il n'empêche que, même si l'histoire voit certaines situations se reproduire, je préfère la démocratie et suis dégoûté de l'endoctrinement aussi ridicule que théâtral des nazis.

A l'enseignant de concéder pour clore le débat :

- D'accord, la démocratie est probablement le gouvernement le moins mauvais.

Ni lui ni le lycéen n'imaginaient alors l'avenir.

N'ayant guère progressé en allemand, Rafa fut néanmoins content de noter sa communion d'idées avec ses compatriotes et de bien se sentir dans sa peau d'Alsacien.

* * *

Fin septembre, à nouveau invité par sa tante, Rafa visita l'Exposition Internationale. Il faisait encore beau et assez chaud à Paris. L'imperméable sur le bras, il portait complet-cravate, comme la plupart des hommes. Auty et la majorité des belles dames étaient en tailleur et gabardine. D'autres, munies d'un parapluie tom-pouce, avaient mis un manteau. La plupart des beaux messieurs étaient chapeautés.

Dire que Rafa fut intéressé n'est sûrement pas assez fort. Le face à face des pavillons d'Allemagne et d'URSS était symbolique et prémonitoire.

La tour de l'exposition allemande, carrée à la base, avec ses entrées encadrées de lampadaires en forme de torche, présentaient comme l'ensemble du bâtiment un aspect colossal, typique du style nazi. L'aigle germanique prêt à l'envol avec ses ailes semi-déployées, était perché au sommet, sur une grande croix gammée entourée d'une couronne de lauriers. Un café-restaurant, des jardinières de plantes vertes et des bacs contenant des arbustes, disposés tout au long des balustrades, se trouvaient sur la terrasse au haut de la tour. Auty et Rafa s'y firent photographier à côté d'un gros et majestueux bison de granit qui semblait perdu en ce lieu où on ne l'avait sans doute placé que pour qu'il montrât sa puissance, symbole de l'Allemagne. Sa finition, d'un genre très germanique, rappelait celle du taureau de la piscine de Fribourg en Brisgau.

La tour du pavillon russe, plus élégante, servait de socle à d'énormes statues d'un homme et d'une femme dont les mains rapprochées, tenant l'un une faucille et l'autre un marteau, symbolisaient la Russie Soviétique. Un effet de mouvement et d'élan très bien rendu se dégageait de ce groupe de travailleurs. Il semblait plus beau à Rafa et tout aussi impressionnant que la réalisation allemande.

Le pavillon d'Alsace était assez joli mais faussement campagnard avec son enseigne "A la cigogne", sur fond de Tour Eiffel. Rafa, photographe débutant, prit quelques vues, en particulier du Grand Palais et du Palais de Chaillot avec ses jets d'eau. Il conserva un souvenir global, sans pouvoir du fait de la brièveté de la visite, se rappeler l'intérieur des pavillons.

Han qui revenait de vacances à Florence et en Italie du nord, visita également l'Exposition puis les frères s'en retournèrent ensemble à Strasbourg.

A la rentrée d'octobre, Rafa se trouva en classe de seconde avec plusieurs vieux copains. Il eut comme camarade, au deuxième rang du milieu, René Wappler qui, à Fustel de Coulanges, au moins depuis la sixième, avait eu chaque année le prix d'excellence. Cette particularité n'était malheureusement pas contagieuse, ce qui n'empêcha pas les nouveaux voisins de banc de bien s'entendre. Wappler, fils de médecin était d'une famille protestante de six enfants dont l'un était pasteur. Grand, avec pas loin de deux mètres, un peu dégingandé, portant lunettes de myope, pas très sportif, il habitait à deux minutes du lycée, sur le quai. Peu bavard, sans être taciturne ni renfermé, il était aimable, se fâchait rarement ou tout au moins ne perdait pas son calme. Sa réussite aux examens, sans efforts semblait-il, paraissait naturelle. Parfois un peu rêveur, sa passion était les bateaux qu'il dessinait à la plume. Fait insolite, Wappler n'écrivait pas au stylo à une époque où presque tous en avaient. Rafa était satisfait du "Semper" à plume rentrante en or et à pointe d'iridium, que son frère lui avait refilé. Les modèles à réservoir de caoutchouc et remplissage par un système de petit levier étaient en effet déjà démodés.

Un tel voisin ne pouvait qu'être stimulant, avec pourtant la remarque que lorsqu'il dessinait, ce qui était fréquent, Rafa lorgnait et relâchait son attention. Mais il apprit à connaître ainsi des unités de la flotte française comme les : Jeanne d'Arc, Emile Bertin, Duguay-Trouin, Georges Leygues, La Galissonnière, le Terrible, un contre-torpilleur qui gagna le record de vitesse, le Surcouf, à l'époque le sous-marin le plus grand du monde et quelques autres. Wappler connaissait le plus souvent, et c'était épatant : catégorie, tonnage, dimensions, puissance, vitesse, tirant d'eau, armement et équipage des vaisseaux ! Il avait une prédilection pour la marine de guerre mais, le Normandie, qui avait gagné le "ruban bleu", la Santa-Maria de Colomb et la galère trirème athénienne le captivaient aussi.

Les simples pupitres de bois peint, tous de même taille et à deux places, avec casiers, sièges et tablettes fixes, avaient, en avant et à droite, logé dans un évidement spécial, un encrier de verre épais ou de faïence, conçu pour ne pas déverser le contenu. Ces petits récipients devaient être régulièrement remplis par le responsable de classe, aussi appelé "moniteur", dont la fonction n'était enviée que dans les cours élémentaires.

La classe comptait vingt-six élèves, un peu moins que l'année précédente. L'un d'eux, grand et frisé, une vraie tête de métèque comme on disait alors, avait modifié son nom de famille et s'exprimait encore assez mal en français, quoiqu'il eût déjà fait sa troisième au même bahut. Il déclara un jour après une courte absence, qu'il avait été malade "de la foi", ce qui fit s'esclaffer ses camarades peu indulgents.

Deux des professeurs étaient d'anciens élèves de "Normale Sup". Le matheux, nonobstant piètre pédagogue, donnait l'impression de planer loin au dessus des élèves.

Rafa dont les résultats restaient moyens, bossa beaucoup, souvent tard le soir et les jours fériés. Le prof. de lettres Monsieur Huller, voulut bien lui donner des leçons particulières avec un autre élève, François Piffer.

Au Foyer de la J.E.C., place Saint Etienne, le garçon participait aux réunions du groupe "Albert de Mun" dirigé par les aumôniers du lycée et présidé par l'ami Hasenmüller. L'association qui poursuivait son activité théâtrale, monta les "Femmes savantes" et on lui attribua le rôle d'Henriette. A nouveau un rôle féminin, dit-il mécontent ! La représentation, avant Noël, fut très applaudie mais sa préparation et la Messe mensuelle à St. Arbogast, avaient encore pris tout son temps libre. Ceci étant, il lui fut impossible d'aller en plus aux conférences sur le "Courage des cadets de l'Alcazar de Tolède" ou à celles concernant Psichari et Albert de Mun.

Stéhlé junior, ne put pourtant pas s'empêcher de voir à l'écran, ses béguins dans : "Ces dames aux chapeaux verts", "Gueule d'amour", "Carnet de Bal", "La dame de Malacca" et,

Mexique oblige, "Viva Villa", une épopée à la gloire du révolutionnaire. Un des clous de la saison fut "La Grande Illusion" qui réunissait Fresnay, Gabin, von Stroheim et Dalio. L'illusion, contre-pied des idéologies totalitaires, portait sur la tolérance des ethnies entre elles et sur l'entente des nations ! Le film, en partie tourné au château de Haut-Koenigsbourg, attira d'autant plus les Alsaciens qu'ils étaient très familiarisés avec cette forteresse qui dominait leur plaine. Restaurée vers 1900 pour le Kaiser, à partir d'une ruine du XIIème siècle, il est notoire que le monarque fit graver sur une plaque de cheminée : "Je n'ai pas voulu cela". Etait-ce la manifestation d'un tardif regret d'avoir déclaré la guerre, influencé par sa cour et l'armée ?

Le conflit espagnol continuait, entretenant des controverses politiques, elles-mêmes renforcées par les récents livres de Gide : "Retour d'URSS" et "Retouches à mon retour d'URSS". L'auteur y expliquait sa déception du régime stalinien. Le parti et l'intelligentsia communistes français négligèrent ou réprouvèrent ces écrits proscrits en Russie.

L'agitation politique battait son plein et, la préparation d'un putsch d'extrême droite découverte en novembre 1937, fut suivie d'une série d'arrestations. Au lycée, on discutait beaucoup de la "Cagoule", de Blum, de Thorez, de Maurras, et du colonel de la Rocque. Ce fut l'année du pacte tripartite entre Allemagne, Japon et Italie. Cette dernière quitta la S.D.N., puis signa le pacte anti-Komintern.

Le calme n'était pas revenu en Extrême-Orient depuis septembre 1931, date du début de la guerre sino-japonaise. En contant, Rafa rappela qu'il s'était alors, avec son ami Yvon, inspiré de ce conflit quand ils jouaient à la guerre. Dans son imagination de gosse, il faisait, avec la mitrailleuse qu'il avait reçue, des ravages dans les rangs ennemis. Son intérêt pour "les jaunes" datait de l'époque.

Les Chinois reprochèrent aux Japonais d'avoir avancé vers Liu-Kou-Chiao et forcé une ville. Les Nippons accusèrent les Chinois de rupture d'engagement et d'avoir attaqué. La guerre ouverte éclata en juillet 1937. Les succès japonais à Pékin, en Chine du nord, dans les régions de Shanghaï et de Nanking furent éclatants. Les principaux noeuds ferroviaires de la côté étant tombés sous contrôle nippon, Chang Kai-Chek fuit et s'allia avec Mao-Tse-Tung contre le Japon.

Lors de la prise de Nanking, les Chinois furent sauvagement massacrés y compris femmes, enfants et prisonniers. Il y eut de trois à quatre cent mille tués. Les femmes qui survécurent après viols en série, furent réduites à l'état d'esclaves sexuelles, tout comme des coréennes "importées" pour servir de "dames de réconfort" aux soldats japonais. Ceux-ci obéissaient à leur empereur, pour glorifier la déesse du Soleil ! Cette extermination longtemps peu connue, fut avouée par certains, mais aussi minimisée voire contestée par des révisionnistes, comme on en trouve même après les pires horreurs !

* * *

Le professeur G. Fuentès, et son épouse qui habitaient la maison depuis 1933, étaient devenus des amis. Titulaire de la Chaire d'Hydrologie et de Thérapeutique à la Faculté, il revenait début 1938 d'un voyage consacré à des visites protocolaires de candidature à une Chaire, lorsqu'il se plaignit de douleurs au haut du ventre. D'après son épouse, il avait mangé des huîtres douteuses durant son voyage. Arrivé chez lui très fatigué, il s'avéra après examens qu'il avait en fait un infarctus cardiaque. Il mourut peu après. Pour la cérémonie de levée du corps, les représentants de la Faculté vinrent en toge et la cérémonie fut strictement laïque. On l'inhuma dans le caveau familial près de Montpellier. Sa veuve alla ensuite habiter Paris et l'appartement devenu vacant fut loué à une famille d'émigrés.

Parmi les autres locataires de la maison, deux des cinq familles juives avaient fui l'Allemagne ; l'une d'elles était déjà venue de Russie après la révolution. Ces émigrés étaient très corrects, plutôt effacés et contents d'avoir la paix.

Rafa reçut sur ces entrefaites une carte postale de Mar del Plata, envoyée par un sympathique garçon, Roger, connu ainsi que ses parents, l'été dernier au bain Weiss. Les vacances finies, ils avaient continué à se voir et aussi à s'inviter quelques fois. Les Baumann eux aussi émigrés d'Allemagne, s'établirent en Argentine où se trouvait déjà une partie de leur famille.

En mars 1938, ce fut l'annexion de l'Autriche ou "Anschluss". Hitler incorporait son pays natal au Grand-Reich allemand, bien qu'il eût reconnu la souveraineté de l'Autriche en 1935. Rassuré par le consentement de Mussolini, Hitler lança un ultimatum au chancelier Schuschnigg. L'Autriche, pratiquement livrée aux nazis, Schuschnigg réagit en annonçant un plébiscite pour le 13 mars, mais Hitler le devança et ses troupes franchirent la frontière la veille. Une loi bilatérale consacra le 13 mars la fusion des deux pays. L'Autriche devint un "Land", et Schuschnigg mis en prison, fut remplacé par Seysz-Inquart.

A l'époque Han apporta à son père et au frérot, des pages de sa thèse pour y corriger des fautes d'orthographe ou des coquilles. Le garçon, intéressé également par le sujet, s'acquitta consciencieusement du travail pour faire plaisir au grand frère. La thèse fut acceptée avec la mention "très honorable".

Han était aussi très amoureux de Ninette. Il jouait souvent, mélancoliquement, la valse du "Faust" de Gounod au piano. Son petit frère qui l'écoutait tout en lisant l'"Archipel en feu" de Jules Verne, associa ce roman, en particulier son dénouement par un mariage, à la fameuse valse si souvent entendue.

Ninette était gentille et très belle de sorte que Rafa aurait été heureux de l'avoir pour belle-soeur. D'origine yougoslave, elle étudiait l'espagnol. Sa mère divorcée, s'était remariée avec un commandant de la garnison. Une présentation à la famille eut lieu un dimanche après-midi au "Palais de la Bière", endroit pour le moins assez prosaïque, mais neutre.

Les parents Stéhlé avaient quelques objections, la principale étant que Han n'avait pas encore de situation et qu'il devait auparavant faire son service militaire. Comme prévu, il fut appelé en fin de sursis d'études et alla à l'Ecole d'Officiers de Réserve du Service de Santé de Villeurbanne .

Bien que peu sportif, Rafa participait aux cours d'éducation physique de Monsieur Lefebvre. Il était bon au grimper à la perche, mais le plus souvent, on jouait à la bataille au ballon, au foot et on faisait des courses ou du saut en longueur dans la cour. Des copains, en particulier Niel et Francet, primés en éducation physique, donc les as de la classe en matière de sport, discutaient de boxe.

Ils s'enthousiasmèrent pour la victoire, en juin et au premier round, de Joe Louis sur l'ancien champion mondial Max Schmeling. Les catégories et techniques des boxeurs, les sommes astronomiques gagnées par eux, mais aussi jouées autour des rings, étaient l'objet de débats. Rafa écoutait amusé mais toujours très intéressé.

Le dialecte alsacien, non utilisé dans le groupe de Rafa, était en général peu employé à "Fustel". La coutume du bahut voulait que les gars s'appellent par leur nom de famille et que les maîtres les vouvoient ; et pas question de tutoyer un maître qui ne soit un parent. La mixité n'existait qu'après le bac, dans les premières supérieures.

A la sortie du lycée, Wappler, Poncet, Rafa et Piffer, s'attendaient souvent pour discuter. Poncet, fin, drôle et un peu fantasque, venait d'un milieu intellectuel. Son père était professeur à la Faculté des Lettres. De taille moyenne, ses longs cheveux lui donnaient un air de poète. Piffer, qui habitait assez loin, se joignait moins fréquemment au groupe, car il lui fallait pousser sa bicyclette. Il était gentil, calme et studieux. Les penchants monarchistes d'un des gars étaient charriés, tandis que la compétence de Wappler pour tout ce qui avait trait à la marine était incontestée. En poésie, Musset avait la préférence et ainsi, ils déclamaient souvent en marchant, des vers de Rolla, la "Ballade à la Lune..." On répertoriait aussi des termes d'argot peu courants et, c'était à qui citerait les plus croustillants. Rafa rappela à ce propos que c'est dans les "Misérables" qu'il trouva, "morfillez les momaques".

L'ambiance sympathique du petit groupe rappelait celle des "Copains" de Jules Romains. Ils s'étaient délectés de ce bouquin plein de verve mystificatrice, tout comme de "Knock". A la lecture de quelques volumes des "Hommes de bonne volonté" ils avaient par contre trouvé ce même auteur long et indigeste. Roger Martin du Gard, titulaire du prix Nobel de Littérature de 1937, était apprécié des potaches. "Jean Barois" et "les Thibault", autres sujets de débats, posaient dans un style vivant, et sans prétendre moraliser, les problèmes de l'au-delà et des réalités de la vie contemporaine.

Encore gamins par certains côtés, Poncet et Rafa se livraient souvent, au pont Royal, en face de la Gallia, à un rituel loufoque qui consistait à jeter dans l'eau avec des incantations à Mercure, un pavé enlevé à la berge d'accostage du quai des Pêcheurs. Une grande surface de pavés fut ainsi dégarnie, comblant presque l'espace entre la première pile et la berge de l'Ill. La rive était d'ailleurs délaissée, même des pêcheurs, à cause des bruits de circulation. Enfin, avant de rentrer, la petite bande prenait parfois un pot au "Pont des Vosges", au "Ysehuet" ou même plus loin au "Joyeux marinier", un café de la Robertsau.

Wappler refaisait alors le chemin jusque chez lui, à rebours. Malgré ces flâneries, il eut le prix d'excellence ; Rafa un prix du Tableau d'honneur et de sciences naturelles, des accessits mais curieusement, car il ne se sentait pas doué en la matière, une mention en dessin chez Maître Kuntzner.

Charles Trénet, le "fou chantant", très en vogue, avait lancé son "Boum, tout dans mon coeur fait boum" . Bartali venait de gagner le Tour de France.

Rafa alla en colonie de vacances connaître la Bretagne, avec une vingtaine de garçons et filles. Un enseignant, Monsieur Harter et sa famille, organisaient depuis des années un séjour d'été à Saint-Jean-du-Doigt, près de Morlaix. Un des fils Harter, étudiant en médecine, s'occupait du côté sanitaire, tandis que sa soeur assistait ses parents. Le père Harter et son épouse dirigeaient séjour et excursions. Une assez bonne pension hébergea le groupe, mais le temps ne fut pas fameux avec assez souvent de la pluie et peu de chaleur.

Le lendemain de l'arrivée, les vacanciers se hâtèrent de voir tout d'abord la mer et puis, à sept cents mètres seulement, la belle plage de sable très fin. Quelques uns allèrent à la messe au petit village de Saint-Jean-du-Doigt, dont l'ancienne et belle église a une tour peu élevée et carrée. Rafa photographia l'oratoire de Plougasnou, assez bien conservé puis, une éclaircie survenant, il alla faire trempette avec le groupe.

Lorsqu'il faisait sec et frais, comme il y avait toujours une certaine brise, la plage était idéale pour jouer avec des cerfs-volants. A défaut de beaucoup de baignades, les Harter, habitués aux jeunes, s'efforcèrent de rendre le séjour attrayant du point de vue touristique et culturel.

L'excursion à Saint-Malo eut lieu fin juillet. Il y eut la classique visite du Fort Vauban, des Remparts, de la cathédrale

Saint-Vincent et de la vieille ville, si différente des anciennes cités alsaciennes.

Et puis, il fallut bien aussi se recueillir sur la tombe de Chateaubriand ; sobre mais belle, entourée d'un grillage de fer forgé un peu travaillé, elle était orientée vers l'océan qu'elle surplombait. Une croix massive, faite de la même pierre grise que le reste de la sépulture, la dominait. Sur une placette proche, se dressait la statue de l'écrivain, représenté assis, plume à la main droite, accoudé à gauche, avec la main à la tempe. Sans doute cette statue était celle qui illustrait certains manuels scolaires.

On la photographia, entourée de tout le groupe, puis Monsieur Harter, en se lançant dans un topo sur le grand homme, dans le genre du discours inaugural de monument, fit bien sourire ! Le tour de ville se termina au port, où deux grands voiliers, de ceux qui allaient autrefois au delà des mers, étaient à quai.

A Dinan, Rafa fut tiré de sa somnolence pour regarder un vieux pont gothique. Passé Morlaix, la route du retour devint monotone et tout le car dut chanter pour ne pas s'endormir.

Une autre fois, toute la colonie Harter alla assister à la fête de la mer à Diben, petit hameau proche de Plougasnou et de la Pointe de Primel. Les sons des cornemuses et bombardes cessèrent à l'arrivée d'une barque ornée de la bannière nationale, du drapeau plein d'inscriptions dorées de l'association d'anciens marins, et d'un étendard aux couleurs de l'église. Le bateau transportait l'autel, le curé qui célébrait la messe, et sa suite. Au moment de la bénédiction de la mer, une flottille de barques, petits voiliers et canots à moteur, évoluait dans la baie. Beaucoup d'hommes avaient mis leur costume traditionnel ou une tenue de pêcheur. Les femmes, les plus âgées surtout, étaient parées de la coiffe "bigouden" et de vêtements régionaux. La foule des croyants, priait ou chantait des cantiques, dispersée autour du petit golfe. Bien des gens étaient juchés sur les rochers alentour. Un gars du groupe dérapa, tomba et prit un bain de pieds sous le regard sévère du père Harter, tandis que la jeunesse s'esclaffait sottement.

Le lendemain, les vacanciers visitèrent une bonneterie et la vieille cité de Morlaix avec son viaduc à deux étages d'arches, enjambant la place centrale. Le retour se fit par les calvaires de Thégonnec et de Guimiliau dont l'enclos paroissial est un des plus caractéristiques de l'art religieux de Bretagne. Son calvaire qui représente la Passion du Christ, est le plus riche de son genre. Tout cela, avec la mer bien sûr, était très différent de ce que les vacanciers alsaciens avaient l'habitude de voir dans leur province et constituait un réel et sympathique dépaysement.

Au casse-croûte tiré du sac s'ajoutèrent des crêpes, offertes par la mère Harter. Dans l'autobus, le groupe qui comptait huit à neuf filles de treize à quatorze ans et quelques scouts, chanta en choeur sous la direction du fils Harter. Le répertoire comportait des chants bien connus : "En passant par la Lorraine" "Les montagnards", "Ma Normandie", "Vous n'aurez pas l'Alsace et la Lorraine", ou tout simplement, "A la pêche aux moules, moules, moules...", "Un éléphant ça trompe, ça trompe...", "Un kilomètre ça use, ça use les souliers...", "Rosalie, elle est partie...", et aussi un air en dialecte alsacien, le très connu, "Jean dans son trou de moustiques a tout ce qu'il veut, ce qu'il a, il n'en veut pas, et ce qu'il veut, il ne l'a pas" Rafa, n'avait guère appris le patois au contact des gars, hormis quelques jurons et injures, les uns plus truculents que les autres.

Après Saint-Pol-de-Léon, les jeunes gagnèrent Roscoff où ils se hâtèrent de voir l'Aquarium afin de ne pas rater le bac pour l'île de Batz. Là, à une courte distance de la plage sablonneuse, ils purent visiter le phare, autre nouveauté pour eux.

Les soirées se passaient à bavarder, blaguer, écouter des

disques ou à jouer à la belote. Les plus grands dansaient au salon, sous les yeux vigilants des Harter. Lors de ces veillées agrémentées, par temps frais, d'un feu de cheminée, on élaborait aussi le programme du lendemain.

A Brest, Monsieur Harter, en bon enseignant, parla de l'importance de la ville, chef-lieu de département, avec sa place forte et son château, construits du temps de Richelieu. Le port de guerre et le chantier naval intéressèrent davantage les garçons.

Au port, l'Emile Bertin était amarré, avec ses plages avant et arrière bâchées. Un canot à moteur et un remorqueur s'affairaient prés de lui. Le plus sensationnel pour Rafa, fut de voir d'une petite hauteur, à environ trois cents mètres, dans son bassin, le cuirassé "Strasbourg" flanqué d'une grue, d'un transbordeur et d'une passerelle. On apercevait ses deux tourelles avant, chacune à quatre canons, pointés en différentes directions. Quelques masses informes, ballots et caisses se trouvaient à la proue. L'ancre tribord-avant était levée, le vaisseau étant en cale sèche.

On pouvait distinguer à deux cents mètres de là, par-dessus des feuillages, son frère le "Dunkerque", également entouré de grues.

Le cuirassé "Provence" et l'"Alcyon", sans doute un contre-torpilleur, étaient ancrés dans la rade. Une "saucisse" amarrée se balançait au vent à une cinquantaine de mètres de hauteur, un peu au delà de la grande jetée. En souvenir de ce 9 août 1938, Rafa ne manqua pas de photographier ces magnifiques vaisseaux.

L'excursion au Finistère prit toute une journée. La Baie des Trépassés, la Pointe de Raz, son phare et le monument de Notre-Dame-des-Naufragés étaient impressionnants. L'accès à la statue de la vierge de marbre blanc, sur son socle, entouré d'un muret, était barré par une chaîne. Bouvier photographia son camarade de chambre Rafa appuyé à un pilier de l'escalier, à environ trois mètres d'une fille adossée à l'autre pilier. Se tenait-il à distance d'elle par timidité ou parce qu'elle n'était pas bien belle, avec sa loucherie et d'épaisses lunettes ?

La route, jusqu'à Audierne, longea une mer assez mouvementée puis gagna l'arrière-pays pour rejoindre Quimper. La visite de la vieille ville et de la belle cathédrale avec ses deux superbes flèches une fois terminée, le groupe déjeuna dans une école de soeurs. De là, les Harter les conduisirent à une faïencerie pour y voir le travail et acheter quelques souvenirs. L'arrêt à Concarneau suffit juste pour un coup d'oeil sur la baie, puis pour un tour au port de pêche et à la "Ville close". Le retour se fit par Quimper et les côtes d'Armor.

Dans l'autocar, Rafa se rapprocha de Paulette, une belle fille, mince, blonde aux yeux marron, qu'il avait repérée dès le départ de Strasbourg, lorsque son père l'accompagna à la gare pour la confier aux Harter. Ce monsieur, petit, rougeaud et bedonnant, possédait une boucherie-charcuterie à Strasbourg, près de la caserne Stirn. Un flirt s'ébaucha entre Paulette et Rafa, ennuyé d'avoir à baratiner aussi Marlyse, son inséparable copine.

Bien qu'un peu déconnectés du reste du monde en cette période de vacances, les jeunes Alsaciens apprirent que le "Queen Mary", venait de ravir le "Ruban Bleu" de vitesse au "Normandie", et cela les contraria fortement.

Le clou des vacances fut le Mont-Saint-Michel. Le site est inoubliable, aussi bien l'ensemble de l'Abbaye, la Crypte, l'Escalier de dentelle, que les rues et remparts. L'immensité de sable et d'eau qui entourent le Mont, est très impressionnante.
Il fit vraiment chaud ce jour là, et le trajet, entre car et abbaye, puis par les rues et montées, exténua nos lycéens, mais

plus encore les parents Harter, déjà âgés et de surcroît un peu obèses. Malgré les rafraîchissements et les glaces, tous se sentirent claqués. Il fallut encore attendre deux filles et un gars, perdus dans la foule. Pendant ce temps, Rafa acheta dans une boutique quelques cartes postales, des pochettes de photographies et un porte-plume en os, incrusté d'un petit verre grossissant qui, par transparence, montrait le Mont-Saint-Michel.

Toute la colonie s'assoupit dans le car, et l'arrivée à Saint-Jean-du-Doigt fut applaudie de tous.

Le retour à Strasbourg se fit naturellement par Paris, où il fallut changer de train. A un kiosque de la Gare de l'Est, Rafa tomba sur le compte-rendu de l'arbitrage concernant les frontières du Paraguay et de la Bolivie, qui mettait fin aux longues discussions qui suivirent la guerre du Chaco. Voilà au moins un coin où les choses semblent s'arranger, opina-t-il !

La fin du voyage resta très sympathique. Tous étaient enchantés de leur séjour et plaisantaient ; on échangea des adresses avec promesse de s'écrire et de se revoir.

Chapitre 11

LA GUERRE ANNONCÉE

A Strasbourg, Rafa alla bien sûr rôder du côté du boulevard Clemenceau et passer devant la boucherie du père de Paulette, mais il ne la rencontra jamais et n'osa, ni se pointer, ni même téléphoner. Il n'y avait pas d'appareil téléphonique chez lui et aller à la poste le gênait. Les événements se chargèrent du reste de lui changer les idées.

Tout le monde était inquiet des menées hitlériennes en Tchécoslovaquie. Le territoire des Sudètes était habité d'environ trois millions d'Allemands et, Hitler, instigateur des agitations qui y régnaient, prit fait et cause en faveur de cette population. Il revendiqua le territoire en vertu du droit des peuples de disposer d'eux-mêmes. Une grave crise internationale en résulta.

Le Premier Ministre anglais, Neville Chamberlain se rendit le 15 septembre à Berchtesgaden chez Hitler, puis une semaine après à Bad Godesberg ; alors que le dictateur avait déjà sommé le gouvernement de Prague d'évacuer les Sudètes. La guerre semblait imminente du fait des obligations françaises envers la Tchécoslovaquie. La France avait du reste rappelé quelques classes.

Comme bien des Strasbourgeois, les Stéhlé quittèrent la ville destinée à se trouver en première ligne en cas de conflit. Le strict nécessaire en literie et ménage, la radio, la bicyclette et la cage à oiseaux avec un couple de diamants-mandarins, furent chargés sur la camionnette du beau-frère de la fidèle Elise, revenue travailler chez eux. Les parents s'assirent à côté du conducteur et Rafa prit place derrière, sur la plate-forme, avec tout le bazar. Ils s'installèrent à Maisongoutte, dans le val de Villé, non loin du col de Steige, chez la mère d'Elise qui était veuve. Anna partageait la cuisine avec cette brave femme qui faisait tout son possible pour rendre sa vieille demeure accueillante. Dans les chambres à coucher, petites, basses et à odeur de moisi, il restait peu de place, à côté du lit alsacien, de la table de toilette et du poêle en faïence émaillée. Il n'y avait l'eau courante qu'à la cuisine. Une pompe à eau ainsi que les commodités étaient dans la cour. Rafa jouait avec le chien, allait au village, aux champs ou à l'étable pour assister à la traite des vaches. Il suivait le plus souvent Alfred, le beau-frère d'Elise. Cela le changea de sa vie de citadin. Il ne détesta pas l'expédition et cette existence campagnarde.

La crise internationale se prolongeant, Fritz quand il n'était pas collé à la T.S.F. allait à Barr ou à Strasbourg, pour essayer d'en savoir plus. La radio n'était pas rassurante malgré le désir de paix proclamé maintes fois par le Premier ministre Chamberlain qui hésitait, à engager l'Empire Britannique dans une guerre "à cause d'une querelle dans un pays lointain, entre des gens dont nous ne savons rien". Rafa entendait tenir des propos analogues autour de lui et affirmer que la France, ainsi que l'Angleterre n'étaient pas préparées à une guerre, ce qui semblait vrai. Le Traité de Versailles qui garantissait les frontières de la Tchécoslovaquie, était pour les Allemands, mais aussi pour d'autres, déficient voire dépassé. Hitler déclarait solennellement dans un discours à Berlin, que la revendication des Sudètes était la dernière qu'il aurait à formuler sur le plan territorial, en Europe.

L'accord de Munich du 29 septembre 1938, conclu entre l'Angleterre, la France, l'Allemagne et l'Italie, donna satisfaction à Hitler qui, sans tarder occupa les Sudètes. La Pologne et la Hongrie, quant à elles, amputèrent la Tchécoslovaquie des territoires où ils avaient des minorités. La population de France, en particulier l'Alsace située en première ligne, hostile à un conflit armé, se sentait soulagée. L'accueil fait à Chamberlain et à Daladier montra bien qu'on redoutait la guerre. Le Maire de Strasbourg écrivit à Daladier pour le remercier ! C'était néanmoins un manquement de parole, un "lâche soulagement" pour Léon Blum. Une partie de la gauche était résolument pacifiste et la bourgeoisie, se rappelant février 1934, avait plus peur du Front Populaire et du communisme que d'Hitler et du fascisme. Beaucoup de gens pensaient pourtant que ce n'était que reculer pour mieux sauter, avec des prémices bien peu favorables.

La rentrée des classes étant fixée au 1er octobre, les Stéhlé rentrèrent sans tarder, avec sacs et bagages, moins les oiseaux qui ne supportèrent pas ces tribulations.

La salle de classe de la section de première où était Rafa, avait à gauche de sa porte, une plaque commémorative en hommage aux "Députés protestataires de 1871". Jacques Kablé, un ancien du Lycée, avait été l'un d'eux.

La plupart des vingt élèves s'étaient déjà connus en seconde et on se revoyait avec plaisir. Wappler et Rafa furent à nouveau voisins de banc. Le professeur principal, Monsieur André Trumeau, homme très distingué, agrégé de lettres classiques, très apprécié, sut faire aimer à ses élèves le XVIIIème siècle, et en particulier Voltaire dont il était sans doute spécialiste. L'enseignant de math., le même qu'en seconde, ne s'était pas amélioré. Celui d'histoire et géographie, ancien normalien, méritait hélas le surnom de "ver de vase". Conscient qu'il fallait travailler dur pour décrocher le bac, Rafa se remit vite au boulot.

Il s'était déjà questionné sur sa vocation et ses pôles d'intérêt avaient varié. Vu sa médiocrité en mathématiques et parce que ses parents n'y furent pas favorables, la marine resta éliminée.

La carrière diplomatique lui aurait plu et, sans savoir pourquoi, il se serait bien vu consul de France à Szegedin. Pourquoi Szegedin ?... Il s'était certes intéressé aux événements diplomatiques, historiques ou plus récents, relatés par la presse. Des noms d'ambassadeurs distingués comme, Coulondre, Corbin, François-Poncet, Léon Noël, d'Ormesson, lui étaient relativement familiers de par ses lectures, ou par ce qu'il entendait à la radio. Mais la carrière diplomatique, du moins celle de haut niveau, était davantage accessible aux noms à particule ou à ceux des "deux cents familles", dont on parlait beaucoup à l'époque, qu'à un provincial, alsacien de surcroît. L'argument n'était pas péremptoire mais il fallait y réfléchir à deux fois ! De plus, intégrer Sciences-Po. à Paris, n'était pas évident. L'Ecole Coloniale et celle des Langues orientales, l'intéressèrent un moment, vu son attirance pour les voyages mais il redoutait le concours d'entrée. Rafa n'ambitionnait ni carrière politique, ni administrative en métropole. Il ne voulut rien savoir de la Pharmacie pourtant conseillée par son père. Tenir une officine ne lui paraissait guère plus attrayant que le métier de droguiste et de plus, les débouchés dans l'industrie pharmaceutique ou chimique semblaient limités, la crise déclinant à peine.

La politique internationale du moment qui jouait bien sûr un grand rôle dans le choix d'une carrière, n'était pas engageante. En conséquence, il fallait encore voir venir. Pourtant, bien intéressé par la biologie et avec l'exemple de son frère Han, il penchait déjà en faveur de la médecine. Dans cette profession, on pouvait, pensait-il, avoir un rôle utile, aussi bien en temps de paix qu'en cas de conflit armé et par ailleurs, elle offrait des possibilités de se consacrer à la recherche. Enfin, le service de santé semblait moins exposé en cas de guerre. Maman Anna et Han abondèrent en ce sens. Le Padre lui laissa le choix.

Monsieur Trumeau, à propos d'une dissertation d'ordre général, avait évoqué des études neuro-psychologiques entreprises à Paris par des chercheurs à l'Hôpital de la Salpètrière. Rafa écouta avec beaucoup d'intérêt. Les média parlaient aussi de la psychanalyse, créée au début du siècle par Freud. Ce récent procédé de traitement de certains troubles mentaux comptait déjà des dissidents, en particulier Jung et Adler qui, à leur tour, faisaient école. Rafa se sentait vaguement attiré par ce domaine d'études. Il acheva une première studieuse avec d'assez bons résultats en dissertation française, le latin, le grec et les maths restant moyens.

Fin novembre, l'échec de la grève générale programmée par les syndicats, surtout la CGT, fut salué favorablement par l'industrie et la bourgeoisie. Paul Reynaud, "le mexicain", comme certains l'appelaient en raison de son origine de Barcelonnette, creuset d'émigrés français au Mexique, était Ministre des Finances du cabinet Daladier. Il menait assez bien sa barque mais la presse, de quel bord qu'elle fût, avait néanmoins accru sa virulence.

Fritz aimait le Canard Enchaîné et riait des sarcasmes de journaux très politisés. Ils étaient, comme par le passé, la tribune favorite des intellectuels engagés, qu'ils soient de droite ou de gauche. "Le succès des modérés est réduit" disait parfois Stéhlé à ses fils ; "tout se passe comme s'il fallait être très engagé pour devenir un journaliste coté, et de grande presse". Il ajoutait : "Faire activement de la politique, est pour un grand nombre de personnes, équivalent d'entrer en "religion". Le conflit des idées et l'intolérance font dériver vers les extrêmes, même s'il n'y avait pas de fanatisme au départ. Un observateur impartial peut douter de l'intellect d'individus dont la dialectique figée devient périlleuse. Rares sont en effet, ceux qui osent critiquer leur idole d'hier". Fritz citait à l'occasion le bon mot d'un polémiste : "Il ne faut pas laisser les intellectuels jouer avec des allumettes". Il lui arrivait par ailleurs, de recommander de se défier des idéologues, et de rappeler que bien des crimes avaient été commis au nom d'idéologies diverses, un exemple étant l'Inquisition.

Au cinéma, une des quelques distractions restant à Rafa, les actualités inondaient de politique avec en plus les revendications de l'Italie sur la Corse, le fort soutien allemand et italien à Franco. Staline n'aidait toujours pas les trotskistes. La Brigade Internationale qui englobait un bon nombre d'intellectuels, avait été dissoute en juin 1938 et la discorde restait importante parmi les "rouges" espagnols.

Il y avait beaucoup de très bons films tels "Port-Arthur", "Quai des Brumes", "Hôtel du Nord", "La bête humaine", "Les disparus de Saint-Agil", "Retour à l'aube". Il s'en dégageait un désenchantement et une certaine fatalité caractéristiques de l'époque. Le splendide film "Blanche-Neige et les Sept Nains" ainsi que les quelques "Tarzan" avec le champion de natation Johnny Weissmüller, arrivaient alors dans les salles françaises et attiraient beaucoup de monde, des jeunes surtout.

Rafa continuait à trimer, particulièrement en latin et en grec. Aux vacances de Noël, il ne bougea pas de Strasbourg et alla à la JEC, pour les quelques répétitions de "l'Aiglon". Le rôle de l'Archiduchesse qu'on lui avait attribué, encore un rôle féminin, était heureusement assez court. Son ami Rudolf joua le duc de Reichstadt. La matinée qui comportait en plus des morceaux de musique, avec Léandre Vontobel au piano, des chants et contes récités, fut un franc succès.

Pendant ce temps, le gouvernement avait les autonomistes

alsaciens à l'oeil, bien que certains, pensant se faire oublier, se soient rapprochés des communistes. Après les perquisitions de fin 1938, on arrêta Roos, antirépublicain et hostile à la France. La dissolution de son groupement, le "Landespartei", fut applaudie par la presse, mais d'autres événements captèrent peu après l'attention : d'abord l'élection du nouveau Pape, le cardinal Pacelli, sous le nom de Pie XII et puis surtout, l'affaire des Sudètes.

* * *

Bien qu'Hitler eût passé la fin de l'année à distraire les services diplomatiques par des propositions d'amélioration des relations franco-allemandes, l'ambassadeur Coulondre signala fin 1938, qu'il semblait vouloir se rendre maître de l'Europe centrale, Tchécoslovaquie et Hongrie comprises. Le "Führer" voulait aussi créer une Grande-Ukraine sous hégémonie allemande, ce qui ne plaisait guère aux Soviétiques. Le diplomate ajoutait que les tensions montaient dans l'entourage de Hitler. Les persécutions raciales soulevaient l'indignation dans différents cercles, mais n'amoindrissaient pas pour autant le prestige du dictateur.

Tout se précipitant, on suivit désormais assez difficilement les événements. Conformément à la tactique qui précéda l'Anschluss et la prise des Sudètes, l'Allemagne, alléguant que des membres de sa minorité en Tchécoslovaquie avaient subi des mauvais traitements, s'empara le 15 mars de la Bohème et de la Moravie. Ceci fut simplement notifié aux autres puissances ! Dans la lancée, la Slovaquie fut mise sous tutelle germanique et l'Italie annexa l'Albanie. Fin mars 1939, Madrid fut prise et Franco, après sa victoire, adhéra au pacte anti-Komintern. L'Espagne, en guerre depuis trois ans, déplora six cent mille morts et la fuite de cinq cent mille républicains, essentiellement vers la France, où un bon nombre se fixa.

Han, médecin sous-lieutenant, qui n'avait en principe à faire qu'une année de service fut maintenu sous les drapeaux. Il s'arrangea pour assister, à ses heures libres, un gynécologue-accoucheur, le Docteur Eric Wecker qui avait une clientèle considérable et disposait de quelques lits d'hospitalisation pour accouchements, à côté de son logement. La Ville de Strasbourg lui avait loué un grand appartement au premier étage de la Maison de l'Oeuvre Notre-Dame, place du Château. Han avait prévu de le remplacer pendant qu'il irait en Amérique du Sud, et de se spécialiser à la "Maternité et Ecole des Sages-femmes" où Wecker s'était lui-même formé.

Le bas de la Maison de l'Oeuvre Notre-Dame, entrepôt de statues de la cathédrale après la Terreur, devint musée en 1931. La partie la plus ancienne, avec pignon à redents chaperonnés, est gothique ; l'autre, de style Renaissance alsacienne traditionnelle, remonte au XVIème siècle. Au premier étage, au coin de la Place du Château avec la rue Rohan, on distingue dans sa niche, une très belle madone érigée sur un piédestal et portant Jésus sur le bras droit. Les deux parties du bâtiment sont reliées par des galeries couvertes et desservies par un ravissant escalier de grès, à noyau creux, s'élevant en spirale autour de trois colonnettes et logé dans la tourelle polygonale qui flanque la partie médiévale du bâtiment. Il y a devant les galeries, une cour limitée par les édifices et par un mur avec portail donnant sur la place.

Le mobilier de l'appartement des Wecker, de style Louis XIV et Renaissance, harmonisait bien avec les vieux meubles régionaux. Tableaux, tapis et lustres n'étaient pas en reste de raffinement. Quelques beaux poêles alsaciens, en faïence émaillée, avaient été conservés lors de l'installation du chauffage central. Les vitres "à l'ancienne", ou en "cul de bouteille", cadraient avec l'ensemble.

Du salon on avait une vue sur le côté et l'entrée sud de la

cathédrale, et aussi sur la haute flèche, bien qu'elle fût implantée sur la partie nord de la façade principale. Depuis le bureau de Wecker, on voyait mieux son entrée latérale ; celle qui donne accès à l'horloge astronomique. Ses portes romanes, sont surmontées chacune de deux fenêtres à vitraux, et d'une rosace. On remarque, assise à mi-hauteur, une madone avec enfant, entourée de sculptures et dominée par un cadran d'horloge. Une statue de Salomon se trouve entre les deux portes ; l'église couronnée et la synagogue, les yeux bandés sont de part et d'autre. Devant cette entrée sud se trouve un parvis surélevé, limité par des marches. C'est là, rappela Rafa, qu'on avait, peu avant représenté des "Mystères", à l'occasion du demi-millénaire de la flèche de cette cathédrale que Stendhal considérait comme la plus belle église gothique du continent. La façade en pierres de taille et à frontons curvilignes du Lycée Fustel de Coulanges contigu, ne tranche pas de façon disgracieuse.

Ninette et Han enseignaient l'espagnol aux Wecker en prévision de leur voyage en Amérique latine. Ils les présentèrent aux parents Stéhlé et on s'invita réciproquement. Rafa qui fut parfois de la partie aima l'ambiance du luxueux appartement des Wecker qui contrastait avec l'intérieur assez quelconque du logement de sa famille. Il nota l'excellence de la cuisine et fut impressionné par le service en robe noire et tablier blanc. Ces dîners, où d'autres hispanisants, notamment Ardila de Bogota, se trouvaient parfois conviés, étaient donc très appréciés.

Le docteur Wecker, fils d'un instituteur de la région d'Ingwiller, se trouvait en fin d'études médicales lorsqu'il fut incorporé dès 1914 dans le service de santé de l'armée allemande. Il termina ses études après les quatre ans de guerre. Ensuite, assistant en Anatomie-pathologique puis à la Maternité de Strasbourg dirigée par le Professeur Hamm, il devint gynécologue-accoucheur. De taille moyenne, brun, moustachu, le front dégarni et portant d'épaisses lunettes de myope, il avait belle prestance. Fin lettré, assez philosophe et plein d'humour, authentique Alsacien, il parlait quatre langues. Marié, déjà passé la quarantaine, son épouse qui avait une formation d'infirmière l'aidait à la consultation. Sans être belle, cette dame avait de l'allure, était charmante, sympathique, cultivée et faisait preuve de beaucoup de tact. Elle avait une passion pour les chats siamois. Prénommée Marguerite, on l'appelait Asta. Originaire de Rhénanie, elle avait un certain accent et zézayait légèrement à cause de ses incisives supérieures proéminentes, sans doute parce qu'elle avait longtemps sucé son pouce étant petite. Sans enfant, elle avait divorcé pour épouser Wecker.

L'échéance du bac. approchait à grands pas. Rafa s'était un peu remis à l'étude de l'espagnol pensant le présenter à l'oral, en deuxième langue vivante, pour éventuellement gagner quelques points ? La langue optionnelle ne pouvait qu'apporter un bénéfice, ou ne pas être prise en considération. Il travaillait dur et veillait tard, surtout avant les compositions. Ses parents lui recommandaient même de ne point trop en faire, de ne pas s'abrutir et l'encourageaient, pour atténuer son angoisse. Si lambiner avec les copains à la sortie du lycée était devenu moins fréquent, on trouvait pourtant moyen de discuter de bouquins, comme "A la manière de...", de Paul Reboux et Charles Müller ou des fameux "Clochemerle", et la "Jument verte". Du recueil, "A la manière de...", Rafa retint ce refrain de la "Légende de la belle Cleménço", imitant Mistral :

Tutu panpan
Felibri galejade!
E zoù ! zoù ! zoù
E lagadigadou ?

La petite bande rigolait aussi des dessins de Poulbot, certains assez grivois, mais ne prenait plus que rarement un pot après les cours. Cette année là, Rafa ne vit à l'écran que "La Citadelle" de King Vidor, "Les hauts de Hurlevent" et "La chevauchée fantastique", qu'il trouva extraordinaires. La politique et les préoccupations des potaches au sujet des filles, avaient été mises en veilleuse.

La nouvelle du lancement des vaisseaux "Dunkerque", "Strasbourg" et "Richelieu" fut accueillie avec plaisir alors que des inquiétudes se manifestèrent à propos de l'aviation, le Ministre de l'Air Pierre Cot étant l'objet de vives critiques.

La tournure des événements était très préoccupante. On était spécialement intoxiqué en Alsace par des rumeurs concernant les autonomistes pro-allemands et la "cinquième colonne". L'Allemagne et l'Italie signèrent en mai le "Pacte d'acier", suite logique de l'alliance anti-Komintern de 1937, qui stipulait la totale assistance militaire entre elles. Là-dessus, la question du corridor de Dantzig remise sur le tapis, la propagande allemande dénonça l'intransigeance de la Pologne. Hitler ne voulait, bien sûr rien savoir de l'importance vitale du corridor pour ce pays.

Par un après-midi ensoleillé, deux gendarmes se présentèrent chez Anna. Fritz avait été arrêté dans un champ en bordure du Rhin, au delà de la Wantzenau, en zone militaire, interdite aux civils ! L'explication donnée par le contrevenant semblait peu crédible. Il disait en effet qu'il cherchait des fleurs et plantes, d'où l'enquête. Anna mi-amusée, mi-furieuse contre la maréchaussée et son mari farfelu, expliqua qu'effectivement Fritz suivait des cours à la Faculté de Pharmacie et constituait un herbier, qu'elle montra même aux gendarmes. Ceux-ci sourirent mais exigèrent des références. Anna nomma son fils, médecin-lieutenant à Oberhoffen. Han alerté, se rendit vite en uniforme à la Gendarmerie. Démarches et dépositions dûment faites, le Padre fut relaxé avec ses plantes. Il n'en menait pas large mais était tout content de l'issue de l'incident.

Rafa chantonna l'air très en vogue de Fred Adison : "Quand la gendarmerie rit...". Son père un peu vexé allégua, qu'il serait bon que la chasse aux espions fût aussi bien faite dans tout le pays !

Après quelques semaines de bachotage, les profs se dirent assez optimistes à propos de Rafa qui avait réussi le "bac blanc" et ils l'encouragèrent. Le garçon affronta néanmoins l'examen avec un trac énorme. Pour la composition française, le choix offert était : disserter sur Molière, son public et les "honnêtes gens", ou bien commenter une critique de la tragédie classique, ou encore donner, à propos d'affirmations de Voltaire, son sentiment sur la lecture en général.

Rafa réfléchit à chacun des sujets, les ébaucha, puis pris de panique, se décida pour Molière qu'il connaissait bien, et écrivit sans brouillon. Pas content, il se rendit bien compte qu'il avait agi exactement comme en classe, on lui avait recommandé de ne pas faire ! Les maths et le latin furent médiocres, le grec assez bon. Bref, le potache fut collé avec une très mauvaise note en français, celle de grec ne suffisant pas à le tirer d'affaire. Il subit son échec comme une fatalité, en eut des migraines, déprima et pleura assez souvent. De ses meilleurs copains, Wappler et Piffer furent admissibles mais hélas, pas Poncet.

Dans les suites d'une opération nasale, motivée par une gène respiratoire associée à une forme d'asthme, il constata en regardant au loin et au ciel, la présence de "mouches volantes" à l'oeil gauche. La famille lui dit que c'était parce qu'il avait trop pleuré mais l'oculiste constata des opacités, d'habitude sans gravité, et décela aussi une légère myopie avec astigmatisme, nécessitant le port de lunettes.

Ce grand maigre, au regard parfois triste et sombre, aux longs cheveux châtain clair, à visage pâle et nez busqué, avait selon quelques personnes, en cette période déjà ou à nouveau raciste, un air de jeune Juif romantique et hautain. Sans doute était-ce qu'un port de tête un peu altier, que des réparties ironiques alliées à un caractère quelques fois difficile, pouvaient le faire détester. En fait, il compensait mal son manque de sûreté de soi, sa timidité et sa défiance.

Rafa prit quelques jours de repos, passant son temps à se balader à bicyclette et à nager. Il assista à l'oral du bac. de quelques copains et, par camaraderie à la distribution des prix, bien qu'il n'eût rien récolté lui-même, hormis un accessit en grec. La cérémonie se déroula comme de coutume à la salle des fêtes de l'Aubette et, ce fut le Préfet André Viguié qui présida. Un professeur, Monsieur Folz, fit le discours d'usage sur Fustel de Coulanges. Les enseignants, très solennellement, en robe, s'assirent sur l'estrade, pendant que jouait la Musique du 172 ème R.I. - L'ami Wappler obtint à nouveau le prix d'excellence, ce qui réjouit tous ses copains.

Le 33ème Tour de France cycliste, qui se terminait à ces mêmes dates, fut remporté par Sylvère Maès.

Les parents de Jean-Pierre emmenèrent, leur fils et Rafa, tous deux recalés au bac, en excursion au Mont Sainte-Odile pour leur changer les idées. De la terrasse du couvent on admira la belle plaine avec à l'horizon la flèche de la Cathédrale de Strasbourg. Après manger, ils allèrent au Mur païen. Ce fameux vestige préhistorique est une partie de l'enceinte de la plaque rocheuse qui servit aussi d'oppidum et de poste de surveillance aux Romains. De là, il y avait une vue plongeante sur la ruine du Château de Dreistein situé dans une vallée verdoyante et sauvage.

Le défilé du 14 Juillet, commémorant le 150ème anniversaire de la Révolution, fut particulièrement brillant à Strasbourg, grâce à la présentation de quelques blindés. Rafa ne manqua pas de se mêler à la grande foule qui y assistait.

On ne cessait, durant cet été particulièrement chaud, d'être submergé de nouvelles inquiétantes. Le 20 juin, le jour même du début du bac, Goebbels fit deux discours, l'un reparlant de l'intérêt de Dantzig pour l'Allemagne, l'autre prenant la Pologne et l'Angleterre à partie. La guerre semblait inévitable. On savait que Strasbourg serait évacué, pour éloigner la population de la zone de combat et lui éviter des bombardements comme en 1870.

Les époux Wecker confièrent leur superbe appartement à Han qui devait remplacer Eric et quittèrent Strasbourg à la mi-août. Les adieux aux Stéhlé et à d'autres connaissances venues à la gare, furent touchants. Il y avait bien sûr le regret de les voir partir, mais aussi une certaine convoitise de la part de leurs amis qui, avec des garçons en âge d'aller à la guerre, devaient rester dans le chaudron diabolique que serait l'Europe.

Le 22 août nos réservistes des fascicules 3 et 4 furent rappelés, et le "Petit Parisien" déclara, comme si on ne l'avait pas déjà compris, que l'Europe était en état d'alerte. Han fut affecté au 79ème RIF, quelque part sur la ligne Maginot, du côté de Rittershoffen.

Le 23 août, l'Allemagne nazie et les Soviétiques firent un pacte de non-agression et convinrent de régler entre elles, non seulement le sort de la Pologne, mais encore toutes les questions de l'Europe orientale et sud-orientale. Le Parti communiste qui s'était mis au diapason de Moscou, allait jouer un grand rôle sur une partie de l'opinion publique française, et ceci jusqu'au début des hostilités germano-soviétiques en 1941. Le journal l'Humanité fut saisi le 25 août et on arrêta à Paris le dirigeant communiste italien Togliatti. La dissolution des groupes communistes ne changea pas, comme on pouvait s'en douter, l'opinion de leurs partisans.

Aussitôt, devançant l'évacuation officielle de la ville, les

Stéhlé partirent pour Heiligenstein près de Barr où des vignerons, les Heitzang, les hébergèrent quelques jours. Rafa faisait les devoirs de son cours de vacances par correspondance, n'ayant à sa disposition que la table de la salle à manger, où parfois rêveur, il contemplait un beau vieux poêle en faïence émaillée.

Dès le moment où leurs hôtes reçurent des parents, réfugiés eux aussi, Fritz et Anna, durent s'installer chez d'autres paysans. Rafa fut logé chez Fritz Muck, un oncle maternel du Padre. A ses instants de loisir, il écoutait la radio, se promenait ou pourchassait les poules dans la cour et le verger, ce qui faisait pester l'oncle, obligé le soir de récupérer les volatiles dispersés.

On accédait aux chambres d'habitation par un escalier assez étroit, aux marches déjà bien usées. Les pièces, à plafond bas, étaient petites. Rafa disposait d'une table de travail, d'un lit, de deux chaises, d'un meuble de toilette avec broc et cuvette de faïence émaillée.

La classique pompe foulante avec son bac de grès occupait un côté de la petit cour. Il y avait seulement l'eau courante à l'étable et à la cuisine, au grand évier de grès. Les rustiques commodités, à planche perforée, étaient installées dans le cabanon de bois de la cour, à l'entrée du verger, entre l'étable et un tas de fumier. Ces lieux attiraient de nombreuses mouches dont beaucoup allaient s'empêtrer sur des bandes de papier englué, accrochées aux lustres. Elles mouraient d'épuisement après de longs battements et bruissements d'ailes. Rafa, autrement préoccupé, observait distraitement cette agonie...

Un vieux poêle noir typique, en fonte, à pieds arqués et décoré d'enjolivures équipait le salon. Son tuyau, relié à la cheminée, formait un hexagone de quatre-vingts centimètres de haut, pour récupérer la chaleur, un bouton de faïence réglant le tirage.

Des cinq enfants de l'oncle et de la tante Muck, deux seuls habitaient à proximité et venaient souvent les voir : Charles, métayer chez un hobereau de la région et Auguste ou "Gustel le chialeur", électricien. Celui-ci se lamentait à chaque visite, de l'inconduite de son épouse. Mobilisé, il vint faire ses adieux en tenue de sergent. Evoquant sa femme chérie, il clama qu'il s'exposerait aux balles ennemies pour mourir... Quelle blague !

L'oncle, déjà avancé en âge avait une belle moustache blanche très soignée. Les dimanches, il portait un complet gris ou noir avec cravate et mettait des chaussures noires, reluisantes. Une grosse chaîne d'argent fixait son oignon de gousset au gilet de velours côtelé. Un chapeau mou, plat, noir et rond cachait sa calvitie. Il prenait Rafa par la main et gentiment, mais sans discussion possible, l'amenait à l'église protestante, la seule du village. "Catholique, protestant, c'est pareil" ! disait-il. Le garçon alla ainsi avec recueillement et intérêt à quelques offices qu'il trouva austères. Habitué au culte catholique, les commentaires de versets bibliques lui parurent froids.

Le jeune homme avait retrouvé Jean-Pierre, Marie-Rose et Madeleine, qui étaient réfugiés à Mollkirch. Ils se rencontraient souvent après déjeuner, à mi-chemin, à un de ces bancs de pierre à étagère, si fréquents en Alsace, nommés bancs "Napoléon". Le temps était radieux et le paysage se déroulait magnifiquement aux pieds du Mont Sainte-Odile et des Châteaux d'Ottrott. Il fallait cependant fréquemment pousser la bécane dans les montées. Comme il faisait chaud, la petite bande s'arrêtait souvent à un bistrot de Klingenthal pour se désaltérer et bavarder, notamment du bac, qu'ils avaient tous raté. Ils visitèrent aussi la ruine de Guirbaden. Ce château moyenâgeux, donné par l'empereur aux Staufen, fut, après plusieurs changements de propriétaires, détruit à la Guerre de Trente Ans. Selon la légende, des trésors étaient cachés dans ses murs, d'où des saccages répétés et l'état de délabrement constaté.

Rafa se souvint qu'un jour à Heiligenstein, sa mère eut une enflure de la face et de la langue. Sa respiration se faisant mal, il alerta le docteur qui parla d'intolérance alimentaire et injecta du calcium intraveineux, ce qui la soulagea vite. Le garçon qui avait eu très peur, remercia vivement le médecin venu si vite de Barr.

Strasbourg fut évacué le 1er. septembre ainsi que l'arrondissement de Wissembourg et d'autres localités sur une frange de cinq kilomètres, allant du Luxembourg à Bâle ; environ deux cents au total. On évacua l'Hôpital de Strasbourg en Dordogne et les Facultés à Clermont-Ferrand. Près de quatre cent trente mille habitants durent ainsi quitter subitement leur chez-soi, avec quatre jours de vivres et de trente kilos de bagages, pour être transportés en wagons de marchandises ou de bestiaux, jusqu'au sud-ouest de la France : en Limousin, Périgord, Angoumois, Agenois, dans le Gers ou les Landes, selon leur lieu de domicile.

Le rattachement de Dantzig fut proclamé ce même jour et, sous prétexte d'un coup de main polonais sur le poste émetteur de Gleiwitz, mis en scène par la Gestapo, les Allemands attaquèrent sans préavis. Leurs raids aériens sur Poznan et Lwow, concomitants, causèrent surtout des victimes civiles. La mobilisation générale et l'état de siège furent dès lors décrétés en France et en Algérie par le Conseil des Ministres.

Les parents Stéhlé et Rafa se trouvaient le 3 septembre dans l'après-midi à la salle à manger de l'oncle Muck, lorsque fut radiodiffusé l'Appel à la Nation du Président du Conseil Daladier. Son message solennel, retraçait la situation, traduisait l'émotion et faisait frémir. C'était la guerre, déclarée conjointement par la France et la Grande - Bretagne. Les Stéhlé, qui s'y attendaient comme tout le monde à ce moment là, étaient néanmoins consternés et Rafa en avait la chair de poule.

Chapitre 12

BARR ET L'EXODE VERS BORDEAUX

Les Soviétiques, liés à Hitler par un pacte de non-agression, concluaient des accords "mutuels" avec les états baltes. Autrement dit, ils y prenaient le pouvoir. La Pologne fut battue en trois semaines malgré sa résistance héroïque. Puis, conformément à leur traité secret, l'Allemagne et l'URSS se la partagèrent. Elles y commirent l'une comme l'autre des crimes et exactions envers l'armée et la population.

L'Australie, l'Union Sud-Africaine, la Nouvelle-Zélande et l'Inde suivirent leur ancienne métropole, mais le Canada n'entra en guerre et sous réserves, que le 10 septembre.

La France lança une prudente expédition en Sarre, jusqu'aux abords de la ligne Siegfried. A l'arrivée des renforts allemands, ses troupes réintégrèrent leur point de départ. Après ces engagements, que certains taxèrent de velléitaires, les opérations continuèrent à se limiter à de petits coups de main localisés.

Au pays, dès le début de la guerre, quinze meneurs autonomistes alsaciens et plus de cinq cents suspects furent appréhendés sous le grief d'intelligence avec l'ennemi. Il s'agissait de gens du "Landespartei" ou d'autres groupuscules de formation plus récente. Rossé, Murrer, Stürmel, Hauss, Keppi, Schall et quelque dix autres furent incarcérés à Nancy. Roos, arrêté depuis près d'un an fut condamné à mort. La presse et la radio, dénonçaient, à juste titre sans doute, une "cinquième colonne".

Les Stéhlé étaient restés en Alsace plutôt que de suivre la masse des Strasbourgeois évacués vers le sud-ouest de la France, d'autant plus que leur maison de Caudéran était occupée. Et puis, n'était-on pas, censé être protégé par la ligne Maginot ?

Ils s'installèrent à Barr. La soeur de Fritz y vivait avec sa famille ; il y avait un collège pour Rafa et, Han affecté en Alsace, pourrait peut-être venir les voir assez facilement.

Ils trouvèrent à se loger correctement au deuxième étage d'une vieille maison de la place de la Mairie. Sur un palier indépendant, deux chambres mansardées, avec cuisine, mais sans salle de bains, contiguës à un grenier-débarras, faisaient l'affaire pour l'instant. Les installations sanitaires étaient à l'étage au-dessous.

Hitler, qui avait pactisé avec les Soviétiques, s'adressa en Octobre à la France et à l'Angleterre lors d'un discours au Reichstag. Il posa la question de la raison d'être de la guerre, du moment que les causes de conflit, notamment la Pologne, avaient cessé d'exister. Il dit tout de go, qu'il vaudrait mieux s'entendre ! Le raisonnement était d'une ahurissante simplicité mais sa proposition de paix aurait bien pu semer la discorde parmi les alliés. Comme ceux-ci ne donnèrent pas suite, une campagne de propagande pacifiste fut lancée sur les ondes, suivie de distributions de tracts au front et partout en France. L'extrême droite fascisante, et le P.C. français, ami de Moscou qui avait traité avec l'Allemagne, étaient contre la guerre bien qu'ils fussent des rivaux idéologiques.

"Et tout ça, ça fait d'excellents Français, qui marchent au pas", chantait - on... !

Le calme et l'absence d'événements militaires notables furent interrompus à la mi-octobre par la nouvelle de la perte du cuirassé anglais "Royal Oak", coulé par le fameux capitaine Prien à Scapa-Flow. La guerre sous-marine des Allemands contre les navires servant la France et le Royaume-Uni était devenue féroce.

Fin octobre et malgré la situation, la deuxième session de baccalauréat se déroula correctement dans les centres de l'Académie de Strasbourg. Rafa reposé et plus détendu qu'en juin, fut reçu avec mention "assez-bien". Tout heureux, il s'inscrivit en Philo au Collège de Barr, où la classe venait d'être créée.

C'était aussi le temps des vendanges dans l'important vignoble de la région. Elles durent se faire avec la participation de beaucoup de femmes, de vieux et de soldats plus ou moins disponibles ou débrouillards, embauchés pour l'occasion. L'ambiance fut aussi gaie qu'à l'accoutumée, avec chants et danses aux pauses casse-croûte. La fête se termina pour beaucoup dans les bistrots et dans les "vignes du seigneur", sous l'effet du "thé d'octobre".

Rafa parlait volontiers de son père, admirant sa culture générale, son érudition et son don des langues. Il constatait qu'à soixante ans, en dépit de la goutte et du diabète, il était plein de vitalité et d'humour.

Ses traits réguliers, ses yeux bruns et son teint étaient sans particularité. Il mettait des lunettes pour lire. Le haut de son front était barré d'une discrète balafre datant du temps des études à Zurich. Dépassant le mètre soixante dix, Fritz avait une certaine carrure et de la prestance. Moins sportif que dans sa jeunesse, il nageait parfois, aimait la marche et faisait de la gymnastique en chambre. Toujours bien rasé et sans moustache, il s'efforçait de cacher sa calvitie par une mèche de cheveux poivre et sel, rabattue d'un côté à l'autre. La majorité des hommes portant un couvre-chef, il mettait d'habitude un chapeau de feutre, de préférence un élégant Borsalino et, l'été un panama. Les canotiers étaient pratiquement passés de mode. Il portait un béret pour les excursions pédestres et réservait la casquette de marin aux vacances à la mer.

Son appétit proverbial expliquait sa petite bedaine et un léger excès de poids. A la fin d'un bon repas, il disait volontiers, en bon vivant qu'il était : "Eh bien voilà que nous avons à nouveau bien mangé" ! Pourtant il buvait peu et sa femme qui vantait sa tempérance, soulignait qu'elle ne l'avait jamais vu ivre. Pour faire plaisir à Anna et à Ricky, il ne fumait plus depuis son retour en Europe. Lorsque les douleurs de goutte gênaient sa marche, il s'aidait d'une canne de bambou laqué, couleur saumon, à pommeau doré, vestige du temps de sa jeunesse où, dandys et bourgeois arboraient un tel accessoire.

Fritz restait assez râleur et "soupe au lait", ce qui lui valait une réputation de mauvais caractère. Son épouse déplorait sa trop grande franchise doublée d'un peu de vantardise. Loin d'être avare, il savait dépenser et être généreux. Bon père, il s'entendait, peut-être, mieux avec son fils cadet qu'avec l'aîné, qui souvent formait bloc avec sa mère pour le contrer. A côté du Padre un peu romantique, la maman paraissait plus froide et réfléchie. Les parents Stéhlé, très intelligents, se complétaient en fait, même pour ce qui est de l'habileté manuelle et du bricolage où Anna excellait, alors que Fritz, hormis ce qui ressemblait à des manipulations de chimie, ne touchait à aucun outil, même pas à un marteau, pour ne pas se taper les doigts.

A la mi-novembre le Padre dut se rendre à la Poudrerie de Bergerac où il fut affecté en tant que chimiste, heureux de trouver une occupation et un petit appointement après tant d'années sans travail. Ses rentes s'étaient amenuisées et il ne bénéficiait d'aucune allocation de chômage. Han fit un saut à Barr pour fêter en famille, au restaurant Schwob, le départ du père.

Anna fit alors venir sa soeur Auty. Celle-ci préféra la rejoindre plutôt que de passer l'hiver seule à Paris, où jadis, lors de la "dèr des dèr", elle avait vécu quelques bombardements par la "Grosse Berta". Anna et Rafa aimaient bien Auty qui le leur rendait bien. La coexistence n'était pourtant pas toujours facile car elle était assez intrigante et mauvaise langue. En tant qu'aînée elle avait, après le décès des parents, contribué à l'éducation de la cadette, ce qui lui conférait une certaine autorité. Anna lui passait bien des caprices mais n'accepta plus qu'elle l'appelât, "petit singe" ou "Affela", sobriquet que lui colla la tante Marie Karger, parce qu'elle grimaçait beaucoup lorsqu'elle était enfant. Donner des surnoms plus ou moins moqueurs à tout le monde, était une habitude au village natal. Rafa qui savait qu'elles aimaient malgré tout être ensemble, s'amusait bien de leurs fréquentes chamailleries, peu sérieuses en général et pour lesquelles, jacter en dialecte était bien plus aisé et commode. Sans doute aimaient-elles les discussions !

Les propriétaires du logement étaient aimables et des liens amicaux ne tardèrent pas à se tisser entre eux et leurs locataires. Monsieur Beyer, commissaire-priseur avait son étude au rez-de-chaussée. Cet homme sympathique, blond-roux aux yeux bleus, toujours bien coiffé, un peu rondelet, plutôt petit, donnait l'impression d'être toujours pressé. Il avait fait la Grande Guerre et, peut-être avait-il même été décoré de la Croix de Fer malgré lui, puisqu'il était foncièrement anti-allemand.

Sa belle-mère madame Jaeck, suivit sa famille à Belfort lors de l'exode de 1871 et s'y maria. Sa fille, la sympathique Nini, donc madame Beyer, y naquit. Les époux Beyer avaient deux filles.

Dorothée, appelée Dédée, âgée de quinze ans, "l'âge de Juliette", était gentille et gironde. Après son BEPS, elle s'en fut travailler chez son papa en tant que secrétaire. Dédée était très occupée car il n'y avait qu'un clerc à l'étude. Maïté sa petite soeur de 8 ans était difficile et pleurnicharde. Les Beyer avaient beaucoup d'amis parmi lesquels les Ladano dont le père était Inspecteur des Impôts. Leur fils René et Rafa accompagnaient souvent Dédée pour ses courses, ou à vélo jusqu'à Andlau, chez Laure, un amie de Dédée qui tenait la mercerie de ses parents.

Rafa encore en vacances, passait aussi son temps chez tante Emilie ou à la bijouterie de la Grand'rue, à bavarder avec la cousine Betty et son mari Robert qui, la loupe-monocle à l'oeil, réparait des montres.

Leurs amis les Hugel possédaient la quincaillerie attenante. Madame Hugel, aimable et bonne commerçante, dirigeait le magasin. Son mari Pierre était ingénieur à la bonneterie de Barr. Hugel né à Moscou, parlait bien le russe et chantait d'une voix de basse en s'accompagnant à la balalaïka. Les fêtes battaient leur plein dès que le très jovial Pétia entonnait un langoureux chant russe !

Son père, industriel à Moscou l'avait envoyé étudier la chimie à Neuchâtel, peu avant la Grande Guerre. Pétia, fit ensuite Verdun et tant qu'engagé volontaire en France. Ses parents avaient fui de Moscou avec un minimum de bagages, à la veille de la guerre, avant d'être internés comme Allemands. Ils purent gagner la Mer Noire, puis après un long périple, ils atteignirent la Suisse et enfin l'Alsace.

Simone Hugel aidait sa mère au magasin, nullement passionnée par le commerce de quincaillerie. Les Hamel et les Hugel, grands amis, partageaient souvent leurs repas des dimanches et invitaient parfois gentiment leurs parents "réfugiés".

Le frère de Robert, vétérinaire à Rosheim puis mobilisé et affecté à un haras, venait assez souvent en visite à Barr. Un jour Rafa, parfois gaffeur, entonna pour Betty, mais sans mauvaise intention, la chanson : "Mon frère qu'était vétérinaire, soufflait dans le derrière des chevaux...". Les frères Hamel qui bavardaient à côté prirent la mouche, particulièrement le "véto" et répliquèrent par des railleries à l'encontre des "toubibs", puisque Han était médecin. Rafa amusé retint la leçon.

Peu après, Anna stupéfaite à la lecture d'une lettre du Padre, appela d'urgence Rafa. Il s'inquiéta voyant sa tête. En fait, il n'y avait rien d'alarmant : Fritz racontait que Monsieur Freund, Secrétaire général de la Mairie de Strasbourg, lui avait appris, lors d'une assemblée de réfugiés à Périgueux, que le paquebot qui conduisait les Wecker à Buenos-Aires avait, au moment de la déclaration de guerre, rebroussé chemin en plein Océan ! Madame Wecker vivait depuis chez des amis, à Moissac tandis que son mari, avait rejoint son affectation en tant que médecin-lieutenant à l'Hôpital de Neufchâteau. Han confirma la nouvelle, un peu plus tard.

Là-dessus Rafa reçut pour son anniversaire, de son frère et parrain, un mandat de cent francs qu'il garda pour offrir des cadeaux de Noël, en particulier à Dédée. Il conserva le talon en souvenir.

La rentrée ne se fit au Collège Edouard Schuré de Barr, qu'en novembre. Ce bahut portait le nom d'un écrivain alsacien, auteur entre autres, des "Grands initiés". Rafa retrouva plusieurs Strasbourgeois, réfugiés comme lui. Sur les seize élèves de l'unique classe de philosophie, il y avait sept demoiselles : des Barroises la plupart et en particulier les filles d'un juge, du pharmacien, d'un professeur d'allemand, du notaire et du directeur des Domaines. Les garçons étaient presque tous aussi des fils de bourgeois ou de fonctionnaires. Les jeunes, contents de pouvoir étudier assez normalement, chahutaient peu mais rigolaient beaucoup. Rafa suivit sans difficulté et se classa bien dès le début de l'année scolaire.

Le professeur de philosophie, assez énergique, faisait sans doute sa première année d'enseignement. Un des élèves qui ne tarda pas à être mobilisé, avait presque son âge. Sympathique, quoi que d'allure sévère, elle menait bien sa classe. Son handicap majeur était sa taille, environ un mètre cinquante ; cela lui valut le surnom de "Simca", marque de la plus petite automobile de l'époque. Elle faisait son cours d'après le manuel de Palhoriès, jugé plus didactique que le gros et classique Cuvelier. Rafa était attentif, bien que certains sujets fussent arides. Il se souvint de l'intérêt qu'il porta à la théorie des "Localisations cérébrales" de Gall, à la Psychologie expérimentale et pathologique, à la Métaphysique aussi... Il décrochait le plus souvent d'assez bonnes notes en dissertation. Simca notait sévèrement alors que ses commentaires étaient élogieux.

Monsieur Cotty, l'enseignant d'histoire et de géographie, insista sur le "Risorgimento", Cavour et Garibaldi mais aussi sur d'autres mouvements nationalistes, ou révolutionnaires. L'importance donnée à ces chapitres allait au détriment du reste du programme, dont on pouvait prévoir qu'il ne serait pas vu à un tel rythme. Monsieur Raffin professait avec talent la physique, la chimie et des éléments de cosmographie. Le Principal du Collège Monsieur Wehring assura les cours d'allemand et fit étudier le Faust de Goethe. Un peu de latin et de littérature française, incombèrent à Simca.

Se sentant déjà des étudiants, les "philosophes", se coiffèrent crânement de calots bleu marine, ornés de la lettre phi, qu'ils s'étaient fait confectionner. Quelques flirts se nouèrent parmi les élèves tandis que Rafa s'intéressa à la jolie Dédée. La question du vote des femmes était très débattue au bahut. Les discussions se terminaient quelques fois par des brouilles. On débattait même en cours de philo, sous l'arbitrage de Simca. L'argument apporté par les garçons, plutôt hostiles, était le service militaire. Ils alléguaient que pour avoir le droit de voter, les femmes devraient accomplir un service militaire ou un équivalent, du moment qu'il était question d'égalité.

La préparation du bac philo se poursuivit donc à Barr, jolie ville d'environ cinq mille habitants, située près de la ruine du château d'Andlau, à l'ouest de l'axe routier nord-sud et à une vingtaine de kilomètres du Rhin. Elle était bien tranquille avec, en tant qu'industrie, une bonneterie, une tannerie et le vignoble tout autour. On y rencontrait alors un peu moins de soldats en goguette ou bambochards qu'à Obernai, la cité voisine, plus rapprochée de l'état-major de division.

La pièce du jeune Rafa était meublée du strict nécessaire, avec pourtant un beau poêle à bois, à fût rond, blanc, en terre émaillée, cerclé de lames de cuivre, recouvert d'une plaque de marbre noir et pourvu d'un chauffe-plats à portillon de cuivre. Pour aller à la fenêtre mansardée, il fallait grimper une marche. Les volets à battants étaient calfeutrés en raison des directives d'obscurcissement de la défense passive.

De sa fenêtre, il admirait la pittoresque place de la Mairie et sa jolie fontaine. On y parvenait, de la rue des Maréchaux, par un large escalier d'une quinzaine de marches. La place est en effet plus élevée que la rue qui, doucement, monte prendre le virage vers Heiligenstein.

La mairie est un monument historique. Elle a en façade, au premier étage, un oriel médian rectangulaire surmonté d'un pignon à volutes. La partie du milieu de son imposante toiture à lucarnes est limitée de part en d'autre par des pignons crénelés et surplombée par un joli clocheton pointu, juché sur le faîte. Dans chacune des ailes, une porte cochère ouvre sur la cour, où l'escalier à double volée grimpe vers un perron à auvent. La plupart des maisons sont à colombage. L'un des deux restaurants de la place était plus fréquenté, en partie grâce à Suzel, la jolie fille du patron. On y dansait et Rafa entendait depuis sa chambre, surtout en fin de semaine, toutes sortes d'airs, en particulier du swing alors en pleine vogue. Sa mère le trouvait trop jeune pour sortir. Les clients des bistrots étaient pour la plupart des militaires mais des Barrois y avaient leur "Stammtisch", ou table d'habitués. Ils discutaient autour d'une bouteille de Klevener, faisaient un belote ou un rami.

Sur ces entrefaites, le docteur Wecker alla voir Han, qui s'était occupé de son appartement, puis passa à Barr. Ayant obtenu de la Mairie de Strasbourg, le permis de déménager, il demanda aux Beyer l'autorisation d'entreposer quelques meubles chez eux. Comme le secteur de Strasbourg était calme et que la ville n'avait point été bombardée, Anna permit à Rafa de se joindre à l'expédition, avec un camion affrété à Barr. Monsieur Beyer, dans sa voiture, et Dédée furent de la partie. Le contrôle à l'entrée de Strasbourg une fois franchi, on retrouva Han à la Maison de l'Oeuvre Notre-Dame. Il apporta les clés du logement et une liste des choses de valeur à emporter : deux bahuts ornés de ferronnerie, deux armoires alsaciennes anciennes, un cabinet époque Louis XIV, ainsi que quelques fauteuils, des guéridons, tableaux, bibelots et tapis. Le camionneur et l'ordonnance de Han aidèrent à charger.

En face, la cathédrale avait été vidée, et les vitraux enlevés ; le tout placé en lieux sûrs. Des sacs de sable, empilés aux soubassements et appuyés sur une certaine hauteur contre les parois, formaient comme un mur de protection. Han et Rafa profitèrent de leur passage pour récupérer chez eux des tapis et deux marqueteries de Spindler. Ils vérifièrent que l'électricité et l'eau étaient coupées car l'hiver était là.

Environ trois mille personnes, fonctionnaires, gardiens de la paix, soldats de la territoriale et sapeurs-pompiers, prenaient soin de la ville évacuée. Des abris souterrains avaient été installés. La statue de Kléber et d'autres monuments semblaient sortir d'amoncellements de sacs de sable bardant leurs socles. Les entrées d'abris et des lucarnes de caves étaient protégées par des tas de sacs. Des papiers, poussés par le vent traînaient de-ci, de-là. Chats et chiens faméliques vagabondaient ; des rats s'enfuyaient au passage des véhicules. Quelle désolation !

Han et son ordonnance, obligés d'être de retour le soir à leur unité, n'allèrent pas jusqu'à Barr où presque toute la maisonnée participa au déchargement du camion ; même l'épicier du rez-de-chaussée. Quelques beaux meubles améliorèrent le logis des Stéhlé et le reste fut remisé au grenier.

En fin d'année, l'U.R.S.S. envahit la Finlande qui résista héroïquement mais ne fut aidée de personne. Notre "drôle de guerre" se prolongeait. La presse, d'extrême gauche surtout, était défaitiste et minait le moral de nos troupes. On ne croyait plus au slogan affiché et claironné à la T.S.F.: "Nous vaincrons parce que nous sommes les plus forts"!

* * *

D'habitude studieux, Rafa descendait de plus en plus chez les Beyer. Ceux-ci invitaient parfois les Stéhlé à partager un repas. Anna, très indépendante et peu liante, craignant de faire figure de "parasite", s'excusait souvent, "pour ne pas déranger", car avec Auty, soulignait-elle, trois personnes, ça fait beaucoup !

Dédée jouait du piano et Rafa l'écoutait. Des mélodies de musique légère comme "La veuve joyeuse", "L'heure exquise", "Rêve d'amour" et "Fascination", devinrent familières. Elles rivalisaient avec "It's a long way to Tipperary", " Nous irons pendre notre linge sur la ligne Siegfried", "L'artilleur de Metz", "Mam'zelle Maginette" de Lucien Boyer et René Mercier, une chansonnette spécialement dédiée aux soldats de la ligne Maginot, qui souffraient non seulement d'inaction mais aussi de la "bétonnite".

La jeune fille faisait de petites visites à son amoureux sous tout prétexte, en particulier lorsqu'elle allait chercher du bois de chauffage au grenier attenant à la chambre de Rafa et il fallait beaucoup de combustible vu le grand froid. C'était l'occasion d'embrassades furtives.

Ils filaient aussi assez fréquemment se promener à vélo, ou luger, chaperonnés par Maïté ou René Ladano, voire par les deux.

L'hiver fut avec le précédent, un des plus durs depuis dix ans. Les températures descendirent jusqu'à moins vingt-huit degrés en Alsace et, au front, on mourut aussi de froid. Anna, Auty et Rafa gelaient sous les combles. Il fallait chauffer avec discernement. De toute façon, à peine au lit, le feu s'éteignait rapidement et la bouillotte était un grand réconfort. Le matin, l'eau des brocs était gelée. Il fallait la faire fondre au réchaud à gaz et se débarbouiller à la cuisine à défaut de salle de bains. La maman se levait la première et les claquements du loquet de la porte de cuisine, ou ses appels réveillaient Rafa. Il était très économe d'ablutions du fait de la température polaire. Après le petit déjeuner, bien emmitouflé, il trottait grelottant, jusqu'au collège, heureusement bien chauffé.

Han fit un saut à Barr pour quelques heures, avant d'aller en permission à Paris où il se proposait de loger à l'hôtel Scribe, sa solde le lui permettant. Pour les congés de fin d'année, le père Stéhlé vint également.

Durant cet hiver rigoureux, les hostilités se limitèrent à quelques attaques, à des duels d'artillerie sur la frontière et au survol de quelques escadrilles, donnant lieu à des tirs de D.C.A.

et à quelques combats aériens. La troupe s'ennuyait bien dans les casemates de la ligne Maginot, malgré les exercices répétés, les inspections de ministres et de généraux du Grand Etat-Major. Le théâtre aux armées, les divertissements et permissions ne suffisaient pas à distraire les troupes. L'évolution du conflit semblant le permettre, des Alsaciens cantonnés près de leur domicile, auraient même dormi chez eux ! Enfin, pour l'industrie et certaines professions manquant de "bras", des "affectés spéciaux" appelés "embusqués", revinrent du front. On se questionnait sur la "drôle de guerre". Les optimistes croyaient que l'essence manquerait aux chars allemands, alors qu'elle était en partie fournie par l'URSS. On ignora, curieusement, l'attentat du 8 novembre contre Hitler. Le secret fut-il parfaitement gardé ? En tout cas, Rafa n'eut nullement souvenance de l'événement...

Les Stéhlé qui auraient pu se croire en villégiature forcée à Barr ne roulaient pas sur l'or avec le petit salaire du Padre, l'allocation aux réfugiés, dix francs par jour, et ce que Han envoyait parfois, gentiment, de sa solde d'officier. Evidemment, cela ne compensait pas le manque de revenu provenant de l'immeuble de Strasbourg. Ils s'estimaient néanmoins mieux lotis que les réfugiés expédiés dans le Sud-ouest.

Là-bas, les vieux surtout, souffraient du déracinement. Soudain, à l'inconfort, comme le manque de draps, de chauffage et parfois de conditions hygiéniques élémentaires, s'ajoutèrent des problèmes de communication à cause de leur dialecte incompris des Périgourdins et Gascons qui eux, à la campagne surtout, s'exprimaient en patois. Voilà pourquoi, on les appelait assez souvent les "ya-ya", ou bien on les traitait carrément de "boches"! Alors, ils répondaient parfois vertement, avec l'accent bien entendu : "l'Alsacien vous emmerde!". De surcroît, les laïcs militants du sud-ouest s'opposaient à la religiosité de beaucoup d'évacués. Le dépaysement, la nostalgie, l'accueil plus ou moins bon, créèrent des rapports conflictuels, les Alsaciens n'étant du reste pas non plus toujours faciles à vivre. On assistait à un choc de cultures et de conceptions différentes de la vie. Pourtant, une presse d'exil bilingue, fut assez vite accessible notamment "Notre foyer" édité à Paray-le-Monial et "L'Alsacien" publié à Périgueux, qui paraissaient deux fois par semaine. "Le journal des réfugiés du Sud-ouest", prenant la suite des "Dernières nouvelles de Strasbourg" et la "Presse libre"... témoignaient du souci de l'administration de ne pas laisser les réfugiés isolés.

Le roman de Guy de Lanauve "Anaïs Monribot", assez lu à l'époque, était très humoristique, plein de descriptions réalistes et impartiales du genre de vie et d'hygiène d'un village de Dordogne. Il décrivait ce que les Alsaciens trouvèrent souvent dans cette région de France. Beaucoup ne s'adaptèrent pas, quelques uns se considérèrent en vacances, d'autres trouvèrent des amis, se marièrent et firent même souche. Rafa fut assez précisément informé de la situation par un bon copain qui lui écrivit de Périgueux. Edy Niel avait obtenu son adresse par sa soeur, amie de Dédée. A Strasbourg, les Niel habitaient une belle villa. Ils eurent du mal à se loger convenablement à Périgueux où il n'y avait pourtant pas trop de problèmes. Il n'en était pas de même à la campagne où Edy avait deux vieux oncles. Ceux-ci, évacués d'un village près du Rhin avaient dû, sans délai, quitter avec toute leur famille, ferme et bêtes. Des animaux abandonnés et non récupérés par l'armée, errèrent... et il y eut du pillage commis par la troupe. Les oncles en question furent relogés dans un bled de Dordogne mais reçus en trouble-fête. Edy s'habituait au lycée de Périgueux où il avait retrouvé ses camarades Feldmann, Gachot, Gesell et Prétot.

D'autres copains de Fustel étaient dispersés. Poncet, d'abord réfugié à Névache, était au lycée de Chambéry. Wappler continuait à Clermont-Ferrand et Roog, l'ami scout, à Limoges. Jean-

Pierre vivait à Marseille et François à Ambert. Il y avait rencontré "Lingo", le prof de latin de quatrième. Comme lui, ils suivaient les cours de philo.

Le sabordage du cuirassé allemand "Graf Spee", encerclé par les Britanniques dans le Rio de la Plata, fut le fait d'armes notable du mois de décembre et constitua pour les alliés la revanche de la perte du "Royal Oak", deux mois auparavant.

L'Alsace était depuis un moment sous une épaisse couche de neige, près de cinquante centimètres, lorsque Noël vint comme une trêve. On était convaincu, selon un vieux dicton régional, que ceux qui ne feraient pas d'arbre de Noël, mourraient dans l'année. Etait-ce le motif ? Toujours est-il que les sapins disparurent du marché en un clin d'oeil.

Chez les Beyer, toute la maisonnée participa à la décoration du sapin. Ils invitèrent aimablement leurs "réfugiés" à la fête. En fin d'après-midi du 24, une agitation pacifique régnait dans la petite ville. Quelques gosses descendaient la rue des Maréchaux en luge. Les gens emmitouflés hâtaient le pas dans le froid, la neige et la bise, presque tous chargés d'un paquet, d'un sac ou d'un sapin acquis à la dernière minute.

Les magasins étaient en effervescence et l'horlogerie-bijouterie des Hamel bien sûr aussi. Rafa s'y rendit pour acheter avec ses économies, de petits cadeaux pour sa mère, la tante Auty et Dédée, mais il ne s'attarda pas, la boutique étant pleine de monde. Au marché il trouva encore un bel arrangement de gui et de houx pour madame Beyer. C'était une année "maigre" et les cadeaux furent en conséquence.

La gaieté était malgré tout au rendez-vous et, après les habituelles agapes, Dédée passa au piano. Même Rafa qui s'était un peu remis à pianoter, stimulé par Dédée, joua quelques accords du "Danube Bleu". Maïté récita son compliment et une poésie.

On chanta un peu puis on alla en groupe à la messe de minuit !

Les chants, cris, et sons de cloches étaient comme amortis. A la sortie de la messe, de nombreuses étoiles filantes semblaient s'être donné rendez-vous dans un ciel limpide. Il était coutumier de formuler un voeu en les voyant. Dédée et Rafa souhaitèrent donc "paix et amour aux hommes de bonne volonté" ! Le silence de la nuit, accentué par l'épaisse couche de neige tombée la veille, était prodigieux. Il pouvait en quelque sorte, être "écouté". On regrettait néanmoins l'agitation et le hourvari du marché de Noël de la place Broglie, à Strasbourg. Une messe, avec participation d'une partie de la chorale, avait été célébrée dans la crypte de la cathédrale par Monseigneur Ruch en personne. Selon la presse, les fidèles, des militaires pour la plupart, furent recueillis et émus. Il n'y eut pas de bombardement !

Alors que les communiqués des armées étaient remarquablement discrets et n'apportaient que des libellés du genre : "Rien à signaler sur l'ensemble du front" ou "rien d'important" voire "activité plus réduite des éléments de contact", on sut le 27 décembre, qu'en moins d'un mois, trois sous-marins allemands avaient été mis hors de combat par le torpilleur "Sirocco", opérant avec deux autres unités et l'aéronavale.

A Barr, l'ambiance de fête dura jusqu'à la Saint-Sylvestre. Le champagne coula à flots, comme si l'on eût voulu tout boire avant la fin de la guerre. Les militaires en permission mettaient de l'animation en ville et on guinchait dans tous les restaurants, tandis que l'armée sur le qui-vive, était prête à toute éventualité !

Le Padre Stéhlé fêta le Nouvel-An avec Renaud, Hamel, Hugel et le coiffeur Hätzel. Après quelques parties de billard, ce fut la tournée des "grands-ducs" qui se termina par une soûlerie, même pour Fritz, sobre d'habitude. Les compères tiraient Renaud d'un fossé, lorsque leurs épouses, averties par des voisines, vinrent à la rescousse. Elles les sauvèrent de la congélation, alors inévitable pour qui passait la nuit en plein air, et les mirent au lit, à cuver leur première cuite de 1940 !

Han, satisfait de sa permission, écrivit de Paris pour présenter ses voeux et annoncer pour le surlendemain, une visite de deux jour. Il écrivait laconiquement depuis le début de la guerre, car la réserve avait été ordonnée aux troupes. Le pays souffrait, sans doute à juste titre, "d'espionnite".

Fritz et Anna s'étaient acquittés de leur courrier de Nouvel-An pour garder contact avec la parentèle et les amis dispersés en France. Profitant des vacances, Dédée et Rafa schlittèrent du bois pour ne pas en manquer. Ils lugèrent aussi au chemin du Kirschberg, très apprécié des jeunes, car il y avait une bonne descente et une belle vue sur les deux tours du château d'Andlau qui dominait cette partie de la ville.

A la rentrée de janvier, on annonça pour mars une session spéciale de bac. destinée aux prochains incorporés. Cela touchait Geyer, un copain de philo.

Notre T.S.F. qui n'apportait que peu de nouvelles, transmettait des causeries de politologues qui discouraient sur notre armement, sur la lutte contre les autonomistes alsaciens et la cinquième colonne. On apprit en février, l'exécution de Roos et que l'instruction du procès de ses amis suivait son cours à Nancy. La guerre "psychologique" continuait à Radio-Stuttgart, heureusement peu écoutée.

Au front, les Allemands prônant la paix, interpellaient nos soldats d'une ligne à l'autre par haut-parleurs. Les caractéristiques de nos unités, avec même des noms d'officiers, étaient données pour bien montrer combien ils étaient informés. Des tracts et images humoristiques, certains raillant les Anglais, étaient lancés dans des boulets de carton ou par avion. Les "Fridolins" espéraient accentuer la grogne, le défaitisme et l'anglophobie chez nous. Leurs efforts ne furent pas vains semble-t-il et l'annonce d'une possible attaque par la Suisse, accentua davantage l'angoisse générale.

Sur ce, comme pour en rajouter, des masques à gaz furent distribués à la population. Rafa signala qu'il fallut même, sur ordre du directeur, trimballer le masque en classe.

Dédée et Rafa, heureux de s'être rencontrés, déploraient la surveillance, pourtant assez contournable, de l'entourage. Nonobstant sa discrétion concernant son intimité, le garçon précisa que, dans son milieu, assez religieux et puritain, les adolescents n'allaient d'habitude pas au delà du flirt. D'autre part, une ambiance romantique et "fleur bleue", marquait autant la jeune fille que le potache. Celui-ci imprégné de l'étude de Faust, craignait aussi l'intervention de "Méphisto", en un mot, la "tuile" et la réprobation générale. Mis à part les bavardages entre copains, l'information sexuelle n'était point faite au lycée et, ni ses parents, ni Han, par pudeur sans doute, ne s'en étaient chargés. Ces jeunes, nullement exceptionnels, maîtrisaient leurs élans, malgré un relatif relâchement dû à la guerre. C'était ainsi !

Fin février, Auty en souci à cause de son appartement, rentra à Paris. La soeur de Monsieur Beyer et son mari, de Saint-Mandé, alors chirurgien-dentiste lieutenant, vinrent en mars. Monsieur Dudret alla souvent luger avec les jeunes et après les séances de glissade, il les emmenait s'empiffrer à la pâtisserie Kornmann. Tous voulurent, avant qu'il ne partît, se faire photographier avec lui ; en particulier Dédée qui s'affubla de son béret et de sa tunique d'uniforme.

Anna s'en fut occuper la villa de Caudéran, devenue libre entre temps. Auty l'y rejoignit. Rafa, pour ne pas changer de bahut avant le bac, resta en pension chez les Beyer. Le garçon fut évidemment enchanté de cette solution...

A cette époque à peu près, les Finlandais durent céder le passage à leurs assaillants Soviétiques, supérieurs en nombre. De leur côté, les Allemands attaquèrent le Danemark et la Norvège. Anglais et Français déclenchèrent des offensives aériennes et navales pour défendre la route du fer suédois. La presse relata en détail le débarquement de quarante mille alliés à Narvik et Trondheim, puis leur jonction avec les unités norvégiennes. Han qui avait demandé à faire partie du corps expéditionnaire, n'y fut cependant pas affecté.

Ces opérations, rapportées au début comme des succès, furent bloquées par la contre-offensive allemande et le coup d'état du traître à son pays, Quisling. Les forces franco-anglaises durent se retirer. Chamberlain mis en cause à propos de cette campagne, fut obligé de démissionner et Winston Churchill devint Premier ministre britannique le 10 mai.

* * *

L'attaque allemande, primitivement prévue pour l'automne 1939 puis reportée à cause du mauvais temps, fut déclenchée le 10 mai. Les Pays-Bas envahis capitulaient le 15 et la reine Wilhelmine gagnait Londres. L'offensive allemande fut menée parallèlement contre les Belges, ce qui attira les franco-anglais en Belgique. Il furent alors pris de vitesse car le gros de l'attaque allemande se fit dans les Ardennes. Le 15 mai une brèche est créée dans les lignes françaises entre Sedan et Donchery. Le mouvement des Allemands vers Abbeville devait par ailleurs leur permettre de piéger les Belges, le corps expéditionnaire britannique et trois armées françaises près de Dunkerque.

Cette surprenante "guerre éclair" fut possible grâce à la mise en oeuvre du plan original du général von Mannstein, approuvé par Hitler. Cette stratégie tirait profit, de la grande mobilité des chars, de la supériorité de l'aviation allemande, avec le fort effet psychologique des redoutables "stukas" soutenant les blindés et enfin, d'un très bon réseau de transmissions permettant une parfaite coordination.

Numériquement, les alliés avaient à peine un peu plus de divisions que les Allemands et au moins autant de chars. Ceux-ci étaient malheureusement dispersés tout au long du front.

A l'arrière on pouvait bien observer, autant dans la presse qu'à la radio, que le moral des alliés avait était miné par la propagande défaitiste. Le commandement laissait à désirer alors que les Allemands, encouragés par leurs précédentes victoires en Pologne et Scandinavie, avaient en plus, de bons stratèges. Le limogeage de Gamelin, remplacé en pleine bataille par Weygand le 19 mai, en dit assez long !

Lorsque l'armée belge capitula le 28 mai, résister sur la Loire, comme cela fut un moment envisagé, parut impossible. Passé quelques jours, les Allemands ne trouvèrent plus qu'une quarantaine de mille hommes, français pour la plupart, à faire prisonniers à Dunkerque. Trois cent quarante mille soldats, donc presque tout le corps expéditionnaire britannique, des Français et des Belges, passèrent en Angleterre grâce à la mobilisation, en plus d'unités de la Navy, de toute une flottille de bateaux de la marine marchande, de pêche et autres... Ce fut une véritable épopée !

Au collège Edouard Schuré, une dissertation de philo sur le "Rôle de l'habitude dans l'activité intellectuelle" fut rendue le 4 juin. Elle fut encore corrigée et Rafa qui obtint une note relativement bonne, conserva la copie en souvenir.

Les Allemands en ayant fini avec Dunkerque, "la bataille de France" fut déclenchée le 4 juin. Les opérations militaires se précipitèrent et toute illusion s'évanouit. L'Italie entra en guerre le 10 juin. L'ordre de quitter l'Alsace fut à ce moment là donné aux hommes non soldats de dix-sept à cinquante-cinq ans. Paris fut déclaré ville ouverte et occupé le 14.

Monsieur Beyer comme Rafa et bien d'autres, pris de peur, estimèrent qu'il fallait fuir alors qu'il était encore temps. La grand-mère ne voulut cependant pas quitter la maison, disant qu'à son âge, elle avait peu à craindre en cas d'occupation. On amarra sur le toit de la Berline Peugeot 202, à quatre portes et cinq places, deux matelas qui seraient sûrement utiles et protégeraient, peut-être, des petits projectiles venant des airs. Les bécanes des jeunes furent fixées par dessus les matelas. On emporta le strict nécessaire en bagages et quelques provisions.

Les Beyer et Rafa quittèrent donc Barr sans la grand-mère, le 15 juin à trois heures du matin. En partant, Monsieur Beyer déclama : "Imaginons que nous allons en vacances" ! En fait ils étaient bien tristes et espéraient avoir encore le temps de rejoindre Caudéran, où Anna les avait tous invités à se réfugier. Il fallut gagner le sud le plus vite possible et éviter les grands axes routiers, sans doute surchargés et cibles privilégiées de l'aviation ennemie.

Par Belfort, Lure, Villersexel puis Besançon, ils atteignirent Chalon-sur-Saône. Une crevaison de pneu les obligea à s'arrêter peu après et ils passèrent la nuit dans une grange. Le trajet du lendemain fut assez tortueux en raison de déviations. Après Villefranche-sur-Saône, ils déjeunèrent à Roanne et s'arrêtèrent pour la nuit à Léry, un lieu-dit, où le papa Beyer parlementa avec un paysan nommé Fournier, pour obtenir le gîte dans la grange. A la T.S.F., les nouvelles du soir continuaient à être catastrophiques alors que tout était calme dans la contrée.

Après une collation offerte par l'hôte, les voyageurs harassés, s'installèrent pour la nuit. Au petit matin, bien reposés et couverts de paille, ils allèrent dans la cour se débarbouiller à la pompe. Le fermier était voué à la culture de céréales et un peu à l'élevage. Rafa remarqua la richesse de la basse-cour.

Sans s'attarder davantage chez ces cultivateurs accueillants, dont la vie paisible contrastait avec l'état de guerre, ils se remirent en chemin. La nationale de Clermont-Ferrand à Ussel fut pénible et ils n'arrivèrent à Périgueux qu'un peu après midi. Ils y firent halte le temps de se restaurer chez des amis.

Le trafic devenait de plus en plus difficile après Périgueux, avec des automobiles surchargées, dont certaines traînaient une remorque. Toutes sortes de véhicules se voyaient au cours de cet exode. Des réfugiés du Nord, à bicyclette, à pied, avec carrioles et voiturettes d'enfant, ou en chariots à cheval, étaient arrivés jusqu'en Dordogne. La plupart cependant avaient trouvé refuge ou étaient restés bloqués plus haut, dans un immense chaos. Les difficultés de ravitaillement, d'hébergement et même d'ordre sanitaire se faisaient gravissimes.

D'après la radio, écoutée de-ci de-là, au hasard des arrêts, les Allemands continuaient leur invasion mais on ne savait alors encore rien de précis sur ce qui se passait du côté du Rhin. L'aviation concentrée sur les zones de combats, nos fugitifs de Barr ne virent, par chance, apparaître aucun appareil ennemi durant leur odyssée.

La circulation se ralentit davantage après Libourne et on rencontra un bouchon avant le Pont de Pierre, le seul pour Bordeaux. Les fuyards avaient tout le temps de regarder, au soleil couchant, l'enfilade des quais et la ville avec sa cathédrale Saint-André qui émergeait. Le pont centenaire, de couleur brun-ocre, de cinq cent mètres de long avec sa vingtaine d'arches, semblait plus imposant au crépuscule. Ses réverbères de ferronnerie restaient éteints, comme prescrit par la défense passive.

Les Cours Victor Hugo et d'Albret canalisaient les lents flux de voitures roulant pare-chocs contre pare-chocs. Monsieur Beyer était fatigué de conduire et, après de longues recherches, on arriva à Caudéran, tard le 17 juin. Anna et Auty, voyant Rafa sain et sauf, pleurèrent de joie. Elles accueillirent chaleureusement les Beyer puis madame Dudret qui arriva au petit matin avec un convoi, depuis Saint-Mandé. Sans nouvelle de son mari et sachant par la grand-mère que sa famille était en route pour Caudéran, elle voulut rejoindre son frère pour ne pas rester seule. Venue à l'improviste, un providentiel taxi l'amena depuis la gare Saint-Jean.

Comme ils étaient contents maintenant, de posséder cette maison à Caudéran ! De style et construction récents, elle avait, sur rue, un assez grand escalier d'une dizaine de marches ainsi qu'une entrée de garage, précédés d'un terrassement. Quelques troènes plantés dans des bacs ornaient l'entrée. Une cour entourée de murs se trouvait à l'arrière. Au rez-de-chaussée surélevé, il y avait deux pièces, une cuisine avec véranda ainsi que les commodités et au premier, trois pièces, une salle de bain, et un balcon.

Rafa intercala une petite anecdote : lors de l'achèvement de la maison, Fritz avait fait peindre les parois de la salle de bain en rouge vif, trouvant à son goût le contraste avec le blanc de l'équipement et du carrelage ! Ni Anna ni le premier locataire ne furent du même avis, de sorte que la salle de bain fut repeinte en blanc.

Il fut d'abord difficile de caser les huit personnes, le mobilier étant insuffisant. Certains dormirent pour la première nuit sur les sommiers et les autres sur les matelas mis à même le plancher. Le lendemain, des voisins, les Schreiber, les dépannèrent. Ceux-ci, des Strasbourgeois réfugiés également, avaient pris la gestion d'une boucherie-charcuterie située tout près, à la Barrière Judaïque. De leurs deux filles, seule la plus jeune, Jeanne, était avec les parents tandis que l'autre préparait son baccalauréat dans un pensionnat près de Périgueux. Ils prêtèrent des lits de sorte que chez les Stéhlé, tout le monde se trouva bien couché et réparti par famille.

Une fois à Caudéran et désorientés par l'avalanche de péripéties, nos réfugiés voulurent reconstituer, journaux en main, la séquence des événements. Le front de résistance français un fois enfoncé le 7 juin, les chars de Gudérian et Rommel, puis l'infanterie-portée déferlèrent sur le pays. Le lundi 10 juin, l'Italie entra en guerre. Le Gouvernement se réfugia à Tours ; Paris étant occupé le 14, il descendit à Bordeaux le 15 juin. Le bombardement au Havre d'immenses réservoirs de pétrole causa un énorme incendie, qui volatilisa en huit jours de considérables réserves de carburant.

Les Allemands franchirent le Rhin le 15 juin au nord de Colmar, la Loire le 16 et atteignirent la frontière suisse le 17. Paul Reynaud qui envisagea de continuer la lutte en Afrique du Nord, démissionna, découragé par Laval et Darlan. Le Président Lebrun, qui avait été réélu en 1939, confia le pouvoir au maréchal Pétain. Ce dernier annonça le 17 juin qu'il fallait cesser le combat ! Les ennemis étant à Vichy, le général Besson annonça la dislocation de l'armée.

Beaucoup de routes de France étaient encombrées de réfugiés et surtout du côté de Langres, Dijon et Vesoul, où il n'y avait plus de ravitaillement pour la masse de monde en déplacement. La Banque de France s'était repliée à Toulouse, tandis qu'à Mulhouse et Colmar, en l'absence de liquidités, l'argent ayant été retiré, des "billets de nécessité" ou bons de caisse étaient émis par les Chambres de Commerce. Lyon se déclarait ville ouverte le 18 juin.

Ce même 18 juin, le général de Gaulle prononça son Appel incitant les Français à la résistance et à le rejoindre à Londres. Suspendus à la radio, les familles Beyer et Stéhlé l'écoutèrent à dix-huit heures, avec émotion, beaucoup d'enthousiasme et d'espoir, mais aussi avec scepticisme. La BBC rediffusa son texte durant quelques jours.

Le 19 juin les troupes ennemies sont à l'Atlantique, à Nantes, Poitiers et Angoulême. L'ambassadeur d'Espagne, Monsieur de Lequerica sert d'intermédiaire entre les belligérants. L'avant-garde hitlérienne arrivée au contact du Grand-Quartier-Général, la retraite est ordonnée. Le service d'informations arrêté à vingt-deux heures trente est repris par les Allemands qui diffusent que la croix gammée vient d'être hissée à la flèche de la cathédrale de Strasbourg. Ce même jour, comme pour un coup de grâce, des avions italiens bombardèrent l'aérodrome de Bordeaux-Mérignac et les gares. Abrités au garage, les Beyer et les Stéhlé vitupérèrent contre la lâcheté des Italiens. L'ampleur des dégâts ne fut pas connue, vu les nouvelles contradictoires.

Passé une année de mise sous tension par la "drôle de guerre", les Français ignoraient dans quelle mesure, l'armée avait été massacrée lors de cette débâcle unique dans l'histoire. Cela est à souligner pour saisir l'atmosphère et combien le peuple en avait assez de la guerre, dit Rafa. Avant toute autre considération, on sentait, sans avoir de chiffres, que beaucoup de gens suivaient le Maréchal, ce glorieux père "qui faisait don de sa personne à la France", pensant qu'il tirerait, grâce à son prestige, le meilleur parti de la situation auprès des Allemands ! Laval écarté du premier gouvernement Pétain, certains crurent à une entente entre Pétain et de

Gaulle et peut-être la souhaitèrent-ils ? A l'entrée de Laval au gouvernement, cette hypothèse parut moins probable.

L'armistice du 22 juin, entre la France et l'Allemagne n'entra en vigueur qu'après co-signature de l'Italie, le 24 juin. L'acte de Rethondes ne mentionnait pas l'Alsace-Lorraine, aussi était-il juridiquement pensable que, hormis la division du pays en deux zones, rien ne serait changé territorialement jusqu'à la signature d'un traité de paix.

Les journaux allemands du 25 juin publiaient un texte de Hitler, qui confirmait l'arrêt des hostilités avec la France, vantait "la plus glorieuse victoire de tous les temps" et déclarait que la "guerre à l'Ouest était ainsi terminée" ! Le Führer "remerciant avec humilité Dieu de sa bénédiction, ordonnait de pavoiser dix jours durant et, que les cloches sonnent sept jours dans le Reich". Ce Dieu qu'il citait avec aplomb, était déjà invoqué dans le slogan "Gott mit uns", "Dieu avec nous" marqué sur les boucles de ceintures des soldats... déjà du temps de Guillaume II !

Malgré les événements, cette vie de camping à Caudéran, avait quelque chose de sportif et de sympathique. Les femmes se relayaient à la cuisine et les repas étaient aussi gais que possible compte tenu du fait que chaque famille était sans nouvelle d'un être cher et que le pays était en déliquescence.

Rafa qui n'avait pas complètement oublié le bac, travaillait les matins et certains soirs. Dédée et lui, avec une certaine insouciance d'amoureux, allaient les après-midi explorer la ville ou à l'un des cinémas du centre. Les séances de matinée n'attiraient que peu de public. Dans les salles, les amoureux avaient une prédilection pour les dernières rangées...

Les actualités cinématographiques, plus exactement la "Deutsche Wochenschau", montrèrent le défilé organisé à Berlin à l'occasion de l'armistice et la foule amassée sur "Unter den Linden".

Quelques unités françaises demeurées encerclées dans la ligne Maginot continuèrent un baroud d'honneur jusqu'au 2 juillet, malgré l'armistice.

* * *

En ce temps là, les Français les plus horrifiés par la guerre étaient ceux qui avaient perdu un membre de leur famille, étaient sans nouvelles d'êtres chers ou avaient connu l'exode. Un certain nombre de citoyens, pour des motifs politiques plus ou moins avouables ou par simple intérêt matériel, se sentaient avantagés par l'arrêt des combats. Bien nombreux étaient donc ceux que l'armistice soulageait !

Rafa qui avait été à l'Université pour se renseigner au sujet du bac, assista Cours Victor Hugo, au passage d'un détachement allemand de motards, d'automitrailleuses et de pièces d'artillerie. Des passants plutôt surpris, s'étaient arrêtés le long des trottoirs, sans manifester. Un groupe de jeunes filles, certaines bien bath et sans doute de la région à en croire leur accent, était à côté de lui ! La colonne une fois passée, le potache qui s'apprêtait à poursuivre son chemin, put tout juste entendre l'une d'elles s'exclamer : "mais ce sont tout de même de beaux gars" ! Il n'osa rien répéter de l'incident au père Beyer et à Dédée, craignant de se faire engueuler pour être seulement resté en badaud, à regarder passer les "Chleuhs" !

Au ciné, les actualités de cette semaine là, passèrent l'entrée des Allemands dans Paris, drapeaux et fanfare en tête, au pas de l'oie et chantants, puis la visite de Hitler non seulement à la capitale mais aussi à Strasbourg. Là, le 28 juin, montrant la cathédrale d'un geste, il demanda à son entourage et à des soldats qui lui présentaient les armes sur le parvis, s'il fallait "rendre ce joyau aux Français ?". "Non jamais !" fut, semble-t-il, la réponse.

En Alsace, le processus d'annexion commença d'abord sournoisement dès le mois de juin, par la nomination au gouvernement régional du " Gauleiter de Bade-Alsace", Robert Wagner. Les nazis demandèrent le retour des réfugiés et leur accueil fut confié au "Service auxiliaire alsacien" . Préfets et fonctionnaires français ainsi que les Juifs encore présents dans la région, furent expulsés.

Le général Huntziger présenta à partir du 10 juillet, un ensemble de protestations du gouvernement de Vichy, concernant l'Alsace-Lorraine, devant la Commission franco-allemande d'Armistice.

Furent-elles faites seulement pour la forme ? Toujours est-il qu'elles restèrent sans réponse ni publication, pratiquement secrètes, de sorte qu'on put avoir l'impression que la France de Vichy, en laissant peser ce silence, avait abandonné l'Alsace et même s'en désintéressait. Certains allèrent au-delà de l'amertume du sentiment d'abandon et dirent que les Alsaciens avaient été "vendus"!

La perte d'une grande partie de la marine française à Mers-el-Kébir, fut un désastre. Sommé par les Anglais de se rendre, d'aller aux Antilles ou de se saborder dans les six heures, l'amiral Gensoul refusa, obéissant aux ordres de Vichy. La plupart des grosses unités présentes dans la rade d'Oran furent anéanties. Pas moins de mille trois cents marins français périrent et il y eut quatre cents blessés. Seul le "Strasbourg" put s'échapper en arrachant ses chaînes.

Churchill fut soulagé de voir disparaître ce danger pour son pays. Les Français, déjà sensibilisés par la façon dont les

Britanniques avaient participé à la bataille de France et réalisé l'évacuation de Dunkerque, furent cependant très choqués ! On parla de représailles et la propagande nazie ne manqua pas d'exploiter l'événement pour attiser l'anglophobie. Beaucoup d'hommes se sentirent ainsi retenus dans leur élan de rejoindre de Gaulle. D'autre part, supposer une entente secrète entre lui et Pétain devenait de plus en plus invraisemblable. Rafa était également profondément chagriné par tant de morts et par l'anéantissement de si belles unités.

Sans nouvelles de Han, les Stéhlé ne se hâtèrent pas de retourner en Alsace. Fritz libéré de ses obligations à Bergerac y demeura encore, la maison de Caudéran étant pleine de monde. Rafa tenait à présenter son bac, dont une session spéciale était prévue à Bordeaux, pour les réfugiés de dernière heure. Son copain Edy qui avait fait l'écrit début juillet, lui envoya pour information copie des sujets, et annonça peu après son succès. Il ajoutait qu'un ami commun, Roog, dont le père avait été muté en cours d'année de Limoges à Guebwiller, était venu à bicyclette d'Alsace à Périgueux avec des copains. Lors de l'avancée ennemie, l'autorité civile avait poussé les jeunes de son âge, à fuir.

Le 10 juillet, l'Assemblée Nationale réunie à Vichy vota à une très forte majorité l'élaboration d'une nouvelle Constitution et les pleins pouvoirs au maréchal.

En Aquitaine, la poste marchait tant bien que mal. Dans la région de Bordeaux, la vie se réorganisait sous l'autorité du Maire Adrien Marquet, Ministre de l'Intérieur. Il n'y avait, jusqu'alors, pas eu de heurts avec l'occupant, qui semblait avoir reçu l'ordre de se comporter correctement.

La session de bac attendue par Rafa eut lieu le samedi 13 juillet, à l'Université de Bordeaux. Il rencontra à cette occasion

Grégoff, un camarade de classe du lycée Fustel de Coulanges, qui lui déclara vouloir retourner à Strasbourg sans tarder. Etonné de cette hâte, il ne prolongea pas la conversation avec le gars.

Pour se détendre, il alla dans la soirée au ciné avec Dédée. Ils virent : "Ce que femme veut..." et "Mon fils a tué". Le lendemain ils assistèrent à "Arlette et ses papas" et au célèbre film, "Maria Chapdelaine".

Ce même jour de "Fête nationale", les autonomistes alsaciens furent libérés et remis à l'armée allemande sur exigence du Führer.

La "Petite Gironde" publia les résultats du bachot dans un délai de dix jours. Rafa était reçu à l'écrit ce qui valait un succès définitif, les oraux étant supprimés par décision rectorale. Il était heureux mais, que faire maintenant ? Son père allait venir de Bergerac et on se concerterait. Toujours sans nouvelles de Han, les Stéhlé parcouraient les quotidiens où plusieurs pages étaient consacrées aux avis de recherches de réfugiés et militaires.

Les Beyer en souci au sujet de la grand-mère, de l'étude et des biens laissés à Barr, décidèrent de rentrer chez eux. Du reste, le centre des réfugiés de Périgueux poussait au retour en Alsace. Madame Dudret rejoignit Paris au même moment.

Après ce mois de coexistence amicale, dans une ambiance caractérisée par le dicton : "A la guerre comme à la guerre", les adieux furent bien tristes ! Pour différentes démarches, les Beyer passèrent encore quelques jours à Périgueux, d'où ils envoyèrent aux amis de Caudéran, une gentille lettre de remerciements avec le souhait de se revoir bientôt ; ce que Rafa et Dédée espéraient bien sûr ardemment.

* * *

Le bachelier frais émoulu profita du temps libre pour aller au cinéma où il avait peu été depuis Strasbourg. Les salles du centre vendaient des entrées à trois francs, permettant d'assister dès quinze heures, à deux ou trois films. Le meilleur cinéma "Le Français", avait été réquisitionné par les "Chleuhs" mais il y en avait bien d'autres. Il vit ainsi : "La danseuse de San Diego", et un dessin animé de Betty Boop ; "La fille de Madame Angot", "Usine à scandale", "L'héritier des Mondésir", "Monsieur, Madame et Bibi", "le Comte de Monte-Cristo", "Amour d'artiste", "Désir", et beaucoup d'autres vieux films dont les "Bateliers de la Volga". Il y en avait de bons, pas mal de navets et des longs métrages lubriques, comme "La tour de Nesle" et "Lucrèce Borgia".

Bien sûr, les actualités cinématographiques, aux mains du service de propagande de Goebbels, insistaient sur l'action salutaire et "patriotique" du gouvernement de Vichy ainsi que sur la bonne entente entre les troupes allemandes et la population de zone occupée. Ces annonces étaient encadrées de slogans et chants militaires nazis parfois terminés par le refrain horripilant "Heidi-i-i Heida-a-a" ! La plus récente rengaine était : "Car nous sommes en route contre l'Angleterre!" - "Denn wir fa-a-ahren gegen Enge-la-and", sur une musique de Richard Wagner !

Au cours de cette "cure" de cinéma, le garçon rencontra Léandre Vontobel, un copain de Strasbourg, dont le père était prof. d'anglais au Lycée. Il venait de passer son PCB à Bordeaux et hésitait quant à la poursuite des ses études. Rafa, Léandre et son jeune frère Arsène sortaient assez souvent pour prendre un pot ou une Marie-Brizard. et vadrouiller au centre très animé. Ils déambulaient ainsi par les rues Judaïque, Sainte-Catherine et Vital-Carles, très commerçantes, par la place Gambetta, et allaient jusqu'au superbe Grand Théâtre à colonnades. De là, on voyait en grimpant cinq à six marches, les allées de Tourny, l'esplanade des Quinconces et le monument des Girondins. De la Place de la Bourse, un ensemble architectural impressionnant, ils revenaient par le cours d'Alsace-Lorraine, gagnaient la Tour Pey-Berland et la belle Cathédrale Saint-André. Tantôt à bicyclette, tantôt en tramway, ils connurent bien la ville, ses vieux quartiers, le bord de la Garonne et le port.

En dépit de la chaleur, ils entreprirent une longue excursion à bicyclette jusqu'à Lacanau, à environ soixante kilomètres de Bordeaux. La route dans le bois de pins était agréable, surtout le matin. Sous un soleil de plomb, ils se baignèrent dans l'étang et y firent même un peu de pédalo puis, par Talaris et Le Moutchic, ils gagnèrent l'océan où il y avait quelques flâneurs et des gens qui se bronzaient sur une belle plage de sable fin. De fortes et hautes lames les firent renoncer au bain.

Pendant le pique-nique, Rafa et ses copains, eurent avec un serrement de coeur, l'impression qu'ils ne reverraient plus cette côte de si tôt. Les cyclistes qui avaient surestimé leurs forces, arrivèrent chez eux à la tombée de la nuit, très fatigués et avec un coup de soleil, pour être restés un bon moment torse nu. Les brûlures se faisaient déjà sentir et ils pouvaient se féliciter d'avoir gardé leurs casquettes ! L'huile n'empêcha pas les cloques et la peau pela par lambeaux. Ils gardèrent la chambre durant quelques jours.

En ce début août, la chaleur était harassante, même la nuit. Fermer la fenêtre tenait du supplice et la laisser ouverte livrait passage à des milliers de moustiques, malgré la "citronnelle" tout à fait inefficace. Un coup de soleil livré aux moustiques, laisse assurément un souvenir impérissable ! Rafa très sensible aux piqûres n'avait plus qu'à se cacher sous un drap, comme sous un linceul. Mais les bestioles trouvaient encore moyen de piquer au travers !

La Mairie de Bordeaux organisait le ravitaillement, la vaccination gratuite, le contrôle des prix et délivrait des laissez-passer interzones. Les mesures de défense passive n'avaient pas été supprimées, à cause des Anglais. L'intervention du Génie ayant rendu suffisamment de ponts à nouveau fonctionnels, le rapatriement des réfugiés avait commencé fin juillet, par trains spéciaux. Les autorités civiles distribuaient des bons de transport, aux Belges d'abord.

Quant à Hitler, souhaitant désormais la paix, il fit dans un discours au Reichstag, "appel à la raison et au bon sens de la Grande-Bretagne". Churchill avait pourtant déclaré à la Chambre des Communes que les Britanniques ne se rendraient jamais ! Le 22 juillet, Lord Halifax, Chef du Foreign Office, mobilisa ses compatriotes et les incita à la prière. Hitler furieux, dénonça le piétisme hypocrite de ce Lord et promit de venger les raids de l'aviation anglaise qui avaient, disait-il, essentiellement causé des morts parmi les civils. Hitler menaça "l'île britannique" d'invasion et de destruction !

La RAF luttait sans relâche et disposait déjà d'un système de détection, le radar, qui dès juillet s'était avéré très performant lors des bombardements des ports et navires en Manche. Il palliait en partie l'infériorité numérique de l'aviation anglaise. Les Allemands s'étonnaient de voir foncer très tôt sur eux les Hurricane et les Spitfire. Une plaisanterie anglaise faisait dire à un haut gradé et as de l'aviation allemande, questionné avec sollicitude par Goering sur ses souhaits : "Je désire des Spitfire, Monsieur le maréchal !"

Sur ce, une lettre des Beyer arriva depuis la ligne de démarcation où le poste allemand les avait arrêtés parce qu'ils n'avaient pas d'ordre de mission. Ils logeaient chez de braves paysans, au Deschaux, près de Dôle, et commentaient qu'il existait encore des gens qui aimaient les Alsaciens ! Pour témoigner de la gratitude à leurs hôtes, ils aidaient à la cuisine, aux champs et à conduire les vaches au pâturage. Du reste que faire d'autre dans ce petit village où, dans un charmant paysage tout verdoyant, on ne trouvait qu'un moulin au bord d'un étang et un petit château. Ils purent poursuivre leur périple après une dizaine de jours.

A Bordeaux, Rafa et les Vontobel continuaient à aller au cinéma et à la piscine. Il y eut, fin août, deux concerts dirigés par Gaston Poulet et Rafa se souvint avoir spécialement apprécié, de Debussy, le "Prélude à l'après-midi d'un faune". Un des événements culturels de ces "vacances" fut assurément, début septembre, la représentation de "Carmen", avec le célèbre ténor Georges Thill et Lucienne Anduran dans le rôle de Carmen. Rafa me parla de cette oeuvre de Bizet, qui fut le premier opéra auquel il assista, parce que la mise en scène fut extraordinaire et le succès triomphal ! L'ambiance dans les arènes de Bordeaux-Bouscat, donc en plein air un dimanche en fin d'après-midi, fut vraiment celle d'une "corrida" et on eut l'impression que l'assistance, pour un instant, se sentit hors du temps et en oublia les événements.

La démobilisation jusqu'à la classe 1936, prévue du 25 au 30 juillet, intéressait, d'abord les gendarmes, les bouchers et boulangers ainsi que les Alsaciens-Lorrains dont les familles avaient été repliées. On précisait qu'elle dépendrait surtout des possibilités de déplacement qu'autoriserait la Wehrmacht.

Le Docteur Eric Wecker concerné par ces dispositions, quitta l'Hôpital de Neufchâteau et rejoignit sa femme Asta à Moissac. Ils vinrent en août à Caudéran, avec une lettre de Han passée de mains en mains. Les échanges postaux avec l'Alsace ne fonctionnaient pas bien encore et il valait aussi mieux, par prudence, éviter la probable censure allemande !

Les Wecker apportaient en plus des nouvelles fraîches de leurs amis de Périgueux où la Mairie préparait le retour des réfugiés. Eric et Asta voulaient discuter de la situation et de l'avenir avec Anna et Fritz qui venait d'arriver de Bergerac.

On lut avant tout la longue lettre de Han qui expliquait comment, lors de la retraite, le 13 juin, son bataillon le II / 79ème RIF, quitta Rittershoffen et la ligne Maginot pour gagner l'"Intérieur" où la formation de "bataillons de mitrailleuses" était projetée ! Le 15 juin, le convoi ferroviaire fut stoppé en gare de Schirmeck, puis bombardé par des Stukas. Il y eut beaucoup de morts et de blessés, civils et militaires.

Dans cette débâcle, différentes unités étaient mélangées. Ordres et contre-ordres se succédaient. Un chirurgien militaire venu de Vittel réquisitionna le Sanatorium de Schirmeck et les toubibs du 79ème. RIF pour improviser un service chirurgical, bien que les lieux ne se soient pas prêtés à une telle activité. En effet, malgré l'existence de paniers d'instruments chirurgicaux, il était difficile d'y opérer du fait d'un manque d'éclairage adéquat et aussi de médicaments. L'absence de sérums antitétanique et anti-gangréneux, obligeait de faire appel aux pharmacies civiles. Les Allemands prirent Schirmeck le 24 juin, mais pas l'hôpital-sanatorium situé un peu à l'écart.

Han était en tournée pour réquisitionner des médicaments, lorsqu'il tomba sur des motards allemands portant une mitraillette en sautoir. Sa voiture marquée de la croix rouge fut stoppée et il fut fait prisonnier. Amené à un colonel, il expliqua en mauvais allemand, qu'on l'attendait à l'Hôpital où se trouvaient parmi d'autres, quatre blessés de la Wehrmacht. Il invoqua la Convention de Genève mais on lui confisqua néanmoins son véhicule. Raccompagné à l'hôpital, les Allemands en prirent la direction.

Le service de santé militaire français put continuer à y travailler jusque vers le 10 juillet. L'hôpital de Schirmeck fut alors évacué vers celui de Haguenau, où on rassembla les prisonniers blessés. Han avait eu, comme on le sut plus tard par ses camarades et subordonnés, une conduite exemplaire. Il fut, ainsi que son ami le médecin-auxiliaire Betterwald, libéré en tant qu'Alsacien le 19 juillet, sans avoir rien eu à signer. Ainsi relâchement et attitudes hétéroclites se trouvèrent parfois aussi dans les rangs allemands. En effet, les officiers alsaciens capturés lors de la débâcle, furent la plupart, rassemblés à Rastatt puis libérés, à condition de signer qu'ils étaient "de sang allemand". En cas de refus ils restaient prisonniers. On considérait à Vichy qu'une signature ainsi donnée était sans valeur et n'engageait, stricto sensu, à rien.

Han, qui avait d'abord passé quelques jours à Barr chez les Beyer, écrivait de Strasbourg qu'il allait pour l'instant travailler à l'Hôpital Civil.

L'administration nazie remplaçait désormais l'armée, et imposait les contraintes du régime et l'intégration au "Grand Reich allemand". Un organisme para-nazi avait été créé d'emblée : "le service auxiliaire alsacien" et sa direction confiée à Ernst, un autonomiste qui quelques années auparavant avait échappé à l'arrestation en se réfugiant en Allemagne. Sous des semblants de solidarité, ce service triait les gens selon leurs opinions et les poussait, s'ils paraissaient convenables, à s'inscrire au parti. Cette adhésion était au demeurant obligatoire pour les fonctionnaires, sinon, ils étaient licenciés voire expulsés.

En gare de Strasbourg, décorée de beaucoup de drapeaux et banderoles souhaitant la "bienvenue en grande Allemagne", le retour des réfugiés était salué par des discours. Han terminait son aperçu de la situation par le rappel du fait que l'usage du français étant interdit, il fallait parler dialecte ou allemand, la "Muttersprache", la langue maternelle !

Rassurés quant à Han, les Stéhlé et les Wecker, même Madame qui était allemande d'origine, appréhendaient le retour en Alsace.

Mais en fin de compte, l'expérience des réfugiés dans le sud-ouest n'avait très fréquemment pas été bonne. Un appel bilingue du Préfet de la Dordogne Marcel Jacquier, affiché début juin 1940, incitait ses administrés et les réfugiés belges, à ne pas traiter les Alsaciens de "boches". Il citait la célèbre phrase de Napoléon 1er, soulignant le fait que parler alsacien n'impliquait pas de sentiments allemands. Le même appel préfectoral engageait aussi les Alsaciens à s'efforcer de parler français.

Ce placardage confirmait que les difficultés du début s'étaient accentuées, sans doute du fait de l'évolution de la guerre. Quolibets mis à part, on entendait de-ci, de - là, des gens dire, "donnez leur l'Alsace-Lorraine et qu'on nous rende nos prisonniers" ! Les protestations de Vichy contre l'annexion par décret de Hitler, étaient inconnues du public. Au regard du reste de la France, le sort de l'Alsace-Lorraine ne touchait qu'environ quatre pour cent de la population et il y avait deux millions de prisonniers. Cela expliquait sans doute certaines prises de position. Cependant, le sort de l'Alsace-Lorraine et celui des prisonniers n'avaient, semble-t-il, pas de rapport. En fait, les nazis , imposaient leur volonté, ne laissant guère de place pour la discussion. Leur raison était celle du plus fort, c'était tout simple !

En définitive, les Alsaciens avaient bien des motifs de se sentir "mal aimés". Les vieux disaient que, du temps du "Reichsland" ils ne furent ni plus, ni moins estimés. Leur problème était celui des minorités ethniques vivant dans des milieux "racistes" et intolérants. Ce phénomène était somme toute assez courant de par le monde.

Entre temps, l'offensive aérienne contre l'Angleterre s'intensifia après le " Adler Tag" ou "Jour de l'aigle", et capta toute l'attention des combattants. La bataille fut d'emblée très meurtrière, avec de grosses pertes civiles et militaires du côté anglais, mais surtout pour la "Luftwaffe ", qui, fin août perdit dans les quatre cents appareils. L'augmentation croissante de ses pertes allait modifier le cours des hostilités.

En attendant, l'issue de la guerre était inconnue. On ne pouvait que faire des supputations ou discuter en fonction de ses propres souhaits ou craintes. La "guerre éclair" donnait pourtant bien l'impression qu'une victoire allemande était possible. C'était ce que pensaient beaucoup de Français, à en juger le nombre des collaborateurs et de ceux qui suivaient plus ou moins passivement le gouvernement de Vichy. De Gaulle était condamné à mort par Vichy et son mouvement de résistance commençait à peine, avec tout juste la compréhension et, peut-être, la sympathie assez ambiguë de Churchill. Quelques semaines après l'armistice, lorsque Vichy évoquait de Gaulle, c'était pour le tourner en dérision.

Pour Wecker, chirurgien-gynécologue qui avait sa clientèle et ses biens à Strasbourg, il était peu pensable à cinquante-deux ans de tout perdre en Alsace et de recommencer à zéro. Stéhlé à soixante-deux ans, chômeur de nouveau, avait peu, voire aucun espoir de trouver un emploi dans le bordelais où il ne disposait que d'une habitation. La maison de rapport dont il vivait se situait à Strasbourg, où la famille se retrouverait, Han y étant déjà.

Rafa décida d'étudier la médecine. On ne connaissait alors pas de chômage dans la profession et, en médecine libérale, on ne dépendait pas d'un patron comme dans l'industrie. Son père le soulignait souvent. Du reste aucun des différents autres choix envisagés auparavant, ne lui paraissait alors accessible.

- S'il restait à Bordeaux cela réglerait la question du langage, vu qu'il parlait mal allemand. - Mais, en tant qu'Alsacien, des problèmes avec les Allemands seraient probables voire inévitables, la ville étant en zone occupée ! - Et de quoi vivrait-il ?- Une bourse ? - Ce n'était pas évident ! - De plus, quelle serait l'attitude des nazis à l'égard d'une famille dont un membre aurait préféré rester loin de leur "paradis" ?

- Et le Mexique ? pensèrent les Stéhlé. Rafa y étant né, cela lui conférait la nationalité mexicaine "de naissance" et la nationalité française était compatible sans problème avec la double nationalité. Le fait que leurs enfants soient nés au Mexique n'avait-il pas déjà tiré les Stéhlé d'un mauvais pas à Ellis Island ? Il y avait à Bordeaux, près de la place des Quinconces, un Consulat Général du Mexique. Anna et Rafa, ayant pris rendez-vous, s'y rendirent.

Le Consul Général, Monsieur Francisco Fernandez F. les reçut dans un spacieux bureau, aux meubles en acajou, feutré de moquette et décoré d'une grande photo du président de la République du Mexique. L'homme, petit, aux cheveux noirs bien gommés, au visage presque glabre avec des pommettes un peu saillantes, au teint brun olive, avait une vraie tête d'indien. Une de ses joues était balafrée.

Il était d'une obséquiosité enveloppante comme le sont souvent les mexicains. Rafa relata la conversation très amène, dont il se souvenait parfaitement. Anna pour commencer indiqua en tant que références des amis de Mexico, surtout les Jean et la famille du général Rios Zertuche.

- Je connais bien Monsieur Camilo Jean, mais moins son frère Adrien, dit-il. Peu avant d'entrer dans le service diplomatique, lorsque j'étais l'adjoint du gouverneur de Puebla, j'eus affaire à don Camilo pour des questions syndicales concernant ses usines. Du reste j'ai un "rancho" près d'Orizaba.

Tout en parlant, il se passait - c'était un tic - doucement un index sur sa balafre. Sa tête et le haut du buste, dépassaient tout juste de son imposant bureau.

- Je me souviens bien d'Orizaba, dit Anna qui, pour en arriver sans détours aux faits, précisa , nous venons, Monsieur le Consul Général, pour une question de nationalité concernant mon jeune fils qui voudrait connaître les possibilités d'obtenir la citoyenneté mexicaine. Voici son acte de naissance de l'état civil mexicain.

- Voyez vous madame, dit le Consul après un instant de réflexion, et se touchant à nouveau la balafre, il peut opter pour notre nationalité ; ce serait même le moment vu son âge, mais notre pays n'admet pas la double nationalité. Il lui faudrait donc renoncer à toute autre citoyenneté.

- Bien, continua Anna, mais c'est que nous devons retourner incessamment en Alsace, tout simplement annexée par l'Allemagne, malgré l'absence de traité de paix, comme vous savez. Que faire ? Nous aimerions un document qui préciserait la situation de mon fils à l'égard du Mexique.

- Il est certain que, si vous êtes sur le point de quitter Bordeaux, les délais nécessaires aux courriers et démarches, qui durent environ quatre mois, sont trop longs ; je pourrais cependant vous délivrer un certificat attestant que le jeune homme est mexicain de naissance. - Vous savez bien, que nous distinguons le mexicain de naissance, fils d'étrangers, né au pays, du mexicain de souche. Vous pourrez présenter ce document aux autorités allemandes et ensuite voir un de mes collègues en Allemagne, près de chez vous, expliqua le diplomate.

- Et, poursuivit Anna, pourrait-il aller étudier à Mexico ?

- Pourquoi pas, si vous avez des répondants là-bas ou s'il accompagne ses parents.

- Pensez-vous monsieur le Consul Général, que le Mexique va être entraîné dans la guerre ? osa questionner Anna, un peu culottée.

Il lui répliqua obséquieusement :

- Mon rôle, chère madame, n'est pas de prévoir ou de vous

exposer, en supposant que sois bien informé, les projets de mon pays, mais il est de notoriété publique que le président élu, le général Avila Camacho, un grand homme comme son prédécesseur, aura tendance à suivre la politique de Monsieur Roosevelt, qui continuera à beaucoup aider les Britanniques, surtout si la guerre se prolonge - ce qui est possible.

- Eh bien, Monsieur le Consul Général, nous serions heureux d'avoir tout au moins une attestation consulaire de nationalité, que mon fils présenterait à l'entrée en Alsace et, par la suite, on verra, dit Anna suavement.

- Parfait madame, le document pourra être prêt dans deux jours, affirma le diplomate.

La conversation porta encore sur quelques banalités, sur la vie calme au Mexique, les progrès économiques du pays et sa richesse. Rafa qui n'avait pas souvent desserré les lèvres, ne sachant pas bien l'espagnol, s'associa pourtant à sa mère pour remercier le Consul qui, très homme du monde, dit à Anna: "para servir a Usted señora", la très mexicaine formule, "pour vous servir madame". Anna paya les taxes consulaires et le garçon alla chercher le document le surlendemain.

Assez timoré, Rafa ne se voyait néanmoins pas aller à l'aventure et étudier au Mexique, quitté dans les conditions qu'on lui avait racontées. Le renoncement à la nationalité française était un obstacle, encore fallait-il voir comment cela se présenterait, disaient les parents Stéhlé qui, par expérience, savaient que des possibilités d'arrangements officieux pouvaient exister dans ce pays. Rafa ne se voyait pas vivant très loin de sa famille et de Dédée, mais espérait pouvoir mieux se débrouiller en tant que mexicain, dans cette Allemagne nazie qui sûrement serait pire que celle que ses parents et les Wecker avaient connue dans leur jeunesse.

Fritz et beaucoup d'Alsaciens avaient lu "Les Oberlé" de

René Bazin et "Au service de l'Allemagne" de Maurice Barrès qui, vu l'ampleur de l'exode de 1871, soutint la thèse de ne pas quitter l'Alsace. Il fallait, plutôt que de laisser le champ libre à l'Allemagne, rester pour qu'"un peu de France" survive sous le joug, même en subissant l'inévitable. Barrès voyait dans une telle attitude une forme d'héroïsme !

"L'attachement au terroir, aux coutumes des ancêtres, serait-il vertu à Québec, vice en Alsace ?"

Alfred Kastler, Prix Nobel de Physique.

Chapitre 13

RETOUR DANS L'ALSACE ANNEXÉE

Après mûre réflexion, le retour à Strasbourg fut décidé aussi bien par les Wecker, qui, en attendant retournèrent à Moissac, que par les Stéhlé. Fritz s'occupa des bons de transport nécessaires. On obtint qu'à Bordeaux, un wagon spécial soit ajouté à un convoi de réfugiés de Périgueux à destination de Strasbourg. Monsieur Freund, l'ami des Wecker, devenu entre temps Secrétaire de Préfecture à Mont-de-Marsan, auquel on avait déjà eu recours lors du déménagement dans Strasbourg évacué, prêta une fois encore son concours en intervenant auprès des diverses administrations.

La presse se complaisait à épiloguer sur les personnalités mises en cause à propos de la défaite française, et arrêtées. Les plus représentatives étaient sans doute Léon Blum, le Général Gamelin, Paul Reynaud, Edouard Daladier et Georges Mandel qui devaient comparaître devant la Cour Suprême de l'Etat, à Riom. C'était devenu un important sujet de discussions. Les opinions, souvent assez simplistes de la population, étaient influencées par une presse, elle-même conditionnée. Quelques personnes plus prudentes, considéraient ces hommes comme des boucs émissaires et attendaient que justice se fasse pour se forger une opinion.

Rafa continuait à se la couler douce ; cinéma, petits apéros et balades avec les Vontobel, qu'il aimait bien. A part eux, il n'avait rencontré de son ancien bahut, que Grégoff, moins sympathique et probablement déjà retourné à Strasbourg. Il ne s'était pas fait de nouveaux amis en cette période mouvementée et néanmoins de vacances. Dans son fouillis, il retrouva "Anaïs Monribot", le récit de cette vieille fille d'un village de Dordogne. En relisant le bouquin, il imagina ce qu'aurait été son séjour dans un tel bled et s'estima heureux d'avoir pu venir à Caudéran.

Parmi les arguments qui plaidèrent en faveur de son retour à Strasbourg, à part le fait qu'il y était chez lui, Rafa trouva la prise de position des autorités françaises. Celles-ci, poussées par les Allemands, favorisaient la rentrée des réfugiés. Elles devaient, même à ce sujet, rendre des comptes mensuels à la "Feldkommandantur" départementale. Pour accélérer le mouvement, les services préfectoraux déclarèrent, qu'ils cesseraient désormais le versement des allocations aux réfugiés à compter du 12 septembre.

De plus, le général von Stülpnagel qui présidait la Commission d'Armistice décréta que les Alsaciens encore dans l'armée française ou dans les camps de jeunesse, étaient à libérer. Ces dispositions ne furent pas toujours suivies exactement, mais les directives officielles étaient claires. Rafa en fut scandalisé !

Le Padre s'occupa de rapatrier Auty vers Paris. On l'embarqua vers le 20 août à la gare Saint-Jean et on se promit réciproquement qu'on irait à Paris, ou quelle viendrait à Strasbourg, selon les circonstances.

Fin août, un wagon pour une quinzaine de familles strasbourgeoises réfugiées dans le Bordelais et un fourgon à bagages furent ajoutés à un convoi de Périgueux à destination de Strasbourg. Les Stéhlé retrouvèrent les Vontobel et les Schreiber. Tous avaient beaucoup de bagages : vélos, radios, machines à coudre, berceaux et autres objets amoncelés en cours d'année, qui furent casés dans le wagon à marchandises. Il y avait, heureusement pour les personnes une vieille voiture de troisième classe, à plates-formes.

Le train d'une vingtaine de wagons, quitta Bordeaux en début d'après-midi. Assis avec les frères Vontobel sur une plate-forme, Rafa regardait, le coeur gros, défiler le paysage de ce beau pays qu'ils quittaient. Pourtant, comme pour s'étourdir, on chantait et blaguait puis on retournait au compartiment, casser la croûte ou faire une belote. Le trajet se fit par Langon, Toulouse et Sète, pour rejoindre de nuit la vallée du Rhône.

Après Lyon et Mâcon le convoi qui avait roulé sans arrêt fut stoppé à Tournus et mis sur une voie de garage. Une attente prolongée étant annoncée, les voyageurs se répandirent dans la petite ville et achetèrent des provisions de route. Les jeunes Vontobel et Rafa poussèrent jusqu'à l'abbatiale Saint-Philibert, une belle église romane et jusqu'à la Saône. Ils dînèrent frugalement avec leurs parents dans un petit restaurant, pas fâchés du tout de cette halte. La nuit fut passée dans le train où il y avait heureusement assez de place pour s'étendre sur les banquettes.

L'autorisation de passage de la ligne de démarcation ne fut donnée que le lendemain matin et le convoi arriva à la gare de Chalon-sur-Saône "décorée" d'oriflammes à croix gammées. La soupe populaire y distribua du café, du lait, des rafraîchissements et sandwiches offerts par "l'Aide aux Réfugiés". Un premier contrôle par la "Feldgendarmerie" doublée de la " S.S." eut lieu. On était questionné sur la présence de Juifs ou de Tsiganes et il fut précisé que les pièces d'identité seraient à présenter à nouveau à la "Gestapo" à

Montreux-Vieux, déjà rebaptisé Alt-Münsterol, poste frontière d'Alsace.

Ils arrivèrent le soir à cette gare également très pavoisée où Allemands en uniforme et policiers en civil faisaient un contrôle lent et méthodique. Rafa montra en plus de sa carte d'identité, l'attestation du Consul du Mexique. Le gars de la "Gestapo", un assez grand type, blond, sans chapeau et à manteau de cuir négligemment ouvert tant il faisait chaud, scruta le garçon d'un regard gris et glacé. Il demanda aux parents Stéhlé s'il était avec eux. Après qu'ils eussent acquiescé, il les prit à part, ce qui ne manqua pas de les effrayer.

"Ainsi" dit-il narquois, et en allemand au père Stéhlé, "votre fils a une carte d'identité établie à Barr en Alsace et maintenant il fait état de sa nationalité mexicaine avec ce papier qui n'est même pas un passeport. Etrange, ne trouvez vous pas ? De toute manière, il est mineur et vous êtes responsable. Réglez la question à Strasbourg, lors de votre déclaration d'arrivée". Après cette tirade, redoutant un refoulement immédiat, les Stéhlé, comme muets, firent à l'unisson "oui" d'un hochement de tête.

L'homme rendit le papier avec un sourire ironique, disant, "très bien" puis en guise de salut, levant la main droite, il dit "Heil Hitler" et passa aux suivants. Sans doute le papier était-il suffisamment insolite pour que le sbire de la "Gestapo", en l'absence d'instruction précise, laisse passer le garçon avec ses parents.

L'arrivée en gare de Strasbourg, archi-pavoisée et pleine de banderoles avec slogans, se fit vers minuit, ce qui épargna aux arrivants l'accueil en fanfare avec chants et discours de "Bienvenue à la patrie allemande" crié dans un haut-parleur par un responsable nazi, assez souvent un Alsacien, ancien séparatiste, voire communiste converti, ou même ci-devant député de la troisième République ! Les bagages pouvant rester consignés jusqu'au lendemain, les Stéhlé exténués, et à bout de nerfs, s'en furent chez eux à pied. L'appartement sentait le renfermé mais n'avait pas souffert du gel et n'avait pas été cambriolé.

Le lendemain matin, ils se rendirent tous à l'hôpital pour parler à Han. Durant les dix mois qu'ils ne s'étaient vus, il avait mûri, semblait soucieux et assez abattu. Son front s'était légèrement dégarni. Des nouvelles de la famille et des amis furent échangées puis on discuta de la situation, sans oser lui demander des nouvelles de Ninette, dont il ne parla pas. Il semblait satisfait de son poste d'assistant aux "Hospices Civils". Des médecins alsaciens avaient la direction des services en attendant la nomination de professeurs et chefs allemands.

Han raconta qu'il allait devoir faire, comme les fonctionnaires, les médecins et autres personnes en vue, un stage de "Umschulung", ou "rééducation" en Allemagne, afin d'y apprendre la vraie façon de penser et la "philosophie" ou " "Weltanschauung", du national-socialisme !

En attendant, il disposait d'une chambre et pouvait prendre ses repas au réfectoire des médecins.

Fritz et Anna se présentèrent le surlendemain chez le "chef d'îlot" du quartier, le "Blockleiter", l'homme de confiance du nouveau pouvoir, pour faire la déclaration d'arrivée et voir d'où soufflait le vent. L'îlotier, qu'ils connaissaient d'avant la guerre, ne semblait pas trop mauvais bougre. Il leur conseilla d'aller aux réunions de quartier et même de se garder d'un certain voisin !

Sous l'emprise de la peur, après tout ce qu'ils avaient appris pendant le voyage et depuis leur retour, ils ne soulevèrent pas la question de la nationalité mexicaine de Rafa, d'autant plus que Han, médecin-officier français, une fois prisonnier, avait été libéré en tant qu'Alsacien. Craignant d'attirer l'attention, ils se laissèrent enregistrer, avec Rafa, comme n'importe quel autre Alsacien ; et baste !

Les cartes de rationnement avaient été introduites dés fin juillet pour la population civile et le taux de change monétaire, autoritairement fixé à vingt francs pour un mark, fit perdre aux gens la moitié de leurs liquidités et épargne. Ce fut évidemment considéré par la population, comme un mauvais coup.

Fritz devait, en tant que propriétaire d'immeuble fournir pour inventaire, les clés des appartements, en particulier de ceux des Juifs et autres locataires non revenus. Comme il ne les avait pas, "l'Administration des biens étrangers" chargea un serrurier d'ouvrir les locaux. Au bout de quinze à vingt jours, la "Treuhand" avait vidé toute la maison hormis l'appartement des Stéhlé.

Les biens saisis furent vendus aux enchères, au bénéfice de l'administration allemande ou de "l'aide et assistance populaire". Comme ils en avaient le choix, les Stéhlé, tout de même encore dans leur maison, occupèrent au deuxième étage un appartement de cinq pièces, un peu plus spacieux et confortable que celui du rez-de-chaussée.

Rafa reprit contact avec des copains, faisant selon la tournure des conversations et son intuition, le tri entre les quelques pro-allemands avérés, ou "collaborateurs" et les amis. Il se réjouit de revoir l'abbé Feld, qu'il connaissait depuis une dizaine d'années et qui lui remonta bien le moral. Le garçon put ainsi assez vite distinguer qui était opposé au nouvel état de choses.

La situation était très critique et les Allemands expulsèrent sans tarder les Juifs, les Nord-africains et les quelques hauts-fonctionnaires français qui n'avaient pas fui lors de la débâcle. Les parlementaires alsaciens de la Troisième République, encore présents en Alsace, furent mis sous surveillance. Les pressions exercées pour provoquer leur démission, ainsi que d'autres tracasseries, firent craindre pour eux.

La nouvelle municipalité strasbourgeoise, avait réalisé le changement des noms de rues, places, pancartes de signalisation... et les commerces avaient dû modifier leurs enseignes. Le tout était allé bon train et ainsi la place Kléber fut dédiée à Karl Roos, fusillé pour espionnage par les Français et érigé en martyre ; la place Broglie reçut le nom de Hitler et l'avenue de la Marseillaise celui de von Hindenburg. Fait comique : la rue du Sauvage à Mulhouse, fut convertie en rue Adolf Hitler. Les gens durent aussi germaniser leurs noms. Ainsi, Photo-Karbiner remplaça Photo-Carabin.

"Der welsche Plunder", le "Fatras français" étant à détruire en premier pour supprimer la culture française en Alsace, il y eut des autodafés, sur la place de la Gare et en d'autres lieux. Ils anéantirent une quantité de livres et publications parmi lesquels des ouvrages de valeur. Une conversation en français, en public, pouvait entraîner arrestation et sanctions plus ou moins sévères. Le seul mot "bonjour", même sortant par automatisme, était passible d'une amende de trois marks. Des types en uniforme avaient, dans la rue, arraché le béret, coiffe éminemment française et "propre à assombrir le cerveau", à des jeunes gens ; et on n'en était encore qu'aux premières semaines d'annexion. L'écoute des radios étrangères fut prohibée fin août, avec promesse de sanctions draconiennes !

* * *

Ceux qui pensaient étudier à une université régionale, furent surpris d'apprendre qu'une "Reichsuniversität" serait ouverte ultérieurement. "Gymnases" et collèges intégrés au national-socialisme fonctionneraient par contre dès la rentrée.

La question des études se posait donc pour Rafa. Non point à cause du Baccalauréat qui comme les autres diplômes français fut homologué. L'équivalence du bac. fut même "généreusement" accordée pour peu qu'on ait suivi une classe de philo ou de mathématiques élémentaires normale en 1939-40. Les épreuves n'avaient en effet pas eu lieu dans la région, à cause de la guerre.

S'inscrire à une université française de zone non-occupée, comme Clermont-Ferrand où l'Université de Strasbourg était repliée et continuait ses activités en collaboration avec l'université clermontoise, impliquait de passer clandestinement les lignes de démarcation. Ce faisant on risquait d'être pris et sinon, d'exposer sa famille à la vindicte de la Gestapo ! Encore ignorait-on combien de temps cette université de Strasbourg-Clermont serait tolérée par les nazis ? Il y avait l'alternative de s'inscrire à une université allemande ce qui ne mettait bien sûr, pas fin aux cauchemars.

Rafa qui voulait revoir Dédée, et aussi lui demander son avis sur ses études, se rendit sans tarder à Barr. Les Beyer étaient ennuyés. Monsieur redoutait une vengeance, une jalousie professionnelle ou qu'un nazi quelconque veuille prendre son étude. Il avait déjà été convoqué par la Gestapo et "menacé" ! La grand-mère et les filles, furent admonestées dans la rue par des nazis en uniforme parce qu'elles parlaient français. Dédée et Rafa ne purent se voir que peu de temps. Ils convinrent de se rencontrer à nouveau et de s'écrire.

Les Renaud obligés, comme tant d'autres, de changer leur nom patronymique et de germaniser leurs prénoms, s'appelaient désormais Reinhold. Han et Rafa n'avaient pas de problème de noms. C'était déjà cela ! Le frère Hamel, vétérinaire à Rosheim, revenu à la vie civile, avait aussi eu la visite de la Gestapo ! Il bavardait trop lui dit-on ! Peut-être fut-il dénoncé ?

Au collège, où les classes n'avaient pas encore repris, Rafa ne vit que le directeur qu'il trouva sur ses gardes. Il n'apprit pas grand chose, si ce n'est, que la boite avait été débaptisée et nommée "Oberschule". On avait l'impression que dans ces petites villes où tout le monde se connaît, l'angoisse et la peur de l'occupant, étaient bien plus fortes que dans les grandes agglomérations.

La guerre n'était pas terminée, contrairement à ce qu'Hitler avait trop hâtivement annoncé à son peuple. Les Allemands déchantaient même à voix basse, constatant la résistance britannique et les dégâts que subissait leur propre aviation dont les pertes étaient trois fois celles des Britanniques. En attendant, ils louaient la "sagesse du maréchal Pétain" partisan "d'une collaboration loyale" et ignoraient pratiquement le général de Gaulle.

Pour Rafa, rester à la maison à ne rien faire, était impossible et même pas souhaitable, car on était d'habitude repéré sans tarder, dans ce système policier très structuré où il n'y avait pas de place pour les oisifs, surtout alors.

Les Stéhlé écoutaient la radio anglaise avec prudence, au fond de l'appartement, portes et fenêtres closes, l'oreille collée au poste encastré dans une bibliothèque qui insonorisait. Elle apportait, en plus des commentaires sur les hostilités un encouragement et un soutien indispensables, qui aidaient à tenir bon en cette période difficile. L'idée d'un conflit prolongé se confortait. Qui disait poursuite du combat, entendait besoin en soldats et, comme les Allemands "offraient" déjà aux Alsaciens d'être volontaires dans l'armée, puisqu'ils appartenaient selon eux "au peuple et à la communauté allemands" en tant que "Volksdeutsche", on pouvait penser qu'ils seraient bientôt incorporés de force. Rien ne pouvait s'y opposer, les conventions internationales étant bafouées !

La question de l'incorporation de force des Alsaciens était du reste dénuée d'intérêt pour beaucoup de Français, comme cela était rapporté par quelques personnes amenées à voyager pour affaires, en France occupée. Le leitmotiv, parfois lancé sans ménagement, était : "qu'ils se débouillent !". Du reste que pouvaient-ils faire d'autre ?

Dans ces conditions, Rafa, bientôt en âge d'être soldat, recevait de ses parents, et des Wecker le conseil de débarrasser le plancher en Alsace et de se rendre quelque part en Allemagne où il pourrait sans doute mieux se faufiler. Il pourrait aussi aller voir ce qui était faisable à un consulat du Mexique puisqu'il n'y en avait pas à Strasbourg. L'abbé Feld, disait, tout comme Fritz : "Si on ne peut pas encore avoir les nazis par la force, il faut se plier et les rouler". C'est à voir, pensait Rafa sceptique. N'avait-on pas encore l'illusion que Pétain et son gouvernement voulaient duper les Allemands ? Il fallait donc gagner du temps et effectivement "se débrouiller" !

Anna, sa mère, lui dit : "Sache mon garçon, qu'il faut apprendre à hurler avec les loups mais qu'il faut seulement hurler, si tu veux ne pas te mouiller et te tirer d'affaire !" et ajouta, pour l'inciter à éviter d'être incorporé, que "c'est loin des bouches à feu que se forment les vieux soldats !" N'est-il pas vrai aussi, rappelèrent les Stéhlé, que de tous temps et dans toutes les armées, les simulateurs rivalisèrent d'astuce ?

Les Alsaciens, orfèvres en la matière, avaient du reste acquis cette réputation auprès des Allemands qui, depuis la Grande Guerre disaient d'eux : "Alle Drückeberger !" "Tous des tire-au-flanc". Rafa lorsqu'il dit qu'il ne saurait feindre à ce point, reçut de son père cette réponse : "Eh bien apprends, il le faut ; c'est vital, particulièrement maintenant et ici, en Alsace !"

Le jeune homme passa de longs moments à considérer le problème sous ses divers aspects et à en débattre avec l'un ou l'autre copain de confiance. Aller étudier en Allemagne était un cas de conscience, pour lui. Son ami Bernard Erny projetait de rester dans un premier temps chez lui, et apprendre l'espagnol à un cours privé. Il risquait bien sûr de se faire cueillir tout de suite pour le service de travail obligatoire voire la Wehrmacht, alors que certains sursis d'études étaient consentis, en particulier aux étudiants en médecine.

On sut que des jeunes manifestants, oisifs et provocateurs, de l'avis des "Fridolins", avaient été mis à l'ombre et leurs parents convoqués à la Gestapo et placés sous surveillance... D'autres personnes furent expulsées vers "l'intérieur" de la France, avec seulement quelques bagages à main.

Fritz obtint un laissez-passer pour ramener Auty de Paris, occupé et rationné. Elle s'y sentait abandonnée avec peu de travail et de ressources. Elle fut logée dans un trois pièces, au rez-de-chaussée de l'immeuble familial.

Trois Universités avaient été prévues pour recevoir les Alsaciens : Heidelberg pour les jeunes du Bas-Rhin, de Moselle et du Luxembourg - dont le pays avait été envahi le 10 mai 1940 et également annexé - ; l'université de Fribourg était la plus proche pour les Haut-rhinois. Francfort regroupait, semble-t-il, plutôt des Luxembourgeois. Les autres centres n'étaient qu'exceptionnellement autorisés, ce qui permettait à l'Organisation estudiantine nazie "der nazional-sozialistische Studentenverein" d'avoir plus facilement l'oeil sur tout le monde.

De l'avis de sa famille, Rafa devait aller voir comment s'amorceraient les études à Heidelberg, ville située en Bade, à environ cent soixante-dix kilomètres, donc pas trop loin de la maison. L'université était célèbre - tant qu'à faire - et la cité essentiellement estudiantine.

Le Docteur Wecker qui connaissait la région, encouragea

aussi le garçon à opter pour cette ville. Il lui dit qu'il avait un excellent ami, digne de confiance, et gynécologue comme lui, installé à Mannheim. Ce centre, distant seulement de douze kilomètres de Heidelberg était facilement accessible. Son ami Schmitt parlait très bien français et n'était nullement nazi. C'était la première fois, que Rafa prenait conscience du fait que des Allemands non nazis existaient bien, et cela le réconforta !

Une formidable attaque aérienne contre Londres eut lieu le 7 septembre, en plein jour, avec destruction des docks et dépôts situés près de la Tamise, mais aussi des quartiers est. La presse allemande jubilait sans vergogne et soulignait que les vagues d'avions se succédaient et que les bombardements nocturnes étaient quotidiens. C'était au point que les Anglais pensèrent le débarquement imminent.

Cependant, les pertes allemandes et la combativité anglaise furent telles qu'Hitler reporta "sine die" l'opération de débarquement "Seelöwe". Churchill rendit hommage devant la Chambre des Communes aux opérateurs de radars et à tous ceux qui participaient à la bataille d'Angleterre.

A Strasbourg, le 12 septembre, un groupe de la "Jeunesse hitlérienne", essentiellement des éléments venus de Bade, incendièrent la Synagogue du Quai Kléber. Les nazis se réjouirent mais la presse soutint avec aplomb qu'il s'agissait d'un "accident". Rafa passant à vélo, vit le spectacle désolant d'une ruine noircie, fumant encore un peu, et de gravats avec le toit et des fragments de murs effondrés. Les restes de l'édifice, construit à la fin du XIXème siècle, dans un mélange de style wilhelmien et byzantin, avec des emprunts à Cluny et Chartres, furent dynamités, puis déblayés sans plus tarder...

Et, pourtant la guerre continuait !

En famille, on rabâcha à Rafa avant son départ de travailler ferme, d'apprendre vite et bien la langue de l'occupant pour mieux se débrouiller. On lui recommanda aussi de se méfier des Allemands, des Alsaciens-Lorrains, possibles indicateurs ainsi que des associations estudiantines - bref "toujours se méfier et la boucler !" - c'était en quelque sorte un bréviaire de "survie en dictature". Belle perspective ! pensa-t-il.

Il prit le train avec deux valises contenant l'une, très lourde, des manuels allemands, comme l'Anatomie et l'Histologie, prêtés par le Dr.Wecker et l'autre, des effets personnels ainsi que des victuailles qui, hormis les fruits frais, étaient encore assez faciles à obtenir à Strasbourg. Un changement de train devait se faire à Appenweier et il fallait trimballer tout le barda jusqu'au quai de la ligne Rastatt-Karlsruhe-Francfort. A Heidelberg, laissant les bagages à la consigne, le garçon se pointa à "l'Accueil des Etudiants" où une chambre d'hôtel, à partager avec un autre gars, lui fut attribuée.

Fatigué et malgré le coût, il prit un taxi pour transporter ses valoches. En effet, le trajet en autobus depuis la gare s'avérait compliqué et, par dessus le marché il pleuvait. Le patron de l'Hôtel Haarlass, Carl Pirsch, un monsieur déjà assez âgé, avait une bonne tête et faisait penser à l'acteur Emil Jannings, dans le rôle du Dr. Rath de "l'Ange Bleu". Cet hurluberlu, pour bavarder avec Rafa, qui donnait les renseignements d'usage à la réception, demanda onctueusement :

- Ainsi, monsieur vient du Mexique ?

- Eh non ! de Strasbourg, comme l'indique mon adresse, fut la réponse.

- Et à Strasbourg, n'avez vous pas une université renommée ?

- Elle n'est pas à Strasbourg mais à Clermont-Ferrand. Sur place, il n'y a pas d'université pour l'instant et c'est précisément le motif de la venue ici des Alsaciens, précisa-t-il. Monsieur Pirsch interloqué continua :

- Y aura-t-il donc deux universités de Strasbourg ?

Rafa, agacé et se demandant s'il ne se moquait pas de lui, ou s'il voulait lui tirer les vers du nez, dit sèchement :

- C'est possible.

- A propos, reprit Pirsch, que mettre dans la case - nationalité - que vous n'avez pas remplie ?

- Eh bien monsieur, mettez donc - alsacien - si vous voulez bien. "Vous aurez sans doute entendu parler de la guerre ?", lança-t-il pour clore une conversation qui l'ennuyait.

- Oui bien sûr, termina l'Allemand avec un sourire gêné et des voeux de bon séjour à l'hôtel.

Celui-ci, situé dans les vertes collines qui encaissent le Neckar, dont il n'était séparé que par une route en contrebas, avait un bon aspect général, avec terrasse, jardin, cour-parking et annexe rénovée. L'été, en temps normal, l'hôtel offrait les services d'un Café - Pâtisserie et d'une piscine de rivière, voisine du petit embarcadère de la "Compagnie de navigation du Neckar". Le tramway suivait le bord du fleuve, mais du côté opposé. Il fallait donc traverser sur un bac, lequel cessait son service une fois la nuit tombée.

Le Haarlass se trouvait bien en dehors de Heidelberg vers Neckargemünd et, en amont du fameux vieux pont Charles - Théodore qui dessert le centre de la ville, il n'y avait qu'une passerelle piétonnière au niveau d'une écluse distante elle-même d'environ un kilomètre. Du point de vue touristique, le site n'était pas mal, mais l'hôtel n'avait rien d'un home d'étudiants et se trouvait loin du centre et des Facultés.

La plupart des étudiants logés dans l'annexe, étaient des Alsaciens mais peu se connaissaient auparavant. Il y avait aussi des filles, groupées par deux, comme les garçons. Rafa dut cohabiter avec un camarade qui quelques mois durant, avait été son condisciple en troisième. Kinn, un fils d'industriel, parlait aussi mal, voire plus mal dialecte et allemand, que lui. C'était plutôt rassurant. Leur chambre était correcte et même assez spacieuse, avec une porte-fenêtre et un petit balcon d'où on voyait les collines. On apercevait sur la droite, la partie est du vieux château, ainsi que la passerelle sur le fleuve. Les clochers de la ville, un peu estompés par une fine brume, se situaient plus en aval.

L'hôtel avait été partiellement réquisitionné par l'université car il n'y avait plus de chambre en ville, bien qu'on fût déjà hors de saison. En effet, beaucoup de soldats allemands, revenus de la campagne de France, avaient été mis en détachement dans des "compagnies d'étudiants". Ces éléments, avec les "Volksdeutsche" - Allemands de par leur ethnie mais n'ayant pas la nationalité - avec les tchèques et autres, ainsi que beaucoup de filles, la plupart inscrites à "l'Institut d'Interprétariat", venaient accroître le panachage du pléthorique monde estudiantin de Heidelberg. Le côté "social" n'étant pas négligé, presque tous disposaient d'une bourse d'études.

La direction des étudiants, "die Studentenführung", bien sûr dépendance du parti, avait nommé un "homme de confiance" alsacien, un certain Korn, un littéraire, chargé de la coordination. Les avis le concernant n'étaient pas défavorables. On disait qu'il avait essentiellement une activité conciliatrice, donc difficile, et un rôle de "tampon" entre l'autorité et les Alsaciens-Lorrains. De toute façon Rafa ne se hâterait pas de faire sa connaissance.

Les étudiants étaient répartis entre les différentes associations ou "Kameradschaften", copies des vieilles corporations, mais d'un "style" nouveau, où ils étaient censés, entrer en contact plus étroit avec la jeunesse allemande et surtout, "être à autre école", disons rééduqués ! Les jeunes filles avaient des groupements comparables.

L'ambiance de la "Mensa", le restaurant universitaire, n'était pas trop mauvaise. Les feuilles de rationnement, objet d'un petit troc, devaient être bien gérées. Aux repas, on faisait la queue avec son plateau. La pitance qui comportait un choix restreint, était distribuée sur présentation d'un bon de repas et de la quantité de tickets d'alimentation indiquée sur le menu.

Beaucoup de militaires appartenant aux "compagnies d'étudiants" y venaient. Il fallait repérer les grands patriotes teutons ou nazis à éviter, et discerner avec prudence qui, parmi "les pays", serait fréquentable. La méfiance était recommandée.

Les Mosellans restaient entre eux ; leur façon de parler les différenciait des "alsacos". Au demeurant, pour des raisons politiques aussi, les Allemands les avaient annexés à la Sarre et au Palatinat pour créer la "Marche de l'Ouest", ou Westmark.

Quelques Alsaciens goguenards riaient sous cape de tout cela, lorsqu'ils se trouvaient entre amis.

Heidelberg était une vieille ville de soixante-quinze mille habitants environ, assez plaisante, avec bon nombre de vieux édifices et ruelles. Son université est une des plus anciennes d'Europe. Le château qui la surplombe, en grande partie une ruine, date des comtes Palatins des XII et XIII siècles. Il est, avec le vieux pont une des curiosités du lieu. La partie nouvelle de Heidelberg s'étend en direction de Mannheim et de l'autre côté du Neckar, au delà du nouveau pont situé à hauteur de la gare.

En quelques jours, Rafa ne put se faire qu'une idée assez globale de la ville. Il faisait la navette dans la rue principale - sans doute la rue Adolf Hitler - entre la place de l'Université, proche de l'église des Jésuites de style baroque du début du XVIIIème siècle, le Rectorat, le restaurant universitaire et la Faculté de Médecine avec l'Institut d'Anatomie. Les différents amphithéâtres n'étaient pas éloignés les uns des autres. Les cliniques universitaires, assez distantes du centre, n'avaient à ce moment là, pas d'intérêt immédiat pour lui. Il repéra des restaurants tels le "Ratskeller" près de l'Anatomie, "l'Europaïscher Hof" à la gare et le "Boeuf Rouge" non loin du Karlstor, où on pouvait mieux manger qu'à la Mensa et à des prix abordables. L'éloignement de l'hôtel était bien sûr très ennuyeux. Du centre on allait, de préférence en tramway jusqu'au Karlstor puis, on traversait la passerelle pour continuer à pied le long du fleuve jusqu'au Haarlass. Le bac et l'autobus n'étaient guère commodes.

Durant cette brève période d'orientation et de prise de contact, une incursion de la R.A.F avec alerte aérienne nocturne eut lieu. Les bombardements de Berlin avaient déjà débuté mais, l'énorme ensemble industriel, surtout chimique de Ludwigshafen-Mannheim était assurément une cible intéressante. A Heidelberg, ville universitaire de la vallée du Neckar, on n'était, à priori, pas trop exposé à une attaque aérienne planifiée. Le bruit des sirènes d'alarme inspirait à la fois crainte et satisfaction à Rafa.

L'idée que les nazis ne gagneraient, peut-être, pas la guerre devenait de plus en plus plausible dans l'esprit des jeunes comme lui ; car les Anglais tenaient bon ! C'est en la Grande-Bretagne qu'il avait placé ses espoirs et, tout comme les Anglais, en la personne de Churchill qui sut stimuler ses compatriotes à l'heure des sacrifices et souffrances. Les nouvelles de Radio-Londres ne manquèrent pas de rapporter que, lorsque le Premier Ministre inspecta des décombres dans Londres bombardée, il fut applaudi et même ovationné. Et puis Churchill était aussi un soutien pour de Gaulle qui continuait la lutte et regroupait des "forces combattantes libres".

Rafa avait reçu du docteur Wecker une lettre d'introduction pour son ami et confrère Schmitt, de Mannheim, qui l'invita à dîner. Un très commode tramway faisait de fréquentes navettes et Schmitt habitait juste à l'arrêt de Friedrichsplatz, près du Musée des Beaux-Arts, un bâtiment de style Art-Nouveau. Le pâté de maisons où se trouvait l'appartement de

Schmitt datait de début du XIXème siècle et avait au rez-de-chaussée, une galerie d'arcades.

Une dame aux cheveux tout blancs et au sourire affable, reçut le jeune homme et le pria de s'asseoir dans un salon luxueusement meublé, en bois assez clairs mais d'un style qu'il ne connaissait pas, sans doute moderne. Quelques beaux tableaux, un immense tapis oriental et de jolis lustres de cristal indiquaient le bon goût des hôtes. Le logement fait de plusieurs pièces en enfilade, avec grandes fenêtres et doubles portes, hauts plafonds garnis de moulures florales et parquet reluisant, était spacieux. Il reflétait un doux confort.

Schmitt qui avait été médecin durant la campagne de France, venait d'être libéré de ses obligations de major en raison de son âge, et avait repris son activité de gynécologue en clientèle privée.

Son français était très bon, malgré un accent un peu âpre, et il se disait content de le parler. Eric Wecker et lui s'étaient connus durant la Grande-Guerre, alors qu'ils étaient les deux médecins-auxiliaires dans l'armée allemande. Leur dernière rencontre datait de l'Exposition Internationale de 1937, occasion pour lui de passer par Strasbourg.

Le repas fut savoureux, en dépit des restrictions alimentaires imposées, et un bon bourgogne l'arrosa. Schmitt laissa entendre qu'il croyait que l'Allemagne ne gagnerait peut-être pas la guerre et qu'elle serait longue. Il dit encore : "Votre général de Gaulle n'a-t-il pas déjà, peu après son fameux appel aux Français, déclaré que la guerre est mondiale". Rafa, qui ne se souvenait pas de cela, s'étonna de l'étendue des informations de son interlocuteur, qui ajouta que l'attaque, sur les instances d'Hitler, de l'Italie contre les Anglais en Egypte, ne signifiait aucun bénéfice pour l'Allemagne.

L'hôte s'enquit des projets de son jeune invité et recommanda un maximum de prudence. Se méfiant lui-même beaucoup, et se croyant surveillé par la Gestapo, il conseilla de ne rien écrire de compromettant et même de prendre garde au téléphone. Célibataire, il vivait avec sa vieille mère.

La conversation dura encore un moment après le dîner et, alors qu'il prenait congé et remerciait, Rafa fut invité à revenir. Le docteur Schmitt lui inspirait vraiment confiance.

Il s'immatricula à la Faculté de Médecine de Heidelberg, fin septembre 1940, peu avant la clôture des inscriptions. Assez désemparé, il se voyait fourré dans la gueule du loup et se demandait ce que le sort lui réserverait ?

Pour commencer, le plus sage lui paraissait d'aller à la maison en fin de semaine, pour y reprendre du souffle et s'enquérir des nouvelles reçues par la radio anglaise. Avec l'expérience de sa courte existence et des récents événements, il savait que c'est chez lui, dans l'ambiance familiale, et à Strasbourg, dans son petit pays, qu'il se trouverait le mieux.

Sa crainte majeure était d'être incorporé dans l'armée allemande, parce qu'il se sentait français, alsacien et avait la guerre en horreur.

Le nazis ne voulaient pas entendre parler des "objecteurs de conscience". Donc, pas question de manifester de tels sentiments. Rafa n'était du reste pas, à dire vrai, un objecteur de conscience. Il ne voulait pas aller se battre, surtout par soif de vie, et pensait que pour survivre, il ne fallait pas entrer dans l'engrenage de la guerre.

"C'est l'histoire de l'Alsace qui, très souvent, justifie les Alsaciens"

Robert Heitz-(1895-1984)
Peintre et écrivain.

Chapitre 14

SÉPARÉS, DISPARUS, DISPERSÉS...

Arrivé à ce point de la narration, Rafa se dit inhibé et lassé. Il ne voulut soudain plus continuer à raconter, se sentant comme étourdi par les réminiscences de cette guerre. Il s'assoupit dans le fauteuil. Sa fatigue, en partie due aux nombreux entretiens nécessaires à la mise en forme du récit, me parut également physique, compte tenu de son âge. Je me retirai donc.

Sur mon insistance il voulut bien, une autre fois, me confier ce que devinrent, famille, amis et quelques connaissances, au lendemain de la guerre. Il me donna de plus quelques précisions sur la façon dont il réussit à survivre lui-même à la tourmente

Les parents Stéhlé ne furent pas trop tracassés par les occupants. Nés tous deux après 1870, ils n'ont, comme leurs contemporains alsaciens, changé d'appartenance nationale, que quatre fois !

Les nazis n'avaient semble-t-il pas eu connaissance de l'insoumission de Fritz en 1914, alors qu'il était au Mexique. Pendant l'annexion, il travailla en Alsace comme représentant, sans avoir à se compromettre avec le parti.

Han épousa une Alsacienne avec qui il eut des enfants. En

tant que médecin, il put empêcher ou retarder l'incorporation par les Allemands de quelques jeunes gens, en les opérant à leur demande. Pour certains ce fut la planche de salut. Comme il avait été officier français, il n'eut pas à servir dans l'armée allemande. La villa où il logeait à Strasbourg avec femme, enfants et beau-père, fut détruite lors d'un bombardement américain en septembre 1944. La famille se trouvant heureusement réfugiée à la campagne et il n'y eut que des pertes matérielles.

Le parcours de Rafa s'avéra plus sinueux. Après Heidelberg, il évita le "Reichsarbeitsdienst" ou "RAD" service de travail paramilitaire obligatoire, auquel il devait être enrôlé avec la première classe d'appelés, dès 1941. Maigre de constitution, il réduisit volontairement son poids par une restriction alimentaire allant bien au-delà du rationnement alimentaire général, et aussi par des séances de sauna. Convoqué au conseil de révision, pesant autour de cinquante kilos, donc bien moins que la normale par rapport à sa taille, muni d'un certificat médical de circonstance et de complaisance attestant une maladie bronchopulmonaire, il obtint un sursis temporaire et continua assidûment ses études médicales.

L'entrée en guerre du Mexique aux côtés des U.S.A. fin 1941, ferma au garçon une porte de sortie éventuelle. En effet, opter pour la nationalité d'un pays ennemi, l'aurait immédiatement fait mettre par les Allemands dans un camp de prisonniers et aurait exposé les siens à la vindicte des nazis. Les proches des "mauvaises têtes" et "traîtres" risquaient la "transplantation" ou déportation avec confiscation des biens. Rafa pensa bien sûr à ses parents et à son frère dont l'épouse allait avoir un enfant.

Ayant la complicité de Han et d'autres médecins qui, avec leurs astuces, aidaient des compatriotes, il berna, ou "passa avec succès", deux conseils de révision allemands. Ceci le reporta à février 1944. La "Wehrmacht" ramassant à ce moment là tout ce qui marchait, le garçon fut déclaré apte au service armé et, "bon pour la guerre" !

Grâce à son frère et à des copains, une faille fut trouvée dans le système de recrutement allemand. Cette faille était personnifiée par un Alsacien, lieutenant de vaisseau, "Kapitänleutnant" alias "Kaleu", attaché au bureau de la place, le "Wehrbezirkskommando" ou "WBK" de Strasbourg. Grâce à lui Rafa, comme d'autres dans son cas, se fit affecter à "Santé navale" pour gagner quelques mois, délai habituel des formalités et paperasses.

Cet homme, que certains strasbourgeois connaissaient bien d'avant-guerre, voulait probablement, vu la tournure des événements, obtenir des assurances sur l'avenir. Il n'en risquait pas moins le Conseil de Guerre, pour avoir aidé des Alsaciens à différer leur incorporation, ou à s'y soustraire ; cela d'autant que la Gestapo devenait de plus en plus virulente, étant donnée la situation générale et l'attentat manqué du 20 juillet contre son cher "Führer".

L'ordre d'incorporation parvint à Rafa plus tôt que prévu ; soit peu de jours après le débarquement du 15 août en Provence. "Ils arrivent, il faut tenir bon !" répétèrent les "bons" Alsaciens pleins d'espoir. Le garçon alla avec son ordre de mobilisation chez le "Kaleu", au WBK rue de Zurich, et le planton de service lui fit remplir un formulaire de demande d'audience. Cet entretien, considéré rétrospectivement, fut cocasse voire tragi-comique, car la conversation avec cet homme en tenue d'officier de la Marine allemande, au bureau de la place, se déroula entièrement en français !

Rafa s'expliqua très clairement sur ses intentions, priant le "Kaleu" de reprendre l'ordre de mobilisation et de faire en sorte qu'il obtienne, ne serait-ce qu'une quinzaine de jours de répit. Le garçon remit un certificat de maladie du docteur Bieber, à

en-tête de la Policliniqe universitaire, attestant qu'il avait une angine, affection qui n'impliquait qu'un court traitement.
Le "Kaleu" prit l'ordre de mobilisation et le certificat, disant "qu'il transmettrait" mais qu'il fallait s'attendre à une incorporation dans une quinzaine de jours. Rafa n'en demandait pas plus. Il ne voulait pas être en possession et sous le coup d'un ordre de marche qui aurait pu le faire arrêter comme déserteur, en cas de contrôle par la Gendarmerie militaire ou "Feldgendarmerie".

Se sentant moins exposé une fois débarrassé de sa convocation fatidique, et avec une marge de manoeuvre suffisante, il fila à Mulhouse peu avant fin août. Comme les civils n'étaient alors pas autorisés à faire des trajets en chemin de fer de plus de cent kilomètres, il descendit à Bollwiller et continua son chemin à bicyclette, pour ne pas être pincé par la police militaire, qui contrôlait tous les jeunes civils dans les trains.

La tante et la cousine Andrée, qui était de la Résistance, avaient tout combiné. Rafa fut transporté en ambulance à l'hôpital du Hasenrain puis confié à un chirurgien de mèche, le docteur Paul Huller, résistant lui aussi.

Celui-ci expliqua au garçon que, vu qu'il n'avait plus l'appendice, il serait obligé, à cause de l'entourage dans lequel il y avait aussi des médecins allemands, de réaliser aux yeux de tous, le simulacre d'une intervention de hernie inguinale, qui se serait étranglée en route, alors qu'il allait faire ses adieux à sa famille, avant d'être incorporé. Il ajouta que l'opération se ferait sous anesthésie générale, avec l'assistance d'un médecin et d'une infirmière-anesthésiste de connivence. Rafa accepta ce "programme" de vraie opération, non nécessaire et prétendue urgente. Il n'en eut pas moins une grande frousse ; mais mieux valait cela que l'armée allemande et le casse-pipe.

On le mit ensuite avec les opérés récents, au sous-sol, moins exposé en cas de bombardement. Il y avait eu des victimes à Mulhouse, la ville était bien endommagée et les alertes aériennes étaient fréquentes. Comme le service était bondé, passé quelques jours, il fut transféré à l'hôpital de décharge de Carspach, près d'Altkirch.

Rafa y côtoya d'autres gars dont la situation était comparable à la sienne. La plupart des médecins étaient "sûrs", de même que le personnel soignant, essentiellement des religieuses. Comment ne pas se souvenir des soeurs Berthe et Scholastique, de Jeanne l'infirmière, de Claude l'aide-soignante et de René le vaguemestre dont il attendait chaque jour l'arrivée avec une lettre de la maison ou d'une amie chère ; et il y en avait tant d'autres dont il oublia le nom depuis... Connaissant le type de "mal" dont souffraient plusieurs des patients, le personnel, à tous les échelons, était sur ses gardes et incitait à la prudence, car les risques en cas de dénonciation étaient gros.

Le chirurgien-chef, un Alsacien auquel on prêtait des sentiments pro-allemands, venait parfois de Mulhouse pour passer la visite. Rafa me dit qu'il devait bien se rendre compte de la présence de tire-au-flanc, mais qu'il fermait les yeux pensant bien qu'il aurait des comptes à rendre. Ces "malades" qui devaient rester alités la plupart du temps, s'ennuyaient et déprimaient. Leur angoisse était due à la situation, à l'éloignement, à la rareté des nouvelles de leur famille et à l'attente prolongée de la Libération. Et puis, on lisait beaucoup, on jouait aux cartes, on discutait les nouvelles de la radio. Certains racontaient des blagues pour se remonter le moral.

Mais les détonations de plus en plus fréquentes et se rapprochant, ainsi que la présence presque constante de l'aviation alliée, étaient encourageantes. Le voisinage de la voie ferrée, longeant le petit hôpital de Carspach, était cependant un motif d'inquiétude pour les malades et le personnel. A ce sujet, Rafa me raconta l'attaque par une escadrille américaine d'un convoi allemand qui passait juste en face. Il se souvint d'avoir fait une poussée de fièvre ce soir là...

Une fois écoulé le sursis accordé après l'intervention, il retourna à Mulhouse. Un nouvel ordre de mobilisation lui étant parvenu, on l'opéra vers la mi-octobre de ses amygdales hypertrophiées. Il avait emporté dans un flacon de formol un fragment de ganglion malade de "lymphogranulomatose maligne" mis de côté au laboratoire d'anatomie-pathologique de Strasbourg, où il avait travaillé. Le chirurgien O.R.L., le docteur Norder, étant bien sûr complice, ses amygdales, un peu triturées, furent mélangées à du tissu malade et fixées dans du formol.

Le subterfuge fut sans doute assez risqué à plus d'un titre, concéda Rafa, voyant mon air étonné. Toujours est-il que l'examen de laboratoire confirma le diagnostic de malignité entraînant la réforme de l'armée. La localisation amygdalienne du mal, était rare en soi, mais on comptait aussi sur le chaos et la désorganisation des transmissions en Allemagne, pour éviter toute enquête et remise en question ultérieure.

Du reste, la Libération de Mulhouse survint le 21 novembre, à la grande joie de la plupart des Alsaciens ! Rafa rentra à Strasbourg début décembre, en passant par les Vosges. La route par Colmar était impossible en raison de la "poche" de résistance allemande dans le secteur.

Il se rendit bien compte qu'il lui fallut beaucoup de chance pour survivre à la tourmente. Sans héroïsme mais avec ténacité, il put atteindre le but fixé : éviter de faire la guerre. Comme son père en 1914, il resta insoumis à l'armée allemande.

Là, il eut une pensée fervente et attristée pour ceux qui avaient péri pendant la guerre. Il rendit également hommage à l'esprit de solidarité et de résistance alsacien ; en particulier à celui du milieu médical et paramédical qui, dans l'ombre, de façon désintéressée, risquée même, contribua à sauver bon nombre de jeunes qui voulaient échapper à l'incorporation ou à d'autres exactions des occupants.

Rafa me dit encore son estime du milieu estudiantin alsacien-lorrain et luxembourgeois connu en cette triste époque. En effet, il n'y eut pas de délation dans sa sphère. Bien sûr, il se tint tranquille, en dehors d'avoir une fois avec des amis, réparti, de nuit, des tracts anti-allemands dans des boîtes aux lettres. Mais il ne fut pas provocateur et tria prudemment ses amis. Sans doute rencontra-t-il également de braves Allemands mais comment passer entre les mailles de la Gestapo à défaut d'esprit de résistance et avec un traître parmi ses relations ? Fut-ce uniquement de la chance ? Quoi qu'il en soit, le fait de rencontrer solidarité et loyauté, même dans un milieu restreint, durant ces temps de guerre tragiquement fous, resta pour Rafa un motif d'optimisme.

Après ces digressions qui l'avaient éloigné du récit concernant sa parentèle, il reprit son propos.

Le cousin André revint indemne du "RAD". Hamel cueilli par la Gestapo, passa un temps en prison et son frère, le vétérinaire, séjourna plusieurs mois au fameux camp de Schirmeck. Sanctionné de "transplantation" il dut travailler en Allemagne.

La cousine Andrée, comme une soeur, fut d'un énorme secours pour Rafa. Elle fit de la résistance profitant de son poste dans l'administration hospitalière pour être agent de renseignements et transmettre des messages. Sa mort, passé la guerre et peu avant le lancement d'un médicament qui aurait pu la guérir, chagrina beaucoup Rafa. Qu'une jeune et si bonne personne s'en aille, est particulièrement injuste, dit-il. Ce n'était hélas pas une question de justice !

Eric Wecker, fut incriminé en 1942 dans l'une des affaires des "Rapports économiques" des Chambres des Métiers et de

Commerce de Strasbourg. La Gestapo qui apprit que l'information avait été transmise à Londres, arrêta le directeur de la Chambre des Métiers et d'autres personnalités, dont Wecker. Le "Tribunal du Peuple" n'ayant pas obtenu de preuve contre lui, la Cour de Justice de Karlsruhe le relâcha. Le 11 août 1944, lors d'un bombardement allié de Strasbourg, Wecker fut trouvé blessé dans les décombres, chez lui, près du cadavre d'une patiente qui le consultait. Longtemps hospitalisé il survécut néanmoins à la guerre ainsi que son épouse. Son ami Freund, arrêté avec lui pour la même affaire d'espionnage économique finit par être relaxé et sa famille ne fut pas molestée.

Betterwald, un ami de guerre de Han, fait prisonnier et libéré comme lui à Haguenau, gagna son domicile de Paris où il fit l'Internat. Arrêté en 1943 pour résistance et envoyé aux bagnes de Mauthausen puis d'Ebensee, il fut libéré par les Américains. Ses souvenirs de l'enfer concentrationnaire furent publiés après la guerre.

Pour ce qui est de certains amis, Rafa rappela que Poncet et Wappler, admis à des grandes écoles suivirent une carrière littéraire. Piffer étudia en Allemagne, s'évada en Suisse où il fut interné, s'engagea à la Libération dans la Première armée et fut blessé deux fois. Après ces tribulations, il termina d'étudier à Maisons-Alfort et s'installa vétérinaire en Alsace. Erny obligé d'accomplir le "RAD", entra dans la Résistance puis fut déporté mais s'en tira. Niel, et Kinn firent le Droit ; les Vontobel la Médecine. François put échapper aux persécutions antisémites et devint juriste tout comme Rudolf. Ce dernier pour couper au "RAD", s'enfuit d'Alsace en franchissant les lignes de démarcation avec un réseau de passeurs. Il s'engagea dans les Forces françaises libres.

Roog contraint au RAD put éviter la "Wehrmacht" avec l'aide, plus ou moins négociée, d'un médecin-colonel et professeur allemand qui lui "découvrit" une infection vertébrale et l'envoya attendre la Libération en sanatorium.

Deux camarades de philo du collège de Barr commencèrent leur Médecine à Heidelberg puis se firent affecter, en tant qu'incorporés de force, au service de santé de la marine et se débrouillèrent pour être en Alsace à la Libération.

Charles Knopf, un très chic type selon Rafa, fut un des nombreux "malgré-nous" à disparaître en Russie. On pensa qu'il périt dans un Goulag, peut-être à Tambow. Il est aussi possible que, fusillé lors d'une tentative de désertion, la famille ait tout simplement été avisée de sa "disparition", comme cela se fit parfois. Du moment que son unique frère avait fui d'Alsace, Charles se laissa incorporer pour ne pas exposer ses parents à des représailles. Le dit frère se suicida après la guerre.

On sut comment Gachot, avec un autre Alsacien, un Mosellan et un Luxembourgeois finirent tragiquement. Coincés, alors qu'ils désertaient vers les Russes en 1944, ils passèrent en conseil de guerre et furent exécutés. Dans des circonstances analogues, un incorporé de force dans la S.S. fut fusillé séance tenante, dans sa propre unité. Un Alsacien de ses camarades qui reçut l'ordre de faire partie du peloton d'exécution, fut, pour cela, condamné après guerre par la justice française, après un retentissant procès ! Et puis Gesell, incorporé malgré-lui, fut mis en camp de concentration pour refus de prêter serment au Führer ! Son retour tint du miracle.

Ritter, un copain de quartier de Rafa, fils unique d'une veuve, mourut au front Est, tué au moment où il désertait pour rejoindre les Russes. Abattu par qui ?

Le 12 juillet 1944, la S.S. fusilla Jean-Pierre, l'as du tennis, pris au volant d'un camion transportant des armes pour la Résistance, à Toussieu dans l'Isère. Un des fils d'un enseignant de lettres très connu du lycée Fustel de Coulanges fut tué dans les rangs de la Première armée, lors de la libération de l'Alsace.

Prétot, originaire du centre de la France, tomba début 1945 en Poméranie, en tant que volontaire français de la division "Charlemagne" qui combattait les Bolcheviques.

Grégoff, ce Strasbourgeois qui rencontra Rafa à Bordeaux lors du bac., puis alors qu'il déambulait dans Strasbourg en uniforme de S.A. ou "section d'assaut", s'engagea volontairement dans l'armée allemande. Il étudia la Médecine, puis fut perdu de vue.

L'abbé Feld travailla dans l'ombre, en connexion avec un réseau d'évasions vers la France et la Suisse. Pour ne pas servir sous la bannière allemande et aussi par peur du casse-pipe, le jeune Stéhlé avait, dès septembre 1942, prié l'abbé de lui indiquer un passeur afin de fuir l'Alsace. Réformé de la "Wehrmacht" pour raisons de santé, Rafa n'eut en fin de compte pas à recourir à ce procédé. L'abbé qui aida plus d'un enrôlé de force, eut maille à partir avec la Gestapo, mais lui échappa.

Les amis Beyer expulsés d'Alsace en décembre 1940, passèrent la guerre en zone inoccupée puis en Afrique du Nord. Les événements, le temps et la vie séparèrent Dédée et Rafa. De leur côté, les Hugel traversèrent la tourmente sans avoir été trop molestés.

Charles Huller, professeur de lettres de seconde à Fustel, était encore officier en mission à Baden-Baden, quelque temps après le reddition de l'Allemagne. Son collègue André Trumeau qui enseigna en première, obtint une chaire de faculté. Lingo chargé de cours à l'Université de Strasbourg prit sa retraite au lendemain de la guerre.

Un des enseignants d'histoire et géographie devint professeur à la Faculté des Lettres de Strasbourg tandis que l'autre, "Ver de vase", choisit son parcours et partagea le sort des nazis du fait de son adhésion à la SS. Il quitta l'Alsace avec sa famille et serait devenu professeur d'une faculté allemande après guerre. Les enseignants alsaciens du Collège de Barr restèrent presque tous à leur poste mais Rafa n'eut pas de nouvelles de "Simca".

Daschmann, ce vieil ami que Fritz rencontra souvent aux vacances, fut accusé d'avoir réalisé des travaux commandités par les Allemands, au Mur de l'Atlantique. Jugé lors de l'épuration, il fit de la prison. Sa famille ne fut pas inculpée et sa fille, divorcée de l'ex-colonel russe, vécut avec son enfant à Paris où elle se remaria.

A la Libération, l'Alsacien qui, au "WBK" de Strasbourg, avait repris du service en tant que Lieutenant de Vaisseau de la marine allemande, grade obtenu durant la Grande-Guerre, autrement dit le "Kaleu", passa devant une commission d'épuration. Les services rendus à bon nombre de mobilisés de force de la région, furent mis à son crédit et il s'en tira bien.

Le docteur Schmitt survécut à la guerre après avoir subi plusieurs bombardements à Mannheim. Les époux Heiss de Fribourg perdirent fils et gendre en Russie.

On sut au lendemain de la guerre que les Jean de Mexico et les Pfister aux Etats-Unis, prospéraient. Un gendre des Pfister, officier américain devint avocat à New-York après la guerre.
Bessier, l'ami d'enfance, fut soldat en Suisse, qui resta un des quelques îlots de paix durant la deuxième Guerre Mondiale.

Certains disparurent...la vie dispersa les autres. Les voiles de l'oubli et du temps tombèrent lentement.

TABLE

Légendes des illustrations de couverture 6

Chapitre 1 : ALSACE, TERRE D'EMPIRE 9

Chapitre 2 : ÉMIGRÉS 23

Chapitre 3 : GUERRE EN EUROPE
RÉVOLUTION AU MEXIQUE 33

Chapitre 4 : FLAMBÉE A MEXICO 45

Chapitre 5 : "VIVA OBREGÓN" 51

Chapitre 6 : ELLIS ISLAND
REFUGE A NEW-YORK 61

Chapitre 7 : RETOUR AU PAYS
SAINTE-MARIE-AUX-MINES 71

Chapitre 8 : A BÂLE 109

Chapitre 9 : STRASBOURG 121

Chapitre 10 : TROUBLES ET BRUITS DE BOTTES 147

Chapitre 11 : LA GUERRE ANNONCÉE 203

Chapitre 12 : BARR ET L'EXODE VERS BORDEAUX 223

Chapitre 13 : RETOUR DANS L'ALSACE ANNEXÉE 267

Chapitre 14 : SÉPARÉS, DISPARUS, DISPERSÉS... 289

MISE EN PAGE V. VAGNEUR - IMACOM
ACHEVÉ D'IMPRIMER
PAR PUBLIPRINT
EN NOVEMBRE 1997